기독교세계관 형성을 위한
기독교학교교육의 역사와 철학

기독교세계관 형성을 위한
기독교학교교육의 역사와 철학

초판1쇄 인쇄 2019년 11월 22일
초판1쇄 발행 2019년 11월 30일
발행인 박신웅
지은이 조성국
발행처 도서출판 생명의 양식
등록번호 서울 제22-1443호(1998년 11월 3일)
주소 06593 서울시 서초구 고무래로 10-5(반포동)
전화 02-533-2182
팩스 02-533-2185
홈페이지 www.qtland.com
디자인 최건호

ISBN 979-11-6166-080-6 (93230)

책값은 뒤표지에 있습니다.

이 책은 저작권법에 의해 보호를 받는 출판물입니다.
기록된 형태의 출판사의 허락이 없이는 무단 전재와 복제를 금합니다.

기독교세계관 형성을 위한

기독교학교 교육의 역사와 철학

조성국 지음

생명의 양식
THE BREAD OF LIFE

목차

머리말   7

1. 기독교세계관과 교육철학   13

2. 개혁교회공동체의 기독교학교운동   39

3. 흐룬 판 프린스터러의 기독교 세계관과 기독교학교운동   75

4. 헤르만 바빙크의 기독교교육과 교육학   101

5. 헤르만 바빙크의 성경심리학과 교육   131

6. 얀 바터링크의 개혁교육학   165

7. 코르넬리우스 야르스마의 아동과 청소년 발달이론   197

8. 현대 기독교학교교육론   233

9. 기독교교육철학의 연구방법론   265

10. 기독교교육학의 연구과제   295

11. 기독교학교의 미래과제   323

머리말

　기독교공동체는 기독교신앙과 기독교세계관으로부터 형성되고, 교육을 통해 새로운 세대에게 전승하는 방법으로 기독교신앙과 기독교세계관을 지속, 확장하며, 총체적으로 기독교문화를 발전시킨다고 볼 때, 기독교공동체는 처음부터 기독교세계관을 표현해 왔다고 말할 수 있다. 서구사회가 기독교화 된 이후 근대이전까지 기독교세계관은, 비록 그리스-로마문화의 세계관과 통합된 형태이기는 했지만, 서구사회의 정통 세계관이라는 지위를 누렸다. 그러나 근대이후에는 자연주의와 그에 기초한 인본주의세계관이 점차 대세를 이루어 세속사회의 공적 세계관의 지위를 점유하자, 기독교세계관은 특정영역으로 축소되었고, 대부분의 공적 영역에서 거부당하였다. 이에 기독교공동체는, 한편으로는 근대세계관과 통합함으로써 세속사회의 여러 영역에 참여하는 방법으로, 혹은 근대세계관과 대립하면서 독립된 공적 역할을 시도하는 방법으로, 세속사회 내에서 기독교공동체의 존속과 발전을 도모해 왔다.

　세계관의 형성은 교육을 통하여 이루어지는 것이어서, 근대와 현대의 공교육은 근대의 자연주의와 인본주의 세계관을 형성하고 확장하는 도구가 되어, 사회의 세속화와 반기독교화에 크게 기여했다. 이에 기독교공동체는 부흥운동과 기독교교육운동으로 기독교공동체의 영속과 함께, 전체 사회가 기독교적 가치를 반영하는 방향으로 발전해가도록 노력하였다. 그래서 오늘날 우리가 말하는 '기독교세계관'은 근대세계관과 공립교육제도에 대응하여 새롭게 각성된 후, 개혁교회공동체에서는 기독교학교 교육운동으로, 그리고 복음주의 공동체에서는 다양한 이원적 형태로 운영되는 기독교사립학교 교육운동으로 발전해왔다.

우리나라에서 기독교세계관은 1960년대에 개혁신학과 더불어 신학교육에서 처음 알려졌다. 1980년대 후반에 이르러 기독교세계관 교육운동으로 각성되어 대학생선교단체의 교육과정을 통해 대중화되었다. 1990년대에는 기독교대학의 교육과정으로, 그리고 21세기부터는 기독교(대안)학교운동으로 발전하였다.

우리에게 기독교세계관과 기독교학교에 대한 대부분의 정보는 북미(미국과 캐나다) 기독교철학자들과 기독교교육학자의 저서들로부터, 그리고 기독교학교에 대한 탐방경험으로부터 왔다. 그동안 기독교교육을 공부하는 사람들과 기독교학교 사역자들은 북미 학자들과 한국 학자들이 쓴 문헌들로부터 입문적인 이해를 접하고 새로운 비전이 열리는 경험을 했다. 동시에 기독교세계관과 기독교학교교육의 역사와 철학에 대한, 더 기초적인, 그리고 더 전문적인 이해를 갈망해왔다. 그러나 개혁신학, 기독교철학, 기독교교육학의 이해를 위해서는 많은 노력이 필요했고, 주요 문헌들이 네덜란드어로 되어 있어 공부에 어려움이 있었다.

이러한 필요에 부응하여 그동안 필자는 북미 기독교세계관교육과 기독교학교를 출현하게 만든 원류인, 네덜란드 개혁교회공동체의 기독교학교 역사와 철학, 특히 기독교교육학(개혁교육학)의 특성들에 대하여 탐구하여 고신대학교 대학원에서 강의해왔고, 연구물들을 저서의 부분으로 혹은 학술지에 발표해왔다. 처음에는 이 주제에 관련된, 네덜란드와 남아공화국, 그리고 북미의 주요 신학자와 기독교철학자, 기독교교육학자들을 모두 담고 있는 저서를 출간할 계획을 세웠다. 그러나 그 경우 책의 출간 시점이 계속 늦추어질 수밖에 없고, 또 너무 많은 분량의 책은 또 다른 비용을 요구하므로, 이 주제에 대하여 가장 주요한 토대는 상술하되, 나머지는 주요 발전양상을 개략적으로 다루는 방식으로, 그리고 최근까지의 논의를 담는 것으로 계획을 수정하여, 기존의 글들을 재편집하여 출간하게 되었다.

이러한 필자의 의도 때문에 아브라함 카이퍼의 신학과 사상이 독립된 장으로 구분되어 상세하게 다루어지지 않았다. 카이퍼는 네덜란드 기독교학교 운동에서 기독교학교의 법적 지위확립과 정부재정지원에 주도적 기여를 했고, 기독교세계관에 대한 기초적 통찰들을 제시하였지만, 기독교학교교육과 기독교교육학에 대한 전문적인 문헌들을 남기지는 않았기 때문이다. 그리고 남아공화국의 크리스 꾸찌어는 네덜란드의 얀 바터링크에 비견되는 기독교교육학의 대부이지만 개별 장으로 구분하여 상세하게 다루지는 못했다. 또 20세기 후반 이후 네덜란드, 남아공화국, 북미에서 기독교학교와 기독교교육학 발전에 기여한 기독교교육학자들이 많이 있지만, 이 부분은 그들의 기독교교육사상을 구별하여 체계적으로 다루는 방식이 아니라, 주제를 중심으로 전체를 다루는 부분에서 그들의 주요한 기여를 소개하는 방식으로 서술하였다. 그러나 필자는 이 주제의 주요 발전과 주요 특성을 보여주려는 목적으로 이 책을 서술하였으므로, 심화와 범위에서 아쉬운 부분이 없지 않지만, 주요한 내용들은 거의 다루었으므로 큰 부족함은 없다고 본다.

이 책은 필자의 이전 연구물들을 수정 및 보완하거나 재편집하는 방식으로 만들어졌다. 1장은 "기독교세계관과 교육철학"(강용원편, 『기독교교육학

개론』, 2007), 2장은 "네덜란드 기독교학교교육운동의 역사가 한국 기독교학교의 과제에 주는 함의"(「기독교교육논총」20, 2009), 3장은 "흐룬 판 프린스터러의 기독교교육사상"(「복음과 교육」5, 2009), 4장은 "헤르만 바빙크의 생애와 그의 교육 및 교육학에 대한 기초적 논의"(「기독교교육논총」42. 2015), 5장은 "헤르만 바빙크의 교육을 위한 성경심리학적 인간론"(「성경과 신학」81. 2017), 6장은 "얀 바터링크의 기독교교육사상"(「성경과 신학」68. 2013), 7장은 "개혁주의적 관점에서 본 코르넬리우스 야스마의 아동발달이론"(「파이데이아」7, 1993), 8장은 『기독교세계관과 기독교학교교육』(기독교교육연구소, 2003), 9장은 "네덜란드계 기독교교육철학에서 일반교육이론을 연구하는 방법"(「복음과 교육」4, 2008), 10장은 "개혁주의 기독교교육학의 이론적 과제: 과거와 현재, 그리고 미래"(「개혁주의기독교교육학연구」2. 2012), 11장은 "기독교 세계관에 기초한 기독교학교의 미래과제"(「기독교교육논총」38. 2014)의 제목으로 발표한 글들을 부분 조정하고 편집하면서 일관성 있게 배열한 것이다. 이 자료들 중 몇 가지는 이미 절판되어 독자가 인터넷을 통해 찾기 어려운 글들이다.

 이 책이 기독교교육을 공부하는 학생, 기독교교육사역자들, 그리고 특히 기독교세계관을 형성하기 위한 기독교(대안)학교운동과, 기독교세계관에 따른 기독교교육학(개혁교육학)의 발전을 소명으로 여겨 애쓰는, 우리나라 기독교공동체의 많은 교육사역자들에게 하나의 디딤돌이 되었으면 좋겠다.

2019.11.

고신대학교 연구실에서

조성국

1. 기독교세계관과 교육철학

교육이란, 자연현상에 대한 탐구처럼 현상을 비교적 단순화한 후 엄밀한 과학적 방법으로 관찰하고 실험한 결과 새롭게 발견한 법칙을 기술(記述)하고 또 응용하는, 자연과학의 한계를 넘어선다. 교육은 이상적 인간과 사회를 구현하기 위해 인간 정신을 형성하는 작업이다. 더욱이 교육은 자기의식과 자기결의를 가진 대단히 복잡한, 동시에 발달하고 변화하는 인간, 다양한 문화와 전통, 변화하는 삶과 사회의 이상을 종합적으로 고려하면서 특정 방향으로 인간과 사회를 형성해야 하는 종합적이고 복잡하고 어려운 과제를 수행한다. 따라서 교육현상에 대한 연구인 교육학은 교육현상의 인과관계에 대한 과학적 기술(記述)과 더불어, 문화와 사회의 이상을 반영하는 규범, 그리고 그 규범을 구현하기 위한 처방을 모두 포함하고 있는 규범학문적 특성을 갖고 있다.

기독교교육철학은 교육에 대한 기독교공동체의 이상(理想), 곧 기독교적 관점에서 교육의 원리와 방향을 체계적으로 제시하고, 설명하고, 진단하고, 처방하는 기독교교육학의 기초학문이다. 기초학문으로서의 기독교교육철학의 토대는, 표층으로부터 파고들어갈 때, 먼저 기독교(학문)철학, 그리고 그 아래는 기독교세계관, 그리고 가장 깊은 기저인 종교에 이른다. 따라서 기독교교육철학은 이러한 기층(基層)들 위에서 이루어지는 문화현상인 교육행위의 법칙들을 체계적으로 규명하고 처방한다. 본 장에서는 기독교교육철학이 어떠한 학문이며 어떤 과제를 수행하는지, 그리고 그 강조점은 어떤 것인지 살펴보기 위해 그 토대 기층의 순서에 따라 조망해보고자 한다.

1) 세계관

'세계관'이라는 용어는 독일의 근대 철학과 낭만주의 문학의 시대에 처음

---

1. 세계관(독일어 Weltanschauung, 네덜란드어 wereldbeschouwing, 영어 world view)은 의미

사용된 후 오늘날에 이르기까지 광범위하게 사용되는 표현으로 간주되고 있다. 18세기 후반 독일의 근대 철학자들과 문학가들이 사용한 이 용어의 개념 혹은 정의는 그 용어를 즐겨 사용한 사람에 따라 의미상 다소의 차이를 드러낸다. 전광식이 정리한 바에 따르면, 19세기 초까지 독일에서는 칸트(Kant), 괴테(Goethe), 파른하겐(Varnhagen), 훔볼트(Humboldt), 콘(J. Cohn), 셸링(Schelling) 등 철학자와 문학가들이 이 용어를 사용했는데, 그 함의에 다소 차이가 있기는 하지만 전체적으로 볼 때 일반적으로는 세계관이란 물리적인 세계에 대한 객관적, 혹은 주관을 포함하는 객관적 성격의 직관으로 간주되었다.[2]

그러나 19세기에 세계관 개념은 더 주관적인, 동시에 포괄적인 개념으로서, 성향, 인생관, 철학, 종합적 신념, 관점, 사고방식 등의 의미로 사용되었다. 특히 이 시기에 세계관 개념을 깊이 탐구하였던 딜타이(Dilthey)는 세계관을 철학과 거의 동의어로 사용하였다. 20세기에 이 개념은 임의적인 주관적 사고방식과 관점으로, 민족 및 인종주의 성격의 국가사회주의사상으로도 간주되었다. 20세기 중반 더 프리스(J. De Vries)는 자연과학적 세계상과 구분되는, 의미차원과 가치차원에서의 세계 직관으로, 러이텐(N. A. Luyten)은 직관적으로 파악된, 전체 실재계에 대한 총체적 조감으로 간주하였다.[3] 이처럼 독일에서의 세계관 개념은 자연세계에 대한 객관적 본질 직관에서 시작하여, 점차 인간의 주관적 의미를 통해 해석된, 세계에 대한 직관 개념으로

상 세계에 대한 직관을 뜻한다. 세계관에서 '세계'란 우리말 '세계'(자연, 지리, 천체)와 '세상'(사회, 삶, 문화) 모두를 포함한 개념이다.

2. 전광식. 『학문의 숲길을 걷는 기쁨: 세계관, 철학, 학문에 관한 여덟 가지 글모음』 (서울: CUP, 1998), 12-15.

3. 전광식. 『학문의 숲길을 걷는 기쁨: 세계관, 철학, 학문에 관한 여덟 가지 글모음』, 15-17.

변천해 왔다.

　개혁교회 공동체에서는 19세기 중반 네덜란드 개혁교회에서 흐룬 판 프린스터러가 기독교세계관이라는 표현을 적극적으로 사용하면서 근대 인본주의 시대정신에 대응하려 한 이후,[4] 네덜란드와 남아프리카공화국에서 종교와 학문과 문화를 탐구해온 신학자, 철학자, 교육학자들은, 당시 유럽에서 광범위한 영향력을 행사하던 근대 인본주의 사회정신에 대항하여, 현대적 세계관이 의미하는 종교적 성격에 깊은 관심을 표명해왔다. 당시부터 그 학자들이 관심을 가졌던 것은 비록 오늘날 사용하는 세계관이라는 용어와 내용상 다르지 않았지만, 종교, 문화, 삶의 체계, 철학, 세계관, 인생관, 안경렌즈, 관점, 창문 등의 용어들로 다양하게 표현되어 왔다. 네덜란드 교육철학자들은 오늘날도 인생관이라는 표현을 즐겨 사용하고 있다.[5]

　우리나라에서는 네덜란드에서 유학한 후 돌아온 1960년대 고려신학교 이근삼 교수를 시작으로, 네덜란드 개혁 신학에 익숙한 우리나라 신학자들이 '개혁주의사상', '기독교문화관', '칼빈주의'라는 이름으로 소개하였고, 고신과 합동교단 신학교육에서 다루어졌으나, 그것이 교육 운동이라고 말할 정도로, 그 영향력을 신학 외의 분야에 빠르게 확산시키지는 못했었다. 우리나라에서 세계관이라는 용어가 통용된 것은, 한반도 밖으로 서구세계를 향하여는 미국이라는 나라와, 영어라는 언어에 거의 독점적으로 친숙한 한국인들이, 1980년대 이후, 북미에서 활동하는 기독교철학자 및 기독교교육

---

4. 흐룬 판 프린스터러가 1868년 그의 저서 『불신앙과 혁명』의 2판 서문에서, '기독교-역사적, 혹은 반혁명적 세계관'이라는 표현으로 기독교세계관이라는 표현을 명시적으로 사용했다.
5. 예컨대, 현재 네덜란드 자유대학교의 교육철학자 Siebren Miedema는 2005년과 2006년에도 인생관의 표현을 그의 책과 논문의 제목에 즐겨 사용하고 있다. 예컨대, Levensbeschouwelijke vorming 혹은 Levensbeschouwelijke leren samenleven 등의 표현에서 그러하다.

학자들의, 영어로 집필된 책들을 접하면서이다. 북미 기독교철학자들이 많이 사용하던 기독교세계관이라는 표현이, 해당저서가 우리말로 번역되어 소개되고, 대학 선교단체의 교육활동 주제가 되면서 확산되었으며, 이후 기독교대학과 기독교대안학교 교육으로 그리스도인 일반에게도 익숙한 표현이 되었다.

그러면 세계관에 대한 기독교철학자들의 몇 가지 개념 정의들을 검토해 보자. 니콜라스 월터스톨프(N. Wolterstorff)는 세계관을 "스스로 부여한 가치와 결합된, 인생과 세계에 관한 사고방식"[6]으로 정의했고, 그는 만일 어떤 사회를 제대로 파악하고자 한다면 그 사회를 구성하는 세계관을 고려하지 않으면 안 된다고 주장하였다. 제임스 사이어(J. Sire)는 세계관을 "이 세계의 근본적 구성에 대해 우리가 (의식적으로든 무의식적으로든, 일관적이든 비일관적이든) 견지하고 있는 일련의 전제(전체적으로 혹은 부분적으로 옳거나, 아니면 전적으로 틀릴 수도 있는 가정)들"[7]이라고 정의하였다.

브라이언 왈쉬와 리차드 미들톤(B. J. Walsh & J. R. Middleton)은 세계관을 '인식의 틀', '보는 방식'[8]으로 표현하면서, 세계관이란 신학이나 철학과 같은 사고체계가 아니므로 그것을 학문과 구별하였고, 세계관은 일상의 삶에서 육화되어 표현될 때 가장 잘 이해될 수 있는 것이라고 설명했다. 알버트 월터스(A. M. Wolters)는 세계와 인생관, 삶의 관점, 고백적 비전, 원리들 혹은 이념들의 총체, 이데올로기, 가치체계 등으로 표현되어 온 관련 용어들과

---

6. Nicholas Wolterstorff, "Forword", in B. J. Walsh & J. R. Middleton, *The Transforming Vision: Shaping a Christian World View* (Downers Grove, Ill.: IVP, 1984).
7. James R. Sire, 『기독교 세계관과 현대사상』, 김헌수 역 (서울: IVP, 1985), 20.
8. B. J. Walsh & J. R. Middleton, *The Transforming Vision: Shaping a Christian World View* (Downers Grove, Ill.: IVP, 1984), 17.

간단히 비교한 후, 세계관이란 "사물들에 대한, 한 인간의 기본적 신념들의 포괄적인 틀"이라고 정의하였다.[9] 그리고 베니 판델발트(B. J. van der Walt)는 세계관을 "인간행동의 기초가 되며, 구체적인 행동을 형성하고, 동기부여 하며, 방향과 의미를 부여하는, 실재에 관한 통전적이고 해석적인 일련의 고백적 관점들"이라고 정의하였다.[10]

위에서 언급된 세계관의 개념 정의들은 세계관의 본질을 설명하는 여러 가지 특성들을 표현하고 있다. 기독교철학자들이 제시하는 세계관의 일반적인 특성들을 종합적으로, 그리고 특성에 따라 분류하여 정리해보면 다음과 같다.

(1) 세계관은 보는 양태로서 관점이라고 말할 수 있다. 즉 보여 지는 것 자체가 아니라, 보고 있는 것의 결과인 상(像)과 연관되어 있으므로 렌즈, 안경, 창문으로도 표현되는 것이다. 따라서 세계관은 중립적이거나 객관적인 것일 수 없다.

(2) 세계관은 인간의 삶 전체를 포괄하는 특성을 가지고 있다. 그래서 하나님(절대자), 창조, 그리고 인간의 삶 전체(곧 종교, 정치, 교육, 건강, 법, 환경, 예술, 가정 등), 또한 고통의 의미, 교육의 가치, 사회의 도덕, 가족의 중요성 등도 다 포함한다.

(3) 세계관은 통일성을 지향하는 경향성을 갖는다. 그래서 세계관은 일정한 패턴이나 형식에 따라 모든 것들이 통일성을 이루도록 만드는 신념체제이다. 그 통일성 안에서는 더 중심적인 차원이 있고 또한 더 주변적인 차원들

---

9. A. M. Wolters, *Creation Regained: Biblical Basics for a Reformational Worldview* (Grand Rapids: Eerdmans, 1985), 2.
10. B. J. van der Walt, *The Liberating Message: a Christian Worldview for Africa*, (Potchefstroom: IRS, 1994), 39.

이 있다.

(4) 세계관은 인간에게 전형적인 것이어서 모든 인간은 세계관을 가지고 있고 본능적으로 세계관에 따라 행동하고 생활한다. 월터스의 표현처럼 "인간의 독특한 특성들 중 하나는 세계관이 제공하는 방향설정과 지침 없이는 살 수 없다는 것이다".[11]

(5) 세계관은 공동체적인 특성을 갖는다. 세계관은 집단적으로 공유되어, 동일한 이야기와 가치를 공유하는 공동체를 형성하고, 그 공동체 안에서 새로운 세대를 사회화하며, 공동체 구성원들의 사고체제를 한정하여 특정 패턴의 문화를 형성하게 한다.

(6) 세계관은 세계에 대한 기술(記述)적인 특성과 함께, 종말론과 비전에 따라 행동을 처방하는 청사진의 특성을 갖고 있다. 그래서 지도(地圖), 나침반, 배의 키로 비유되기도 한다. 그래서 세계관은 내가 누구인지, 내가 어디에 있는지, 무엇이 잘못되었는지, 치료방책이 무엇인지에 대하여 명확한 답을 제공한다.[12]

(7) 세계관은 궁극적인 원리나 문제와 연관하여 소명과 책임을 요구하는, 행동적 신념이다. 그래서 세계관은 헌신을 요구하는 신념, 신앙고백과도 같은 성격의 신념이라고 말할 수 있다. 세계관에 대한 완전한 헌신과 희생은 인간의 내면에 만족과 평안을 준다.

(8) 세계관은 전(前)학문적, 전(前)이론적인 성격을 갖는다. 따라서 세계관은 단지 일반적인 의식일 뿐, 철학이나 신학처럼 논리적이고 분석적인 논증

---

11. A. Wolters, *Creation Regained: Biblical Basics for a Reformational Worldview*, 4.
12. B. J. Walsh & J. R. Middleton, *The Transforming Vision: Shaping a Christian World View*, 35.

을 통해 입증된 학문적 지식은 아니다. 그럼에도 불구하고 세계관은 바로 그러한 학문적 체계의 기초적 토대이다.

(9) 세계관은 개인이나 집단의, 실재에 대한 하나의 결정적인 상(像)일 뿐이므로 오류가 있다. 그 세계관을 견지하는 사람에게 진리로 간주되지만, 주관적이고, 또 지속적으로 수정되고 발전된다. 때로 서로 조화되지 못하고 충돌되는 신념들을 동시에 견지할 수도 있다.

(10) 모든 세계관이 적절하고 좋은 것은 아니다. 세계관에 대한 평가의 준거는, 실재와의 일치성, 내적인 일관성, 통일성, 실제적인 유용성과 가치, 그리고 개방성 등이다. 과장되거나, 절대화되거나, 경직되고 폐쇄적일 때 그 세계관은 유해한 세계관, 곧 이데올로기로 간주된다.

이러한 특성을 가진 세계관은 각 개인 및 공동체가 집착하는 종교, 신념, 각종 신념체계인 "-주의"(-主義, -ism)의 형태로 존재한다. 구체적으로 표현해본다면 세계관은 민족주의와 사회주의와 공산주의 등 정치적 이데올로기의 형태로, 혹은 자본주의와 개인주의와 쾌락주의와 세속주의와 무신론 등의 인본주의 형태로, 그리고 합리주의와 실존주의와 실용주의와 다원주의와 포스트모더니즘 등의 사상적 형태로 존재한다.

이상에서 요약적으로 정리한 바, 세계관의 본질과 특성과 기능에 비추어 볼 때 세계관은 종교, 문화, 철학, 학문과 깊은 연관성을 갖고 있음을 확인할 수 있다. 베니 판델발트의 설명에 따르면 종교, 세계관, 철학, 그리고 학문은 서로 깊은 유기적 연관성을 가지면서 동시에 구별될 수 있는 '수준들(levels)'로 이루어져 있다.[13] 그 수준들은 가장 근본차원인 종교에서 세계관으로, 그리고 (학문)철학으로, 그 후 개별학문으로 진행된다. 그래서 나무에

---

13. B. J. van der Walt, *The Liberating Message: a Christian Worldview for Africa*, 123.

비교한다면 종교가 뿌리이고, 세계관은 줄기이며, (학문)철학은 가지이고, 잎과 열매는 개별학문으로서 모두 한 나무로서의 통일성을 갖는다고 말할 수 있다.[14] 그리고 그 모든 것을 문화라는 용어로 표현할 수도 있다.

2) 기독교세계관

세계와 인간과 삶의 총체에 대한 기독교적 관점을 뜻하는 기독교세계관은 기독교공동체가 성경에 비추어 해석하고 역사와 상황 안에서 형성해 온 세계관이다. 따라서 기독교세계관은 특정 기독교공동체의 성경 이해 정도, 성경 해석에 대한 입장에 따라 다양하다. 그리고 해당 기독교공동체가 존재하며 대응하는 문화 및 시대정신의 영향으로부터도 완전히 자유로울 수 없다. 그 결과 기독교 역사를 살펴보면 공동체에 따라 다양한 형태의 기독교세계관이 존재해 왔음을 확인할 수 있다. 가톨릭교회, 정교회, 루터교회, 복음주의교회, 그리고 칼빈의 신학적 입장을 존중하는 개혁교회와 장로교회의 기독교 세계관은 내용과 정도에 있어서 분명한 차이점을 보여주고 있다.

현대 신학자들과 기독교철학자들은 기독교공동체가 견지하는 다양한 유형의 기독교세계관들을 기독교(은총, 그리스도, 복음, 신앙)와 세계(자연, 문화, 학문, 이성, 세상), 그리고 그 양자 사이의 관계에 대한 이해의 패턴에 따라 몇 가지의 유형으로 정리해왔다. 기독교철학자 베니 판델발트는 기독교세계관의 유형을 5가지의 형태로 정리했다.[15] 그가 구분한 유형에 따라 기독

---

14. B. J. van der Walt, *The Liberating Message: a Christian Worldview for Africa*, 126.
15. B. J. van der Walt, *The Liberating Message: a Christian Worldview for Africa*, 99-118. 판델발트는 기독교세계관을 4가지 유형으로 분류하였고, 자유주의적 세계관을 별도로 분리하여 취급하였다. 그는 자유주의 세계관을 기독교세계관 유형에 포함시키기를 주저하였다. 그러나 필자는 그것도 근대이후 서구에서 '기독교'라는 이름으로 확산된 주요한 세계관이었으므로 그

교세계관들의 유형을 간단하게 정리해보면 다음과 같다.

첫째 유형은 자연에 대립하는 은총(gratia contra naturam)의 유형이다. 여기서 자연은 세상, 문화, 세계, 학문 등을 의미하고, 은총은 기독교, 복음, 교회 등을 뜻한다. 이 유형은 기독교와 세계가 언제나, 상호 타협 없이, 상대방을 제거하거나 대체하려는 반립(反立) 상태에 있다는 신념을 드러낸다. 여기에 속한 사람들은 소위 정치, 철학, 과학 등은 모두 세상에 속한 것들이기 때문에 거부하거나 기독교로 대체되어야 한다는 신념을 가지고 있다. 이 유형의 기독교세계관은 오순절신학 그룹 및 초기 복음주의자 그룹에서 종종 발견된다.

둘째 유형은 자연 위에 있는 은총(gratia supra naturam)의 유형이다. 이 기독교세계관 유형에서는 은총이 자연을 지배하고 특히 자연을 온전하게 한다는 신념을 드러낸다. 그래서 학문을 어느 정도 중립적 혹은 긍정적인 기능으로 간주하고, 기독교신앙이 그것을 지배하여 더 온전하게 해야 한다는 신념을 드러낸다. 이 세계관 유형은 토마스 아퀴나스의 신학사상 이후 로마 가톨릭의 주도적 세계관이 되어왔다.

셋째 유형은 자연과 병행하는 은총(gratia juxta naturam)의 유형이다. 이 유형의 기독교세계관은 마치 마틴 루터가 그리스도인은 동시에 두 세계에 산다고 표현했던 것처럼, 이 세상에서는 자연(학문)과 은총(신앙)이 각각 유효하고, 서로 절충하려는 연관성 없이 나란히 자리 잡고 있다는 신념을 드러낸다. 그러므로 서로 각각의 영역을 인정해야 한다고 보고, 그 양자 사이를 연결시키려는 적극적인 시도를 하지 않는다. 이 유형은 전통적 루터파와 많은 복음주의자들의 기독교세계관으로 간주되고 있다.

유형을 포함하여 5가지로 정리하려 한다.

넷째 유형은 자연을 관통하는 은총(gratia in naturam)의 유형이다. 이 유형의 기독교세계관은 자연에 대하여 대단히 적극적인 태도를 갖고서, 은총이 자연의 깊은 내면까지 침투하여 자연 자체를 변화시키고, 치료하고, 회복시켜, 그것이 하나님께 드려지도록 하는 것을 목표로 삼는다. 그래서 이 모델은 자연을 변혁하는 은총(gratia naturam transformans)의 유형이라고 표현되기도 한다. 개혁교회 및 장로교회는 이 유형의 기독교세계관을 따른다.

다섯째 유형은 자연과 유사한 은총(gratia instar naturae)의 유형이다. 이 유형의 기독교세계관에서는 은총과 자연이 거의 차이가 없다. 실제로 자연으로부터 은총이 발전한다고 생각하는 경우도 있다. 그래서 선하고 인간적이고 도덕적인 것이라면 그것이 바로 기독교적인 것으로 간주된다. 이 유형은 인본주의를 신봉하는 기독교 철학자들과 자유주의 신학자들에게서 발견되는 자유주의적 기독교세계관이다.

이상의 다섯 가지 유형들을 공통성에 유의하여 다시 살펴보면, 그 순서에 따라 처음 세 가지 유형에서는 모두, 자연과 은총의 두 영역이 상호갈등, 위와 아래의 병행, 혹은 나란한 병행으로 나뉘어져 있어서 각각 별개의 영역을 가진 것으로 간주되기 때문에 이원론적이다. 그래서 이 유형에서는 세계 자체가 두 영역, 곧 자연적이고 세속적인 영역과, 또 종교적이고 초자연적이고 영적인 영역으로 양분되어 있다. 전자는 타락의 직접적인 영향을 받았거나, 어느 정도 중립적인 것으로 간주된다고 하더라도 여전히 부족한 영역이고, 후자는 거룩하고 온전한 구속의 영역으로 간주된다. 종종 전자(前者)가 세상이라면, 후자(後者)는 교회로 간주된다. 따라서 이 세 가지의 유형들을 이원론적 기독교세계관이라고 부른다.

순서상 마지막의 두 가지 기독교세계관 유형들은 모두 이원론적 존재 영역 구분을 거부한다. 앞선 이원론적 기독교세계관과 비교할 때 네 번째의 유형(자연을 관통하는 은총)이 통전적(通全的) 성격의 기독교세계관이라면, 다섯 번째의 유형(자연과 유사한 은총)은 일원적(一元的) 성격의 기독교세계관이다. 그런데 다섯 번째의 유형은 그 지지자들이 자신의 세계관을 기독교세계관이라고 주장하기는 하지만 사실상 인본주의적 세계관과 거의 차별성이 없는 세속적 세계관이기 때문에 기독교철학자인 베니 판델발트는 이 유형을 기독교세계관 유형에 포함시키기를 주저하였다.

위의 다양한 기독교세계관의 차이를 좀 더 자세히 살펴보면, 성경과 성경의 가르침에 대한 이해와 통찰, 좀 더 구체적으로 설명하면 성경의 가르침의 골격을 이루는 창조와 타락과 구속의 성격과 영향과 범위에 대한 신학적 이해 차이가 발견된다. 특히 자연과 그 자연에 대한 인간의 형성 작업인 문화에 대한 타락의 영향과 범위와 정도, 그리고 그리스도의 복음을 통한 구속의 영향과 범위와 정도의 차이가 이러한 유형의 차이를 만들어낸 것이다.

예컨대 첫 번째 유형(자연에 대립하는 은총)에서 자연은 타락으로 완전히 못쓰게 되었으므로 완전히 부정되어야 하고, 새롭게 들어온 은총이 그것을 대체해야 한다고 본다. 두 번째의 유형(자연 위에 있는 은총)에서 자연은 비록 타락의 영향을 받았으나 상대적으로 보존된 영역이 있는 것으로 간주되었고, 그것은 은총의 지도를 받으면서 온전하게 될 수 있다고 보았다. 물론 은총은 거룩하고 온전하다. 세 번째 유형(자연과 병행하는 은총)에서 자연은 타락의 영향 아래 현 세상에서 잠정적이기는 하지만 나름대로의 가치를 가지고 그대로 존재한다. 동시에 거룩하고 온전하고 영원한 은총의 영역이 들어와 함께 존재한다. 다섯 번째의 유형(자연과 유사한 은총)에서는 타락이 자연에 거의 혹은 전혀 영향을 주지 않았거나, 처음부터 자연은 중립적이므로 구속이 필요하지 않다. 세상은 곧 자연이며, 은총이라는 영역이 별개로 달리 존재하는 것도 아니다. 이렇게 볼 때, 네 번째 유형(자연을 관통하는 은총)

외의 모든 유형들은 타락으로 인한 자연의 전체적인, 그리고 철저한 부패를 인정하지 않거나, 혹은 적어도 지상 교회는 자연과는 무관한, 온전한 은총의 영역이므로 타락의 영향 밖에 있는 것으로 종종 간주한다.

그러므로 네 번째의 유형(자연을 관통하는 은총)을 지지하는 개혁주의자들은 다른 네 가지의 유형들이 성경의 가르침을 제대로 반영하지 못하고 있고, 또한 성경 자체가 보여주는 세계관의 카테고리를 따르는 것이 아니라 오히려 비기독교적 세계관에서 무의식중에 이원론적 혹은 일원적 카테고리를 차용했다고 주장한다. 비기독교적 세계관의 카테고리를 그대로 추종하는 다섯 번째 유형(자연과 유사한 은총)을 제외하고도, 다른 세 가지의 유형들조차 모두 비기독교적 세계관의 카테고리에 따라 이원론의 시각으로 창조세계 자체를 두 영역으로 잘못 구분하였고, 특히 자연과 은총을 대립 관계로 설정하는 오류를 범했다고 본다.

개혁주의자들에 따르면 하나님이 창조하신 자연의 영역과 하나님의 은총 영역은 상호 대립되어 있지 않다. 실제로 대립하는 것이 있다면 그것은 타락으로 인한 하나님의 진노와 하나님의 은총이 상호 대립하고 있고, 그 대립과 투쟁은 창조세계 내의 특정 영역에만 한정된 것이 아니라 모든 영역에서 진행되고 있다. 성경에 기록된 빛(하나님)의 나라와 어둠(사단)의 나라의 대립과 투쟁은 창조세계 안에서 구별된 두 영역 사이의 존재론적 긴장과 갈등을 뜻하는 것이 아니라 두 가지의 상호 배타적인 영적 방향에서 이루어지는 전체적 투쟁을 의미한다고 본다.

다른 기독교세계관들은 실재를 이원론적으로 잘못 파악함으로써 일상적 삶과 문화를 일방적으로 악으로, 또 교회와 신학교는 일방적으로 선으로 간주하는 오류를 범했고, 은총의 영역에 들어가기 위해 문화와 사회를 버리고 교회와 수도원과 신학교 안으로 귀의하게 만드는 잘못된 결과를 초래했다.

그 결과 그리스도인들은 삶과 사회와 문화와 과학과 학문에서 은총의 빛과 능력으로 개혁해야 할 과제를 망각하거나 포기하게 되었고, 동시에 교회와 신학교와 기독교공동체 안에서도 은총의 능력으로 끊임없이 영적 투쟁을 감행해야 할 개혁의 과제를 망각하는 결과를 초래했다고 본다. 그러므로 베니 팔델발트는 이러한 이원론적인 세계관들을 '잘못된 관점들', '왜곡된 세계관들', '해로운 결과들', '만성적 질병'이라고 비판하였다.[16]

인본주의와 이원론을 비판하면서 기독교세계관 연구와 운동에 참여하는 사람들이 집착하는 기독교세계관유형은 네 번째 유형(gratia in naturam 혹은 gratia naturam transformans)이다. 이 유형의 기독교세계관 지지자들은 종교개혁자들의 정신에 따라 성경적 관점에 철저하고자 한다는 의미에서 자신들의 세계관을 "개혁적 세계관" 또는 "성경적 세계관"으로, 또 이원론적 세계관들과 구별시킨다는 의미에서 '통전적 세계관'으로 표현하기도 한다.[17]

이 유형의 기독교 세계관은 성경적 관점에 따라 '창조-타락-구속' 혹은 '창조-타락-구속-완성'의 카테고리를 창조세계 전체 차원에서 지속적으로 그리고 일관성 있게 적용한다. 그 카테고리의 의미를 간단하게 요약하면 다음과 같다.

첫째, 하나님은 온 우주와 만물을 하나님의 말씀(법)으로 선하게 창조하셨고, 하나님의 형상인 인간으로 하여금 하나님의 법에 순종하여 창조세계를 발전시키며 돌보게 하셨다. 창조세계는 하나의 왕국이었다.

둘째, 인간은 하나님께 불순종하여 창조주와 멀어졌고, 결과적으로 죄와

---

16. B. J. van der Walt, *The Liberating Message: a Christian Worldview for Africa*, 115-117.
17. 개혁적 세계관(예컨대 월터스, 판델발트), 성경적 세계관(예컨대 왈쉬와 미들톤, 스파이크만), 통전적 세계관(판델발트)이라는 용어로도 표현되고 있다. 그러나 기독교철학자들은 이 용어들을 상호 교체적으로 사용하기도 한다.

사단의 노예가 되어 하나님의 심판과 죽음에 복속되었다. 그 결과 창조세계도 허망한 데 복속되어 해방을 갈구하게 되었다. 타락으로 하나님의 세계는 세상, 곧 어둠의 왕국이 되었다.

셋째, 그리스도의 구속사역을 통하여 인간은 죄와 사망의 속박에서 해방되었고, 성령의 능력으로 새로운 삶을 살 수 있게 되었다. 그 결과 빛과 어두움의 두 왕국이 하나의 세계에서 모든 영역에 걸쳐 겹쳐 존재하고 서로 투쟁하게 되었다.

넷째, 그리스도의 재림으로 죄와 사단은 최종적 심판을 받게 되고, 그 영향력이 종결되며, 결국 그리스도인들은 새롭게 재창조된 세상을 상속하게 된다. 세계는 하나님이 통치하시는 온전한 하나의 왕국으로 존재한다.

이 카테고리에서 창조는 창조세계의 모든 것을 포괄하고 있다. 타락은 창조세계 전체를 오염시켰다. 그리고 구속과 완성으로 그리스도께서 창조세계 전체를 회복시킨다. 따라서 개혁적 기독교세계관은 우주 전체가 하나님의 나라이며, 그리스도는 전체 세계를 통치하시는 왕이 되신다는 사실을 강조한다. 이러한 의미에서 기독교세계관을 근본적이고, 전체적이며, 통전적인 세계관이라고 표현한다. 이러한 기독교세계관은 그리스도인들에게, 구속의 회복사역에 동참하여 완성에 이르기까지 창조세계 전반에서 하나님 나라 건설의 비전을 구체화시키도록 제자도의 실천을 요청한다.

3) 기독교철학

기독교철학은 이미 그리스-로마의 문화 및 학문과 기독교신앙의 관계를 고민했던 고대 교회 기독교 철학자들과 신학자들로부터 시작하여, 중세 시대에는 유럽의 학문계를 지배하였다. 근대의 많은 서양 철학자들은 스스로 기독교철학을 한다고 생각했으며, 인본주의가 지배하는 오늘날도 개신교뿐만 아니라 가톨릭과 정교회 등에서 많은 기독교철학자들이 일반적인 철학의 주제와 관련하여, 혹은 종교와 세계관과 관련하여 철학적 탐구활동을 하고 있다.

그럼에도 불구하고 기독교철학이라는 이름으로, 자율적 이성에 의존하기보다 성경적 관점에 따른 기독교 세계관에 주목하면서, 인본주의 세계관의 정체를 드러내고, 창조의 시점에 주어진 문화적 명령을 그리스도 안에서의 구속원리 아래 오늘날의 세계 및 문화에서의 사명으로 재해석하여, 가시적으로는 기독교학교를 설립하여 운영하고 기독교대학교의 학문철학과 비전을 확립하는데 크게 기여한 것은, 19세기 중반이후 칼빈의 신학사상의 함의를 재발견했던 네덜란드계 개혁교회 공동체의 신학자, 철학자, 교육학자들이었다. 비록 그들의 기독교철학이 주로 네덜란드 및 네덜란드계 이민자들의 세계에서 존중받았으나 이 철학은 기독교철학에 있어서, 특히 칼빈 이후 성경적 관점에서 시도한 대단히 독특한 발전으로 간주되고 있고, 오늘날 복음주의 기독교고등교육기관과 기독교학문영역에도 깊은 통찰을 제공함으로써 기독교세계관 운동을 만들어내었다. 기독교철학운동의 초기 대표적 철학자들은 도예베르트(H. Dooyeweerd), 폴런호번(D. H. Th. Vollenhoven), 스토커르(H. G. Stoker) 등이다.

이 개혁주의 기독교철학자들에 따르면, 세계관은 전(前)학문적, 전(前)이론적 사고방식 내지 신념체계이며, 이 세계관을 논리적이고 분석적인 작업을 통하여 이론화, 체계화하는 활동이 곧 학문으로서의 철학이다. 따라서 기독교철학은 성경적 관점에 따라, 존재와 지식과 삶의 본질적 구조와 원리를 논리적이고 분석적인 사유과정을 통하여 이론화함으로써, 기독교적인 실재론, 인식론, 사회론, 인간론 등을 규명하려는 활동으로 간주되었다.

기독교철학자들은 기독교철학을 체계적으로 소개하는 시도에서, 주로 서론적 작업으로서 기독교철학에 있어서의 성경의 역할, 기독교철학과 종교와 신학과의 차별성 등에 주목한다. 철학활동이 타락 하에서는 자율적 이성에만 의존할 수 없고 성경의 빛을 통하여 지도받아야 한다는 사실을 강조한다. 종교란 인간의 마음에서 이루어지고, 인간 삶과 활동의 전체적 방향을 보여주며, 신학은 성경과 교리와 의식들에 대한 신앙적 차원의 탐구이지만, 철학은 존재의 전체성과 그 개별 차원들의 관계 및 의의에 대한 탐구라고 보기 때문에 학문적 기능이 다르다고 주장한다.

실재론은 양상이론이라는 독특한 이론적 체계를 통해 설명된다. 여기서 양상(modaliteiten)은 관점, 차원, 기능 등과도 교호적으로 사용될 수 있는 용어이다. 창조세계의 존재구조는 모두 15가지의 양상들로 이루어져 있다고 간주된다. 기초에서부터 열거할 때 15가지의 양상은 수적, 공간적, 운동적, 물리적, 생물학적, 심리적, 분석적, 역사적, 언어적, 사회적, 경제적, 미학적, 법적, 윤리적, 신앙적 양상이다.[18] 창조세계에서 각 존재는 이 양상들의 연결 관계 안에서 종속적 혹은 대상적 기능을 수행하며, 그 존재의 의의에 해당하는 독특한 하나님의 법을 개현하면서 존재하도록 되어 있다. 각 양상은 법적 존재 의의를 가지고 있으므로 독립적 주권을 가지면서도 전체 양상들과의 깊은 상호연관성 안에서 비로소 존재한다. 특히 양상이론은 특정 양상을 절대화함으로써 다른 양상들의 기능을 약화시키거나 마비시켜버리는 다양한 환원주의 이론들의 약점을 적절하게 드러낸다.

인식론의 핵심은 우선 실재에 대한 진리와 진리인식을 위해 하나님의 계시가 제공하는 통찰의 지도를 받아야 한다는 점을 강조한다. 인간의 직관적

---

18. L. Kalsbeek, *De Wijsbegeerte der wetsidee: Proeve van een christelijke filosofie* (Amsterdam: Buijten & Schipperheijn, 1970), 98.

이고 소박한 인식은 사물을 총체적으로 파악하는 기능을 수행하고, 학문적 지식은 해당차원에 있어서의 원리와 법칙들에 대한 논리적이고 분석적인 지식, 곧 추상적 지식을 제공한다. 기독교철학자들은 근대에 학문적 지식에 두어진 과대한 신뢰성과 절대성을 비판하고, 지식의 총체성과 해당 기능 및 한계, 그리고 상호관계성을 논의한다.

사회이론에서는 하나님이 세우신 기관들인 결혼, 가정, 교회, 국가의 의의에 대하여 깊이 탐구해왔다. 그 요점은 각 기관은 하나님의 법이 요구하는 고유한 의의를 가지고 있으므로, 양상이론의 원리를 적용함으로써 파악되는 바, 각 기관의, 환원할 수 없는 독자적인 의의가 보장되어야 함과 동시에, 그 해당 의의가 잘 개현되도록 다른 관계들이 서로 지원해야 할 것을 강조한다.

인간론에서는 인간이 하나님의 형상으로서 종교적인 존재이고, 하나님과 인간과 세계와 자신과의 관계성 안에서 수행해야 할 과제를 가진 독특한 존재라는 점을 강조한다. 최근에는 전통적인 주제 외에도 구체적으로 성의 문제, 우정의 문제, 결혼의 문제, 가족의 문제 등도 인간론에서 활발하게 논의하고 있다.

이상의 모든 논의는 기독교세계관의 카테고리인 창조와 타락과 구속의 흐름 안에서 이루어지므로, 이러한 구조들이 창조상태에서 타락으로 떨어질 때 어떻게 왜곡되었는지 보여줌과 동시에, 그리스도 안에서의 구속에서 어떻게 회복되어야 하는지 밝히려고 시도한다. 타락의 상태에서 왜곡된 것을 구속의 상태에서 회복시키는 과제에 참여하도록 하는 것이 그리스도인들을 향한 하나님의 소명이다. 하나님의 나라는 구속을 통하여 회복이 이루어져 원래 하나님의 법이 의도하던 바, 그 조화로운 완성으로 나아가는 나라이다. 물론 그 온전한 회복은 창조 상태보다 더 영광스러운 것임에 분명하다. 이렇게 볼 때 그리스도인을 향하여 회복의 과제가 부여된 영역은 창조세계 모든 영역이라고 말할 수 있다. 그것이 기독교철학이 학문철학의 기초를 제공함으로써 창조세계의 모든 차원에서 회복의 사역이 시도되도록 독려하는 이유이고, 그것이 곧 기독교종합대학교와 문화에 대한 관심의 배경이다.

4) 기독교교육철학

기독교교육철학은 (기독교)교육 현상에 대한 기독교철학적 탐구활동의 학문이다. 철학이 학문의 토대에 대한 기초적이고 포괄적인 반성적 탐구인 것과 같이, 기독교교육철학은 기독교교육 현상의 토대에 대한 기초적이고 포괄적인 반성적 탐구과제를 수행한다.

요한네스 판델발트(J. L. van der Walt)의 정리를 활용하여 기독교교육철학의 주된 과제를 다음과 같이 정리할 수 있다.[19] 첫째, 여러 학문들과의 관계에서, (기독교)교육학의 위치와 학문적 정당성 확립, 타학문과의 관계설정, 교육학 내 세부 개별 연구 분야의 확립과 상호관계성, (기독교)교육학의 연구방법론 등에 대한 학문철학의 과제를 수행한다. 둘째, 인간, 종교, 세계관, 이데올로기, 문화 등의 사회토대이념 및 환경과 기독교교육과의 관계문제에 대한 기초적 탐구의 과제를 수행한다. 셋째, 기독교교육실천을 더욱 온전하고 풍성하게 하는 일에 기여하기 위한 기초 작업으로서 적극적으로 기독교교육이론을 체계화하는 과제를 수행한다. 넷째, 일반교육학의 다양한 이론들에 대하여 기독교적 관점에서 심층적으로 분석하고, 평가할 뿐만 아니라, 특히 기독교적 관점에서 그 이론들을 개혁해 가는 작업을 수행한다.

그러므로 기독교교육철학자들은 첫 번째 과제수행을 위해 (기독교)교육

---

19. J. L. van der Walt, *Opvoedkunde as lewende wetenskap* (Durban-Pretoria: Butterworth, 1980), 8,54.

학의 토대와 제 분야를 일관성 있게 체계적으로 소개하는 (기독교)교육학(개론) 및 (기독교)교육역사 분야에 관심을 두고 있고, 두 번째와 세 번째의 과제를 수행하기 위해 (기독교)교육철학이라는 이름으로 기독교세계관과 기독교철학의 주요 통찰에 따라 교육학의 고유한 구조에 맞추어 (기독교)교육이론을 체계적으로 서술하며, 네 번째의 과제를 수행하기 위해 일반교육사조 특히 현대교육사상을 그 심층적인 세계관과 철학을 드러내면서 기독교적 관점에서 비판하고 평가하고 개혁하는 연구를 수행한다.

한걸음 더 깊이 발을 들여 놓는다면, (기독교)교육철학은 교육현상에 관련된 다양한 요소들을 중심으로 그 기초적인 차원에서 기독교 철학적 반성을 시도한다는 것을 알게 된다. 예를 들면, 첫째, 교육환경에서 만나게 되는 모든 가르치는 활동과 현상들, 곧 교육, 양육, 가르침, 활동, 실천, 놀이, 학문 등으로 칭해지는 행위들의 본질과 성격; 둘째, 교육환경에서 교육적 목적으로 개입하는 사람들인 교사, 학생, 부모, 교육행정가의 역할과 과제; 셋째, 가르치는 활동의 계획, 내용, 도구라고 할 수 있는 교육과정과 지식; 넷째, 교육활동을 실행하는 사회관계들인 유치원, 학교, 대학교, 사회교육기관, 그리고 그 기관들과 관련 지원 기관들과의 관계 등의 구조와 성격에 대한 반성적 탐구가 기독교교육철학의 과제이기도 하다.[20]

기독교교육철학의 두드러진 구체적 특성을 보여주는 두 가지의 예를 들어보자. 교육이란 한 공동체(사회)가 가까운 미래에 그 공동체의 책임 있는 구성원이 될 학생의 내면에 적극적으로 그 공동체의 세계관을 형성하는 작업이며, 특히 그 세계관에 근거한 가치를 강화하는 활동이다. 따라서 교육목표는 그 공동체의 세계관이 반영된 가치에 초점 맞추어져 있다. 기독교교

---

20. C. T. Viljoen, *Philosophy of Education* (Potchefstroom: PU for CHE, 1997), 18-20.

육철학에서 주목받아 온 교육적 인간상의 가치는 오랫동안 일반적으로 수용되어 온 제자도(Discipleship) 개념 외에도, 최근에는 요한네스 판델발트(J.L van der Walt)와 스투아르트 파울러(S. Fowler)가 강조하는 청지기직(Stewardship) 수행 개념과, 니콜라스 월터스톨프(N. Wolterstorff)가 강조하는 샬롬(Shalom)의 실천 개념이 주목받고 있다.

기독교교육철학의 또 다른 관심의 예는 기독교학교에 대한 논의이다. 근대이후 국가가 학교교육을 독점하고 학교를 국가주의 및 세속적 인본주의 세계관을 형성하는 도구로 삼음으로써 기독교공동체는 언약의 자녀를 성숙한 그리스도인으로 형성할 수 있는 기회를 박탈당하였다. 따라서 기독교교육철학자들은, 근대학교가 터 잡은 세속적 세계관과 그 종교적 신념체계를 드러냄으로써 국가교육이 주장하는 중립성 주장의 허구를 드러내고, 적극적으로는 대안적인 기독교학교의 설립과 기독교학교의 정체성을 교육전반에서 확립해가는 창조적 과제를 수행해 왔다. 특히 기독교학교문제는 19세기 말부터 20세기 초에 네덜란드에서, 그리고 1980년대에는 미국과 캐나다에서 활발하게 논의되었고, 1990년대 중반이후에는 우리나라에서도 조금씩 논의되고 있다.

이제 기독교교육철학의 검토 작업을 아주 간단히 그리고 개략적으로 보여주기 위해 기독교철학의 일반적 주제에 맞추어 기독교교육철학이 어떠한 교육적 함의를 발전시키는지 정리해보자.

기독교 철학의 존재론과 관련하여 기독교교육철학은 창조주 하나님을 언제나 고려하면서 인간의 모든 활동은 종교적이며, 모든 지식에서 하나님의 계시가 정당한 위치와 보편적인 권위를 갖게 해야 한다는 것, 교육은 종교의 중심인 마음에 도달해야 하고 그 마음의 방향에 맞추어져야 한다는 것, 인간의 과학적 지식은 부분적이며 동시에 한계성 있는 지식이라는 것, 그리고 존재의 구조와 의의에 맞추어 교육은 하나님의 법에 맞게 실행되어야 한다는 것, 교육의 내용은 창조세계의 총체성 곧 다양한 양상들을 의미 있게 포함하고 있어야 한다는 것, 교육은 하나님의 법에 대한 인간의 책임 있는 행동이라는 것, 교육의 목적은 하나님의 영광과 인간의 사랑과 복지를 위해 창조세계를 개발하는 것에 맞추어 져야 한다는 것, 교육은 학생에게 하나님이 주신 은사와 소명을 고려하면서 능력을 구비시키는 것이어야 한다는 것 등의 중요한 함의를 발전시킨다.

    기독교철학의 인간론과 관련하여 기독교교육철학은 인간은 하나님의 형상으로서 종교적 존재이고, 종교가 인간존재와 삶의 중심이라는 것, 따라서 교육은 종교와 관련된 인간의 마음을 형성하는 마음의 교육이어야 한다는 것, 인간은 타락한 존재이므로 인간의 왜곡된 마음을 사실적으로 이해해야 하고, 동시에 구속받아 하나님의 나라에 속한 시민으로서 선지자 제사장 왕적 직분에 참여하고 있다는 것, 따라서 학생이 하나님의 소명을 책임성 있게 수행할 수 있도록 다양한 은사를 개발하여 능력을 구비할 수 있도록 해야 한다는 것, 교사도 소명을 수행하는 사람이므로 교직은 영적인 창조적 사역이라는 점을 인식해야 한다는 것, 참된 권위는 하나님께로부터 위임된 것이므로 그 권위는 섬김을 위해 사용되어야 한다는 것, 참다운 자유는 하나님의 법 아래에서 그리고 소명을 성취하기 위해 발휘되어야 한다는 것, 인간은 관계적 존재로서 하나님과 인간과 자신과의 관계에서 평화와 발전을 이루어야 한다는 것, 동료인간들과 더불어 협력하면서 공동체를 형성할 수 있도록 의도되어야 한다는 것, 자연과 환경을 돌보고 보존하며, 문화의 창출에 책임 있게 참여하며, 궁극적으로 하나님을 섬기고 하나님의 나라에 기여할 수 있도록 해야 한다는 것, 교육에 있어서도 인간은 개별적이면서도 독특한 존재로 인정받아야 한다는 것, 인간은 전인적인 존재이므로 교육에서 그 함의가 충분히 적용되게 해야 한다는 것 등의 함의를 발전시킨다.

　기독교철학의 인식론과 관련하여 기독교교육철학은 교육에 대한 지식에서 법칙 차원과 종속 차원을 함께 고려해야 한다는 것, 하나님의 계시적 지식을 잘 고려해야 한다는 것, 인간 지식의 한계를 인식해야 하고, 인식활동은 마음과 분리될 수 없고 따라서 종교적이라는 것, 일상적인 총체적 인식과 학문적 지식의 차이를 알고 균형 잡힌 이해를 가져야할 필요성, 인식과 믿음의 필연적인 관계를 고려해야 한다는 것 등의 함의를 발전시킨다.

　마지막으로 기독교철학의 사회론과 관련하여 기독교교육철학은 교육을 목표로 특별히 설립된 학교라는 관계의 존재적 구조와 의의에 주목해야 하고, 학교교육의 목표, 과정, 방법, 행정 등 전반에서 앞서 제시된 기독교 철학적 함의가 일관성 있게 구현되게 해야 한다는 것, 가정과 교회와 국가가 갖는 독특한 부분적 교육 기능의 성격을 규명하고, 그 기관들이 교육기관(관계)인 학교의 고유기능과 혼돈되지 않고 상호 간섭하지 않으면서도 학교가 제 기능을 수행하도록 어떠한 지원적 관계를 형성해야 하는지를 논의한다.

　그리고 비판적인 방법의 연구활동으로서 기독교교육철학은, 현대의 시대정신을 반영하고 있는 주요한 일반교육철학 및 기독교교육사상들을, 내재적인 분석, 문제 역사적 분석, 선험적인 그리고 초월적인 분석 방법을 통해 분석함으로써 그 이론들이 가진 오류와 문제점을 드러내고, 동시에 그 이론들이 이전의 사상들에 비하여 참교육의 법칙에 어떠한 새로운 발견과 긍정적 기여를 했는지 평가하고, 기독교교육철학과 비교하면서 온전한 교육이 어떠한 것이어야 하는지 제안하는 과제도 수행한다. 그래서 이상주의교육, 자연주의교육, 실용주의교육, 사회주의교육, 공산주의교육, 실존주의교육, 현상학과 교육, 신좌파의 교육, 신우파의 교육, 신인본주의교육, 대안학교교육운동, 포스트모더니즘교육, 구성주의교육 등의 주제에 대한 비판적 탐구과제를 수행한다.

5) 나가면서

지금까지 기독교교육학의 기초학문인 기독교교육철학이, 그 토대를 형성하는 세계관, 기독교세계관, 기독교철학과 어떠한 관계를 가지고 있는지, 그리고 기독교교육철학이 구체적인 교육현상과 관련하여 어떠한 연구내용을 가지고 있으며 그 수행하는 과제가 어떠한 것인지, 그리고 기독교교육철학의 강조점들은 어떤 것들인지 간단하게 개관하였다.

학문으로서의 기독교교육학이 그러한 것이라면, 교육에 참여하는 그리스도인 개인이나 교사가 갖는 신념으로서의 기독교교육철학이란, 제대로 반성되지 않은 수많은 인본주의적 세계관과 개인적 관심과 가치들을 절충한 교육적 신념에 집착하는 것이 아니라, 기독교세계관에 근거하여 체계화된 근본적 통찰이, 교육의 이유와 목표가 되고, 더 나아가 교육의 전 과정이 하나님의 법에 순종하고 그 법의 의의를 개현하는 방향으로 발전해야만 참교육이 실현된다는 신념을 표현하는 말이 될 것이다.

참고문헌

강용원 편.『기독교교육학개론』(서울: 생명의 양식, 2007).

전광식.『학문의 숲길을 걷는 기쁨: 세계관, 철학, 학문에 관한 여덟 가지 글모음』(서울: CUP, 1998).

Kalsbeek, L. *De Wijsbegeerte der wetsidee: Proeve van een christelijke filosofie* (Amsterdam: Buijten & Schipperheijn, 1970)

Sire, James R.『기독교 세계관과 현대사상』, 김헌수 역 (서울: IVP, 1985).

Van der Walt, B. J. *The Liberating Message: a Christian Worldview for Africa*, (Potchefstroom: IRS, 1994).

Van der Walt, J. L. *Opvoedkunde as lewende wetenskap* (Durban-Pretoria: Butterworth, 1980).

Viljoen, C. T. *Philosophy of Education* (Potchefstroom: PU for CHE, 1997)

Walsh, B. J & J. R. Middleton, J. R., *The Transforming Vision: Shaping a Christian World View* (Downers Grove, Ill.: IVP, 1984)

Wolters, A. M. *Creation Regained: Biblical Basics for a Reformational Worldview* (Grand Rapids: Eerdmans, 1985)

Wolterstorff, N. "Forword", in B. J. Walsh & J. R. Middleton, *The Transforming Vision: Shaping a Christian World View* (Downers Grove, Ill.: IVP, 1984).

2. 개혁교회공동체의 기독교학교운동

19세기말부터 한일합방 이전까지 초기 선교사들이 설립한 기독교사립학교(미션스쿨)는 선교라는 내면적이고 일차적인 과제수행과 더불어 당시 조선사회의 긴요한 과제였던 근대학교교육의 모델기능을 수행함으로써 구한말 조선사회교육의 발전에 기여했다. 20세기 초부터 해방될 때까지 기독교사립학교들은, 비록 일제의 식민지국가교육정책에 따른 점진적인 통제로 후기에는 고유한 목표실현이 거의 불가능하게 되었다고 해도, 적어도 초기와 중기 상당기간동안 기독교지도자 양성, 그리고 민주적 근대정신과 민족의식을 갖춘 한국인 양성을 위한 교육의 요람이었다. 해방이후 다시 재건된 기독교사립학교들과 한국인들에 의해 새로 설립된 기독교사립학교들은 그 동안 학교선교활동을 통해 청소년과 청년들을 복음화 함으로써 한국기독교의 급속한 성장에 기여하였고, 국공립학교와 함께 중등교육과 고등교육의 영역에서 국가가 필요로 하는 인적 자원 양성, 산업 근대화의 기술인 양성, 민주주의 의식의 발전 등에 크게 기여하였다.

그러나 1970년대 이후 한국기독교사립학교는 선교와 인재양성이라는 과제수행에 있어 새로운 어려움에 직면해왔다. 첫 번째로, 고교평준화정책이 확립되어 실행되는 과정에서 선교를 위한 성경(종교)과목교육은 선택의 주변적 과목, 그리고 비공식적 활동으로 밀려나게 되었고, 과열된 입시지향성 때문에 기독교사립학교내의 교사 및 학생들의 관심도에 있어서도 더 이상 주요한 위치를 유지하기 어렵게 되었다. 그 동안 잠복되어 있었던 선교교육과 관련된 불만들이 2000년대에는 종종 표면화 되었다. 기독교사립학교의 선교교육 및 종교 활동 참여의 강제성문제가 사회적 문제로 대두되어 비난의 표적이 되었고, 사립학교법개정과정에서 기독교계는 학교를 통하여 더 이상 선교교육을 수행할 수 없게 될지도 모른다는 위기감을 느꼈다.

두 번째로, 1980년대 이후 경제성장의 결과 정부의 학교에 대한 투자가 늘어나면서 정부가 직접 여건을 개선해온 공립학교와, 그에 비하여 학교법인의 지속적인 투자와 개선이 이루어지지 못했던 사립학교의 교육여건 사이에 감지될 수 있을 정도의 격차가 생겼다. 그 과정에서 시민들은 기독교사립학교가 그 동안 담당해왔던 사회적 기여를 쉽게 망각하였고, 공교육에 대한 사립학교의 기여도가 만족스럽지 못하다고 생각하게 되었으며, 급기야 2000년대에는 사립학교의 공교육에 대한 기여가 일반사회적 기준에 부합되지 못한다고 비판하기에 이르렀다. 게다가 그 동안 입시관련 실적에 몰두함으로써 사립학교들이 스스로 메겨온 사회적 기여도에도 불구하고, 진보적 교육운동가들은 오히려 그 이유 때문에 사립학교들이 입시중심교육의 적극적인 동조자가 되어 왔다고 비판하였으며 여기에는 기독교사립학교들도 예외가 아니었다.

기독교사립학교교육이 이처럼 학교교육문제 해결을 위한 대안적 기능을 제대로 수행하지 못한 채, 오히려 점차 위상도 약해지고 기독교적 교육 자체도 어려워지는 위기상황은, 1990년대 이후 기독교대안학교에 대한 논의와 설립의 원인들 중 하나가 되었다. 그 동안 이루어진 기독교대안학교의 논의와 실험은 대략 두 가지의 범주로 구별될 수 있다. 첫 번째의 범주로, 대안학교 담론을 먼저 시작한 진보적 경향의 기독교교육학자와 교육가들은, 낭만주의, 자연주의, 생태주의, 공동생활, 다원주의 등의 특성을 보여주는 서구 대안학교들에 관심을 갖고 연구하면서 그러한 철학들을 공유하는 대안학교들을 설립하여 대안적 학교교육을 실험하였다. 두 번째의 범주로, 개혁주의(칼빈주의) 신학전통에 속한 장로교의 기독교교육학자 및 교육가들 중 일부는, 1980년대에 기독교세계관에 대한 논의를 발전시켰고, 1990년대에 기독교세계관에 따른 기독교학교를 소개하고 논의하였으며, 21세기에 접어 들어서는 대안학교로서의 기독교학교를 설립하였다.

물론 현 단계에서는 2007년까지 우리나라에 설립된 43개의 기독교대안학교들 중 상당수가, 그것이 위의 어느 범주에 속하건 간에, 비록 낭만적 이상과 비전은 강하다고 하더라도, 교육과정, 교육방법, 교사교육, 학교경영 등에 있어서 구체화된 혹은 잘 정착된 체계와 내용을 갖추지 못한, 실험 단계적 특성을 여실히 보여주고 있다.[1]

이러한 상황에서 필자는 우리나라 기독교사립학교 및 기독교학교의 과제에 대한 탐색을 위해 위에서 언급된 두 번째의 범주, 곧 기독교세계관에 근거한 기독교학교가 좀 더 소개되어 논의될 필요가 있다고 보았다. 그 이유는 두 번째 범주의 기독교학교가 대안학교로서의 기독교학교를 위한 함의뿐만 아니라 기존의 한국기독교사립학교의 방향에 대한 논의에도 유익한 함의를 갖는다고 보았기 때문이다.

미국과 캐나다, 오스트레일리아 등지에서 네덜란드계 개혁교회 이민자들의 공동체가 운영해온 부모중심 기독교학교는 1990년대 이후 우리나라의 일부 장로교회 교육전문가들에게 기독교학교의 좋은 모델을 간주되었다. 그래서 해당 기독교학교들과 관련된 학자들과 학교운영자들과의 교류가 지속적으로 진행되어왔다. 물론 그 기독교학교들이 네덜란드계 이민자들에 의해 정착되었다는 말은 모두 네덜란드의 기독교학교운동의 역사에 뿌리를 두고 있다는 말과 같다.

따라서 본 연구자는 이제까지 있어온 영어권 중심의 기독교학교에 대한 논의에서 발걸음을 한걸음 더 깊이 내딛어 네덜란드에서 일어난 기독교학교운동의 역사에 주목하고, 네덜란드에서의 기독교학교운동이 우리의 경우에

---

1. 정영찬. 『한국의 기독교 대안학교 교육에 대한 개혁주의적 고찰』. 미간행박사학위논문. 고신대학교, 2007.

도움이 될 수 있는 어떤 함의를 제공하는지 검토해보려 한다. 물론 이 한 편의 글로 모든 것을 다 논의할 수는 없으므로 이 장에서는 네덜란드의 기독교학교운동의 흐름을 역사적으로 탐색하는 데 주된 관심을 기울이고, 결론부분에서 우리에게 주는 핵심적 함의를 간단히 제안하는 데 한정하고자 한다.

본 장은 네덜란드기독교교육현상에 대한 역사적 논의이지만, 사료에 의한 역사학적 연구방법보다는 문제-역사적 연구방법, 곧 역사적 현상에 대한 역사-철학적 논의와 비교연구의 방법으로 진행하고자 한다. 본 글에서 '기독교사립학교'는 개인과 단체와 종단이 선교와 인재 양성을 목적으로 설립한 학교를 포괄적으로 지칭하는 표현으로 사용되었고, '기독교학교'는 학생을 포함한 학교의 모든 구성원이 원칙적으로 기독교인들이며, 기독교인의 자녀들에게 기독교세계관을 형성하고, 그 세계관을 학교교육원리 및 실제 전반에 일관성 있게 적용하려하는 학교를 의미한다.

1) 네덜란드 초기의 기독교교육

독립국가로서의 네덜란드의 역사는 16세기후반 오란여(Willem van Oranje)공과 여러 도시국가들의 연합세력(유트레흐트연합)이 외부 지배세력이었던 스페인으로부터 독립전쟁(1568-1648)을 수행하여 연합네덜란드공화국(1588-1795)을 수립함으로써 시작되었다. 가톨릭 세력의 스페인에 대항하여 독립운동을 시도했던 네덜란드 지역연합은 종교개혁자 칼빈의 신학사상을 따르는 개신교세력이었으므로, 연합네덜란드공화국에서는 처음부터 칼빈주의자들이 주도권을 잡았고,[2] 네덜란드 내 가톨릭세력은 분리된 그룹으로 존재했다.

---

2. 여기서 개혁교회는 네덜란드계의 칼빈주의 교회를 지칭한다.

칼빈(1509-1564)의 영향으로 개혁교회는 16세기에 네덜란드신앙고백(1561), 하이델베르크교리문답(1563)을 받아들였다. 17세기 초에 개혁교회는, 인간의 자유의지와 책임문제에 대하여 긍정적인 주장을 펼쳤던 알미니우스에 대항하여 인간의 전적 타락과 하나님의 은혜의 섭리를 강조하였던 고마루스의 주장을 받아들였고, 도르트레흐트총회(1618-1619)를 통하여 칼빈의 신학적 해석에 따른 교리를 정통교리로 공인하였다. 그 이후 푸시우스(Voetius)가 촉구한 바 있는, 영혼의 개혁과 일상생활의 경건을 지향한 '두번째의종교개혁운동(Nadere Reformatie)'이 일세기 이상 네덜란드교회와 사회에 큰 영향을 미쳤다. 두번째의종교개혁운동은 칼빈주의적 신앙고백문서들과 가르침에 집착하면서, 주관적 체험, 경건주의, 엄격한 도덕생활 등의 실천적 경건을 강조한 부흥운동이었다.

16세기와 17세기 네덜란드사회를 주도한 것이 칼빈주의였으므로 이러한 정신은 교육에 그대로 반영되었다. 당시대에 가르치는 활동, 학교에 대한 감독, 그리고 교육에 대한 논의는 주로 교회와 목사들에 의해 이루어졌다.[3] 이러한 특성을 고려하여 크라우트호프(Kruithof)는 네덜란드의 기독교교육역사를 기술하는 그의 박사논문에서 네덜란드를 '목사의 나라(Domineesland)'라고 지칭하는, 인상적인 낱말을 제목으로 사용하였다. 예컨대, 이 시기의 열렬한 칼빈주의자 팔코우흐(Valcooch)는, 교사는 학생을 교회봉사로 이끌어야 하고, 학교에서 학생은 설교에 귀를 기울여야 한다고 역설하였다. 그는 칼빈주의 신학에 근거하여 학생의 경우에도 죄의 본성을

---

3. H. Q. Röling, "Onderwijs in Netherland". in Kruithof, B., Noordman, J. & DeRooy, P. (eds). *Geschiedenis van opvoeding en onderwijs: inleiding bronnen onderzoek*. (vijfde druk) (Nijmegen: Sun, 1994), 67.

강조하였고, 하나님의 은혜의 필요성을 역설하였다.⁴

일반적으로 학교교육은 교회의 감독 하에 지방단위의 규정에 따라 실시되었다. 그 교육의 기초는 도르트레흐트총회에서 교육부분에 대하여 언급한 요점들이었고, 그것은 거의 2세기에 걸쳐 교육의 기초법 역할을 했다.⁵ 도르크레흐트총회는 "학생들이 어릴 때부터 참 종교의 기초를 배워 참된 경건으로 가득 채워져야 한다"고 강조하였고,⁶ 이것이 부모와 교사와 목사의 중요한 과제라고 보았으며, 교사들은 모두 경건한 생활을 하는 개혁교회구성원이어야 한다고 주장하였다. 학교에서는 읽기학습을 위해 주기도와 성경구절들로 만들어진 학습서가 사용되었고, 교리문답교육이 실행되었다. 교사는 하이델베르크교리문답서를 가르쳐 교회에서의 교리문답준비교육을 실행하였고, 교회에서 목사는 어린이와 청소년들을 고려하여 주일오후에 교리 설교를 했다.

19세기 이전까지 네덜란드에서의 교육에 대한 논의는 일반적으로 학교보다는 가정에 집중되어 이루어졌다. 가정은 하나님과 교제하고 예배하고 기도하는 첫 번째의 기관이었고, 하나님과 신자의 관계는 가정에서 부모와 자녀와의 관계와 유비되었다. 칼빈주의 신학의 언약교리 개념은 가정의 위치를 강조하였고, 부모는 하나님으로부터 직접 교육명령을 받은 책임 있는 존재라는 인식을 분명히 했다. 경건한 칼빈주의자들은 두번째의종교개혁운동

---

4. B. Kruithof, *Zonde en deugd in domineesland: Nederlandse protestanten en problemen van opvoeding zeventiende tot twintigste eeuw*. doctor proefschrift (Universiteit van Amsterdam, 1990), 30.

5. J. C. Coetzee, *Inleiding tot die historiese opvoedkunde*, (tweede druk) (Johannesburg: Voorwaarts, 1958), 298.

6. B. Kruithof, *Zonde en deugd in domineesland: Nederlandse protestanten en problemen van opvoeding zeventiende tot twintigste eeuw*, 34.

이 의도했던 바, 내면적 경건과 일상생활에서의 성결, 그리고 그것을 위한 교육은 작은 규모의 교회로 간주된 가정에서 이루어져야 한다고 보았다. 가정은 사회의 기초석으로 간주되었으므로 사회의 개혁은 가정의 개혁에서 이루어지는 것이라고 보았다.

요한네스 드 스바어프(J. de Swaef, 1594-1653)는 그의 가정교육지침서에서, 경건을 하나님의 계명에 맞추는 것이라고 보았고, 자녀들이 경건하게 성장하도록 부모들은 가능하면 일찍부터 자녀들을 가르쳐 죄악을 피하게 하고 자녀들의 내면에 선을 심어야 한다고 충고하였다. 그는 부모들에게 자녀가 성장하는 동안 죄악을 금지하고, 훈계하며, 책망하고, 때로는 징계하면서도 경건한 삶을 영위하도록 해야 한다고 주장하였다.[7] 야코부스 쿨만(Jacobus Koelman, 1632-1695)은 부모에 대한 교육지침서인 『부모의 의무』(1679)에서 가장 어린 시기부터 부모는 자녀를 위한 경건 교육을 실천해야 하고, 선과 악의 구별을 명확하게 해야 한다고 강조했다. 부모가 이렇게 교육해야 할 이유는 한편으로는 어린이도 본성적으로 타락하여 사악함을 가지고 있기 때문이고, 또 다른 한편으로는 당시 흔했던 어린이 사망의 경우에도 영혼이 구원받도록 하려는 조처이기도 했다. 그는 경건한 성품을 위해 어린이들에게 일찍부터 자기부인, 순종, 절제를 가르쳐야 한다고 충고하였다. 그리고 12살 이전에 하나님을 사랑하는지 진지하게 질문하고 종교적 체험을 일깨워주어야 한다고 충고하였다.[8]

또 다른 한편으로 네덜란드에는 처음부터 그리고 비록 다수는 아니었다

---

7. B. Kruithof, *Zonde en deugd in domineesland: Nederlandse protestanten en problemen van opvoeding zeventiende tot twintigste eeuw*, 42.
8. B. Kruithof, *Zonde en deugd in domineesland: Nederlandse protestanten en problemen van opvoeding zeventiende tot twintigste eeuw*, 44-46.

고 해도 지속적으로 진보적인 성향의 기독교인들이 있었다. 디르크 코른헤르트(D. V. Coornhert, 1522-1590)는 에라스무스처럼 이미 16세기에 인간의 완전한 성숙에 대한 낙관적인 인문주의적 태도를 보였다. 그리고 교리 문제에 있어서 알미니우스의 영향은 수면 아래로 가라앉았으나 인간의 본성에 대한 낙관적 견해는 간헐적으로 대두되었다. 17세기에 야콥 카츠(Jacob Cats, 1577-1662)도 엄격한 칼빈주의적 경건보다 르네상스와 인문주의적 이상을 지지하였고, 아동을 단지 작은 성인으로 보는 견해를 반대하였으며, 아동이 가진 본성적인 운동, 호기심 등을 옹호하면서 아동의 행동을 지나치게 강요하지 않도록 충고하였다. 그는 아동교육에서 온화함, 사랑, 질서를 기초적 원칙으로 삼았다.[9]

18세기에 네덜란드는 프랑스와의 수차례 전쟁으로 큰 타격을 입었고, 영국에게 해양 무역로를 빼앗기면서 번영의 황금기를 지나 경제적으로 점차 쇠퇴하였으며, 홍수로 인한 제방의 붕괴로 어려움을 겪으면서 인구도 줄어들었다. 특히 18세기 후반에는 왕가와 민주화를 요구한 세력 간의 내전으로 사회가 불안하였다. 이러한 사회적 배경에서도 개혁교회의 주류는 두번째의 종교개혁운동의 정신을 지속시켜나갔고, 그러한 강한 칼빈주의적 배경은 다른 유럽 국가들에 비하여 진보적인 사상의 영향을 상당히 억제시켰다. 그럼에도 불구하고 18세기 후반으로 갈수록 교회징계의 사회적 영향력이 약화되었고, 신앙과 경건의 삶도 국가의 영역보다 개인의 영역으로 조금씩 축소되었다. 게다가 계몽주의의 영향을 받았던 신학자들과 목사들의 사상에서도 교리적 정통성을 벗어난 해석들이 시도되었다.

---

9. B. Kruithof, *Zonde en deugd in domineesland: Nederlandse protestanten en problemen van opvoeding zeventiende tot twintigste eeuw*, 38.

계몽주의의 영향을 받았던 지식인들은 네덜란드 사회에서도 교육에 대한 관심을 크게 환기시켰다. 마르티네트(J. F. Martinet, 1729-1795)는 그의 저서 『자연의 교리문답』에서 전통적인 하이델베르크교리문답에 빗대어 자연의 교리문답이라는 표현으로 자연주의적 사고를 드러내었다. 그는 학문과 신앙 사이에는 대립이 없다고 주장하면서 자연의 혹은 자연에 대한 교육은 종교교육만큼이나 중요하다고 강변하였다. 그는 아동의 본성을 악하게 보는 대신 밝게 보았으며, 아동은 사랑스러운 자산이고 천사에 가깝다고도 말했다. 그는 참된 교육의 방법은 자연에 맞게 그리고 합리적으로 이루어져야 한다고 주장하였고, 아동의 합리적이고 도덕적인 행동을 강조하였다. 그리고 행복한 가정생활이 제대로 된 교육기능을 수행할 수 있다고 충고하였다.[10] 또 베쳐 볼프와 아혀 데이컨(Betje Wolff & Aagje Deken)도 아동의 본성을 선하게 보았고, 아동의 버릇없는 행동을 악한 것으로 볼 것이 아니라 자유를 향한 생래적인 충동의 결과로 보아야 한다고 주장하였다. 그들은 하나님과 더불어 자연이라는 원리를 모두 함께 고려할 필요가 있다고 강조하였다.[11]

교육은 기독교교육가들 모두의 관심사였지만, 계몽주의의 영향을 받았던 기독교교육가들은 쇠퇴기의 네덜란드 사회를 위해 국민의 도덕성교육에 더 많은 관심을 가졌다. 왜냐하면 그들은 교육이 사회와 국민의 회복과 구원을 위한 열쇠라고 여겼기 때문이다. 따라서 이러한 국민교육의 과제수행은 목사와 교사와 지식인과 작가들의 사명이었다. 그들은 국민의 도덕성 회복이 종교의 존재 이유라고 주장하였다. 인간의 행복은 인간의 영적이고 합

---

10. B. Kruithof, *Zonde en deugd in domineesland: Nederlandse protestanten en problemen van opvoeding zeventiende tot twintigste eeuw*, 49-50.
11. B. Kruithof, *Zonde en deugd in domineesland: Nederlandse protestanten en problemen van opvoeding zeventiende tot twintigste eeuw*, 50, 54.

리적인 능력을 완성하는 것이라고 여겼고, 지식과 문화는 그것을 위한 가장 중요한 도구라고 생각했다. 교육이 사회의 회복과 발전을 위한 필수적 조건이라는 확신에서 계몽주의 기독교 지식인들은 '공동체의유익을위한학회(de Maatschappij tot Nut van 't Algemeen)'라는 사회교육을 위한 단체를 결성하였다.

2) 근대 공립학교 제도와 기독교사립학교운동

네덜란드는 1795년 나폴레옹 군대에 점령되어 프랑스의 통제 하에 놓임으로써 크게 변화하였다. 나폴레옹의 퇴각이후 1815년 네덜란드왕가가 다시 회복되었으나, 1830년 가톨릭권인 벨기에와 결국 분리되었고, 왕권은 약화되어 1848년 이후에는 민주적 헌법에 따라 의회에 의해 통치되는 입헌군주국이 되었다. 이러한 역사적 배경에서 18세기에 영향을 미치기 시작했던 계몽주의 정신이 네덜란드 사회에 더욱 확산되었고, 그 정신에 따른 제도적 확립단계로 나아갔다. 프랑스의 점령이후 1795년 교회와 국가의 분리가 법제화되어 국가에 대한 교회의 직접적인 영향력이 크게 약화되었다. 이러한 배경을 염두에 두고 이 시기의 교육을 정리해보면 다음과 같다.

1784년 얀 뉴웬하위젠(Jan Niewenhuizen) 목사가 계몽주의적 기독교정신으로 국민교육을 통해 위기에 직면해있었던 국가를 회복시키려고 설립했던 공동체의유익을위한학회는 18세기 말부터 19세기중반까지 네덜란드 사회에 큰 영향을 미쳤다. 이 학회는 조직상 교회와 무관한 사회적 결성단체로서 기독교정신에 따른 경건과 도덕, 그리고 특히 애국심으로 국민을 통합하는데 상당한 기여를 했다. 이 학회는 사회와 교육과 도덕과 보건에 관련된 많은 글들을 발표하였고, 책을 출간하였으며, 여론을 조성하고 확산시키는 역할을 했다.

교육과 관련하여 이 학회는 특히 가정의 역할을 강조했는데 그 이유는 가정의 문제는 곧 사회의 문제로 발전한다고 보았기 때문이다. 바꾸어 말하면 가정의 회복은 곧바로 사회의 회복에 기여한다고 보았다. 이러한 맥락에서 비헤리(J. Wigeri) 목사는 이 학회에 발표된 글에서 부모는 자녀의 도덕적 성품형성을 위해 친구들이나 사회의 악한 영향에 노출되지 않도록 자녀를 엄격하게 보호해야 한다고 주장하였고, 사람들이 함께 모여 무익한 사적인 담화를 즐기는 것도 경계하였다. 양심의 형성, 수치심의 개발, 그리고 자기 통제력을 자녀교육의 본질적 부분으로 간주하였다.[12]

이 학회의 많은 글들은 사회적 악이 가난과 무지에서 초래된다고 진단하였고, 자녀교육에 소홀할 수밖에 없는 가난한 계층의 자녀들을 위한 도덕교육과 경건교육을 촉구하였다. 도덕교육은 건강교육과도 연결되었다. 이 학회를 통하여 의사들이 아동의 위생보건을 위해 글들을 발표하였으므로 이 학회에 속한 많은 사람들에게 도덕교육과 보건교육은 사실상 자매관계처럼 간주되었다. 또 많은 글을 통하여 부모들은 자녀들이 성적 순결을 유지하도록 일찍부터 순결의식을 가르치고, 자녀들을 감독하고, 부정을 멀리하도록 지속적으로 경계하라고 충고 받았다. 이처럼 성의 도덕을 강조한 이유는 결혼관계가 국가와 사회적 안녕의 기초석이 된다고 보았기 때문이다. 그러나 이 학회의 활동은 19세기 후반에는 크게 위축되었다.

나폴레옹의 네덜란드 정복이후 결성된 의회는 1797년 초등학교체제에 대한 안건을 다루었다. 새로 제정된 학교법(1801, 1803, 1806)은 학교를 교회와 종교로부터 독립시켜 국가통제 하에 둠으로써 학교교육을 세속화시켰다. 이

---

12. B. Kruithof, *Zonde en deugd in domineesland: Nederlandse protestanten en problemen van opvoeding zeventiende tot twintigste eeuw*, 70-71.

법제화작업을 주도했던 사람들은 주로 공동체의유익을위한학회에서 활동해 온, 계몽주의를 따르던 진보적 성향의 기독교지도자들이었다. 학교법에서 초등학교체제는 공립학교(openbaar school)와 사립학교(bijzonder school)로 구분되었다. 국가가 관장하는 공립학교는 인정된 교육기관으로서 국가로부터 모든 재원을 지원받았다. 사립학교는 특정단체가 지원하는 사립학교와 부모들이 지원하는 사립학교로 구분되었다. 그리고 학교법은 학교교육의 정책, 내용, 그리고 감독 기능을 모두 국가에 귀속시켰다. 이러한 초등학교의 제도화 이후 공립학교의 수는 지속적으로 증가하였다.[13]

학교교육의 법제화에서 의도된 것은 일차적으로 국민교육을 위한 것이었고, 그 방법은 모든 아동에게 국어와 계몽주의적 기독교 도덕을 가르치는 것이었다. 기독교적 경건이 주요한 요소로 간주되기도 했으나 명목적이었고, 더 이상 교리적 성격의 교육은 허용되지 않았으며, 그 대신 도덕성 교육에 주된 관심이 두어졌다. 학교교육에 대한 국가의 제도화는 이전과 비교할 때 교육에 있어 목사의 참여 여지를 축소시켰고, 교사 지위의 독립성과 교사의 역할을 제고하는 계기가 되었다. 그 결과 교사는 그 동안 교회로부터 받아왔던 감독에서 벗어나 법적으로 독립하여 자유롭게 되었다. 1842년에는 교사들의 연합체가 결성되었고, 교사들의 수는 1850년 5,410명에서 1900년에는 20,635명으로 급격하게 증가되었다.[14] 학교교육의 법제화로 학교교육에 대

---

13. H. Knippenberg, *Deelname aan het lager onderwijs in Nederland gedurende de negentiende eeuw*. doctor proefschrift (Universiteit van Amsterdam, 1986), 57, 245-246. 크니펀베르그가 만든 도표에서 선택적으로 열거해 보면, 1811년 공립초등학교의 수는 1,806개, 1845년 2,249개, 1870년 2,608개, 1900년 3,127개였다.
14. H. Knippenberg, *Deelname aan het lager onderwijs in Nederland gedurende de negentiende eeuw*, 68,247-248.

한 교회의 감독기능도 상실되었다. 비록 한동안 목사가 장학활동에 참여하는 경우가 많기는 했으나 1820년대를 지나면서 목사가 장학관에 임명되는 경우는 상당히 줄어들었다. 그리고 국가교육은 통일된 국가주의 이데올로기 형성의 도구였으므로, 교리논쟁으로 분파적 갈등을 유발할 수 있다고 우려된 종교교육은 학교교육에서 배제되었고, 그 자리에 애국심 고양과 관용의 정신이 대체됨으로써 실제로 세속화되었다.

그러나 가톨릭 배경의 프랑스 지배, 탈종교적 근대사상에 따른 법제화, 국가교회(Nederlandse Hervormde Kerk)로의 변화(1816), 인간의 합리성에 기대는 계몽주의의 영향, 학교교육의 세속화, 특히 학교에서 더 이상 성경과 교리교육을 기대할 수 없게 된 상황에 대하여 정통적인 칼빈주의 기독교인들은 상당한 위기감을 느꼈다. 그들이 생각할 때 이러한 변화는 17세기 도르트레흐트총회의 결정과 두번째의종교개혁 정신의 상실을 뜻했다.

그래서 이러한 흐름에 대한 반동으로 1834년 정통적 칼빈주의 경건을 회복하고자하는 기독교운동인 분리운동(De Afscheiding)이 일어났다. 분리운동 지도자였던 드콕(H. de Cock)과 스콜터(H. P. Scholte) 목사는 칼빈주의의 정통성을 상실했다고 간주된 국가교회로부터의 분리운동을 이끌어 내어 새로운 교단을 만들었다. 그 그룹은 계몽주의적 근대정신에 반대하면서 칼빈과 도르트레흐트총회결정의 신학에로 복귀한다고 주창했다는 점에서 보수적이었으나, 현실 도피적이고 체험적인 경건주의의 특성을 가졌다. 비록 숫자가 많지는 않았지만 분리운동으로 만들어진 새로운 교단(Christelijke Gereformeerde Kerk)은 이전처럼 가정에서의 엄격한 신앙교육을 다시 강조하였고, 초등교육 영역에서 기독교학교를 운영하기 위한 투쟁의 촉매역할을 했다. 왜냐하면 공립학교의 가르침이 하나님의 말씀에 따른 부모들의 가르침과 대치된다고 보았기 때문에 공립학교에 자녀들을 보내지 말 것을 권했기 때문이다.

분리운동과 더불어 1826-1854년 사이에는 부흥운동(Réveil)이 네덜란드 사회에 확산되었고, 특히 1840-1850년 사이에 큰 영향력을 행사하였다. 가정과 저녁모임을 통하여 확산된 이 운동은 계몽주의적 근대정신, 진보신학적 입장을 거부하고 16-17세기의 전통적 칼빈주의 교리와 경건에 따라 인간의 죄와 하나님의 은혜를 강조했던 경건운동이었다. 그래서 부흥운동 지도자들은 예배생활회복, 마음의 회복, 가정의 개혁, 조용하고 경건한 생활, 자녀에 대한 경건교육을 강조하면서, 계몽주의자들의 주장처럼 도덕적 개선과 도덕적 삶의 회복이 아니라, 회개로 이어져야 한다고 주장하였다. 분리운동이 현실사회와의 극단적인 긴장에 머문 반면, 부흥운동은 적극적인 칼빈주의적 사회개혁운동의 특성을 가졌다는 점에서 이 두 운동 사이는 차이가 있었다.

부흥운동지도자들은 19세기 중반 네덜란드 국내의 재복음화와 사회운동을 주도하였다. 헬드링(Ottho Gerhard Heldring, 1804-1876)은 '기독교친구(Christelijke Vrienden)'라는 단체를 결성하여 노예해방, 가난한 자를 위한 돌봄, 교육의 중요성을 설교하였다. 그는 특히 정통 칼빈주의에 근거한 학교의 설립운동을 위해 노력했다. 기독교친구는 시골지역에서 아동과 여성을 위한 작은 교육기관들을 설립하여 가르쳤다. 이 단체는 인간의 타락성과 죄를 강조하면서 회개의 중생을 통하여 새로운 삶이 가능하다고 설교하였고, 국내의 복음화 운동을 통하여 네덜란드 사회의 부흥을 시도했다.

정통 칼빈주의에 근거한 기독교사회개혁가였던 흐룬 판 프린스터러(Groen van Prinsterer, 1801-1876)는 이 시기의 정치, 사회, 교회의 영역에서 가장 중요한 역할을 했던 중심인물이었다. 그는 의회의원으로서 의회활동을 통하여 사립학교로서의 기독교학교의 설립권리와 교육의 자유

개념을 확립하기 위해 노력하였다. 1857년 의회가 학교법을 통하여 초등학교에서의 종교적 중립성을 법제화했을 때 그는 그 결정에 반대하는 학교투쟁을 동력화하였다. 그 영향으로 네덜란드 전국에서 많은 정통 칼빈주의 지도자들과 분리운동지도자들이 학교투쟁 운동에 참여하여 성경과 교리를 가르치는 기독교초등학교들이 생겨났고 또 그러한 학교들을 지원하는 단체들도 등장하게 되었다. 1860년 흐룬 판 프린스터러는 '기독교국립학교진흥연합(Vereeniging ter bevordering van Christelijke Nationaal Schoolonderwijs)'을 결성하였다.

얀 드 리프더(Jan de Liefde) 목사도 기독교학교의 열렬한 주창자였다. 그는 학교교육의 종교적 중립성은 바람직하지 못할뿐더러 아동의 정신에 유해하다고 보았고, 아동은 어린 시절부터 종교를 수용하고 종교가운데 성장해야 한다고 주장하였다. 그는 아동교육잡지활동을 통하여 부모는 교육을 가장 중요한 과제로 인식해야 한다고 강조하였고, 아버지의 권위와 역할을 강조하였다. 그는 1855년 계몽주의자들의 단체인 공동체의유익을위한학회에 대비시켜 '국민구원을위한연합(Vereeniging tot Heil des Volks)'을 결성하였다. 그 두 단체를 대비시키면서 그는 '유익'이 아니라 '구원'을 위해 일해야 한다고 강조했다.[15]

칼빈주의 사회운동은 국내 재복음화 운동과 연결되어 있었다. 이 운동 지지자들에게 있어서 주된 목표는 네덜란드의 재(再)칼빈주의 기독교화였다. 그들은 삶의 모든 활동이 그리스도의 구속적인 고난과 죽음에 맞추어져야 한다고 주장하였고, 또 복음화 그 자체가 곧 사회에 대한 사랑이라고 주장하

---

15. B. Kruithof, *Zonde en deugd in domineesland: Nederlandse protestanten en problemen van opvoeding zeventiende tot twintigste eeuw*, 153.

였다. 정통 칼빈주의자들은 지역사회의 학교, 교회, 도서관에서 규칙적인 모임을 가지면서 16-17세기 조상들의 신앙으로 돌아가 교회를 회복시키고 그리스도의 나라를 확장시켜야 한다는 비전을 다졌다. 그리고 이러한 구체적인 목표를 달성하기 위해 복음화집회와 더불어 소년단체, 소녀단체, 여성단체 등 다양한 단체들을 결성하였다. 이를 위한 다양한 문서 활동도 이어졌다. 그리고 공립학교 제도의 세속화 결과 더 이상 학교에서 성경과 교리를 가르칠 수 없게 된 상황을 심각하게 받아들이면서 종교교육을 회복시키기 위해 기독교학교운동을 시도하였다. 또한 교육의 기회를 얻지 못하는 가난한 가정의 아이들과 여성들을 위해 자선교육 기관들을 설립하였다.

19세기동안 네덜란드사회는 계몽주의 정신에 근거한 공립학교교육 시도에도 불구하고 정통 칼빈주의 기독교운동의 확장으로 점차 상호 분화되는 특징을 보여주었다. 그 중심에는 학교투쟁이 있었고, 이러한 기독교학교투쟁 과정에서 1840년대부터 기독교학교는 꾸준하게 증가하였다.[16] 꾸치어는 학교투쟁을 세 단계로 나누었다.[17] 첫째 단계인 1806-1848년에는 기독교학교의 권리를 위해, 두 번째 단계인 1848-1857년에는 기독교학교의 차별화 문제 해결을 위해, 세 번째 단계인 1857-1920에는 교육의 자유와 재정적 지원, 법적 정당성 확립을 위해 투쟁하였다.

---

16. H. Knippenberg, *Deelname aan het lager onderwijs in Nederland gedurende de negentiende eeuw*, 245-246. 크니펀베르그의 도표에 따르면 기독교사립초등학교의 수는 (공립학교의 수)와 비교하여 1845년에 754개(2,249개), 1857년에 944개(2,478개), 1880년에 1,109개(2,771개), 1900년에 1,495개(3,127개)로 증가되었다.
17. J. C. Coetzee, *Inleiding tot die historiese opvoedkunde*, 301.

3) 기독교학교의 확립

19세기 말 네덜란드 사회는 이전에 이미 구별된 가톨릭 외에도, 개신교 집단 내에 이미 다양한 분파가 확인되었다. 분파주의(verzuiling)는 계몽주의적 근대의 세계관에 따른 사회 변화에 대응하면서 만들어진 결과물이었다.[18] 20세기초반에는 다양한 세계관에 따른 분파주의가 더욱 증대되었고, 네덜란드 사회는 이러한 분파들의 하부문화도 전체 안에서 긍정적으로 수용하는 방향으로 발전해 가야 한다는 사회적 요청을 받아들였다. 그 결과 1905년부터 네덜란드 사회는 인생관(세계관)에 근거한 초등교육기관의 운영에 있어 사회적 동의가 이루어졌다. 그러므로 해당 공동체는 자신들의 세계관에 따라 그 공동체의 자녀들을(4세-16세) 가르칠 학교를 정당하게 운영할 수 있게 되었고 정부의 지원도 받을 수 있게 되었다.

칼빈주의 경건운동 및 사회운동에 힘입어 정통 칼빈주의자들은 네덜란드 사회의 변화에 상당한 영향력을 행사하였다. 기독교학교교육에 있어서의 변화는 흐룬 판 프린스터러에 이어 기독교정치사회운동을 벌였던 신학자 아브라함 카이퍼(Abraham Kuyper, 1837-1920)의 지도력과 맞물려있었다. 카이퍼는 1869년 이후 기독교주간신문(De Heraut)의 편집인이 되어 칼빈주의 기독교사회운동의 여론을 조성하였고, 1878년에는 계몽주의의 영향을 반영한 프랑스혁명 정치사상과 근대적 세계관에 반대하는 기독교정당인 '반혁명당(Antirevolutionaire Partij)'을 결성하였다. 1889년에 그 정당은 첫 번째의

---

18. verzuiling(pillarization)이 의미하는 바는, 네덜란드사회공동체를 집의 기초를 지탱하는 여러 기둥(pillar)에 분파를 비유한 표현으로서, 네덜란드사회가 다원적 분파주의를 수용했다는 의미의 표현이다. 여기서 분파는 종교적, 이데올로기적인 특성을 가진 개별 공동체를 의미한다. 당시의 관점에서 볼 때 대표적인 분파들은 자유주의자 혹은 인본주의자 공동체, 사회민주주의자 공동체, 가톨릭 공동체, 그리고 칼빈주의 공동체, 그리고 여러 개신교 공동체들을 의미한다.

기독교연정내각에 참여하였다. 카이퍼가 지도적인 역할을 했던 반혁명당은 네덜란드의 정치, 교육, 사회문제의 법제화에 있어서 기독교적 이상을 고려하도록 하는 일에 상당한 영향력을 행사하였으며, 마침내 1901-1905년 카이퍼는 네덜란드의 수상으로 일했다.[19]

카이퍼는 1880년, 사회 변혁에 적극적인 태도를 가진 '신칼빈주의'[20] 정신의 교육, 학문, 사회, 문화운동을 주도할 인재를 배출하려고 자유대학교(Vrije Universiteit)를 설립하였다. 그는 1886년, 계몽주의적 진보신학이 주도하던 기존의 국가개혁교회(Nederlandse Hervormde Kerk)로부터 정통 칼빈주의자들과 함께 분리(Doleantie)하여 나왔고, 그 그룹은 1981년 새로운 개혁교단(Gereformeerde Kerken in Nederland)을 형성했으며, 이 교단은 일찍이 1834년 분리운동(Afscheiding)으로 국가교회로부터 떠나 결성된 기독교개혁교단(Christelijke Gereformeerde Kerken in Nederland)과 협력하였다. 이러한 흐름에서 20세기 전후에 카이퍼가 지도적인 역할을 했던 신칼빈주의자들은 당시 인구의 불과 10-15%에 불과했지만, 사회개혁운동에서 네덜란드의 주도적인 분파세력 중 하나가 되었다.[21]

---

19. F. Koch, *Abraham Kuyper: een biografie* (Amsterdam: Boom, 2007). 최근 출간된 아브라함 카이퍼의 전기에서 코흐는 카이퍼의 주요활동을, 흐룬 판 프린스터러의 유산과 관련된 투쟁(1888-1895), 독자적인 신칼빈주의 세계관(1889-1901), 그리고 수상(1901-1905)으로 나누었다.
20. neo-calvinisme(신칼빈주의)는 아브라함 카이퍼에 의해 재발견된 새로운 대응적 정통 칼빈주의를 의미한다. 19-20세기 서구사회의 주도적인 세계관이었던 계몽주의적 근대 세계관에 대응하여, 개인의 경건과 도덕의 범위 넘어, 칼빈주의적 관점에서 사회와 문화의 전 분야에서 인본주의에 대응하여 개혁적 과제를 수행하려했던 정통 칼빈주의의 신학적 이념이다.
21. J. C. Sturm, *Een goede gereformeerde opvoeding over neo-calvinistische moraalpedagogiek (1880-1950), net speciale aandacht voor de nieuw-gereformeerde jeugdorganisaties* (Kampen: J. H. Kok, 1988), 9.

1870년대 이후 정통 칼빈주의자들이 벌여왔던 정치사회운동에서 기독교학교를 위한 학교투쟁은 단연 중심적 관심사였다. 카이퍼와 그의 정당은 기독교학교의 설립을 독려함과 동시에, 부모들이 자신들의 신앙적 세계관에 맞는 사립학교에 자녀들을 보낼 수 있는 여건을 마련하려고 학교법의 수정 작업을 계속하였다. 의회활동을 통해 국가의 교육법 수정에 적극 참여하는 방법이 사립학교로서의 기독교학교의 입지를 확립시키는데 있어서 실제로 효과적인 방법이었다. 카이퍼는 1889년에는 가톨릭정당과 연대하여 초등학교교육법안을 제출하여 사립학교도 공립학교처럼 법적 평등을 인정받게 하였고, 사립학교에 대한 정부보조금이 가능하도록 발판을 마련했다.

      카이퍼는 1905년에 초등학교법을 개정하여 사립학교 교사의 법적 지위를 확보하였고, 사립학교에 대한 정부지원금을 증액함과 동시에 지속적으로 증액되도록 했다. 카이퍼에 이어 신학자 헤르만 바빙크(H. Bavinck)도 개혁교회학교연맹활동과 반혁명당 의원으로서의 활동을 통해 사립학교의 입지확립을 위해 노력하였다. 그는 1919년 국가교육자문위원회의 교육위원장으로 일했다. 이러한 노력의 연장선에서 1920년 마침내 사립학교의 위치는 공립학교와 헌법적으로 동등한 입지를 얻었고 동일한 재정지원을 받을 수 있게 되었다. 1920년에 마침내 이루어낸 이와 같은 승리의 결과를 염두에 두고 정통 칼빈주의자들은 학교투쟁을 '우리의 두 번째의 80년(1840-1920) 전쟁'이라고 칭한다.[22] 이러한 흐름에서 1900-1930년 사이에는, 공립초등학교가 초등학교 전체의 31%였음에 비하여 사립 초등학교는, 가톨릭 초등학교들을 합하여 모두 62%로, 공립학교의 두 배에 달하였다.[23]

---

22. H. Q. Röling, "Onderwijs in Netherland", 76.
23. B. Kruithof, *Zonde en deugd in domineesland: Nederlandse protestanten en problemen*

신칼빈주의자들은 학교투쟁에서 성경적 원리에 비추어 교육의 목적, 가정의 역할, 학교의 기능 등에 대하여 활발한 논의를 벌였다. 이러한 논의의 중심에는 카이퍼, 바빙크, 볼쩌(J. Woltjer), 그리고 바터링크(J. Waterink)가 있었다. 먼저 카이퍼는 기독교적 삶이란 종교성, 애국심, 가정의 기능, 영역주권, 양심의 자유존중의 다섯 가지를 요청한다고 주장하였다. 그는 획일적인 국가주의 교육을 사단적인 것이며 원리적으로 잘못된 것이어서 수정되지 않는다면 없어져야 하는 것이라고 주장하였다.[24] 그에게 있어서 가정은 사회의 모든 관계가 반영되어 있는 기초이면서 동시에 그 곳에서부터 사회생활이 형성되는 뿌리였다. 가정에서 특히 아버지는 하나님으로부터 부여받은, 자녀에 대한 교육의 권리와 교육을 위한 권위를 가진 존재였다. 그는 부모의 자녀교육에 대한 권리와 권위는 국가에 의해 간섭받지 말아야 한다고 보았다. 카이퍼는 부모의 부도덕한 권위행사에 의한 유기와 학대로부터 아동을 보호하는 일에 있어서는 국가의 개입에 동의하였으나, 의무교육제도를 통한 국가의 과도한 개입이 부모의 교육적 기능과 책임성을 약화시킬 것을 우려하였고, 적극적으로 부모의 교육선택 권리를 확보하는 방향으로 영향력을 행사함으로써 사립학교교육의 입지를 강화시켰다.

헤르만 바빙크(Herman Bavinck, 1854-1920)도 그의 학문 활동의 마지막 기간이었던 1910-1920년 동안 기독교학교 교육문제에 깊이 관여하였다. 그는 근대교육과 기독교교육을 대립시키면서 근대교육이 기초한 아동의 선한 본성에 대한 신념, 아동의 자유에 대한 낙관적인 태도, 지성주의와 합리주의를 비판하였고, 인간이 본질적으로 종교적 존재임에도 불구하고 이러한 근

---

van opvoeding zeventiende tot twintigste eeuw, 224.
24. J. C. Coetzee, *Inleiding tot die historiese opvoedkunde*, 302.

대적 이론들은 학교에서 종교에 대한 관심과 아동에 대한 종교적 형성에 대한 관심을 약화시키고 종교를 사적인 문제로 내몰았다고 비판하였다. 그는 근대적 세계관이 교육에 미치는 영향력에 대하여 크게 우려하였다. 그는, 개혁주의 교육은 중생의 특별은총에 뿌리를 두고 개혁교회의 신앙고백 이상과 조화를 이루어야 한다고 주장하였고, 사회의 개혁을 위해서는 무엇보다 앞서 가정을 보호하고 가정의 기능을 드높여야 한다고 주장했다. 그는 기독교적 전인교육을 통해 아동들이 모든 선한 일을 위해 구비되고, 선한 일을 충만하게 하도록 교육받아야 한다고 주장하였다.[25] 물론 아동이 본질적으로 죄로 부패한 존재이지만 생물학적이고 심리학적 원리들은 하나님의 창조의 결과이므로 긍정적으로 수용될 수 있고, 그러한 원리들은 규범적 교육학과 기독교적 심리학에 비추어 기독교교육에 적용될 수 있다고 보았다.

얀 바터링크(Jan Waterink, 1890-1966)는 신칼빈주의 대학교였던 자유대학교의 첫 번째 기독교교육학자였다. 스투름에 따르면 그는 1925년에서 1965년까지 기독교교육관련 회의 및 행사에 있어서 주도적 개최자요 발표자였다.[26] 바터링크는 1920년대부터 성경적 관점에서 교육문제를 논의하였으나 그의 주된 관심은 교육학 자체의 이론적 탐구보다 실천적인 교육문제, 곧 실천적 방법론의 개선에 있었다. 그는 카이퍼와 바빙크의 신칼빈주의에 근거하여, 아동과 청소년의 본성과 발달에서 발견되는 법칙성을 탐구하였으며, 그 법칙들은 일반은총에 의해 발견된 것으로서 하나님이 부여하신 법칙으로

---

25. B. Kruithof, *Zonde en deugd in domineesland: Nederlandse protestanten en problemen van opvoeding zeventiende tot twintigste eeuw*, 220.

26. J. C. Sturm, *Een goede gereformeerde opvoeding over neo-calvinistische moraalpedagogiek (1880-1950), net speciale aandacht voor de nieuw-gereformeerde jeugdorganisaties*, 56.

간주하였다. 바터링크의 교육사상에 있어서도 가정은 아동의 성장에 있어서 가장 중요한 곳으로 간주되었고, 학교는 퍼스날리티 형성을 위한, 두 번째로 중요한 기관이었다. 바터링크에게 있어서 종교교육은 모든 교육의 기초요, 원리요, 중심이요, 목표였다. 미드마의 표현처럼 그에게 있어서 교육이란 성격상 종교적이었다.[27] 그는 교육의 목적을, 곧 하나님의 말씀에 따라 섬기고, 하나님이 그를 있게 하신 모든 삶의 관계 안에서 하나님의 영광과 피조물들의 구원과 복지를 위해, 그가 하나님으로부터 받은 모든 은사를 기꺼이 활용하는 독립적인 인간의 형성이었다.[28]

이처럼 신칼빈주의자들의 개혁교육학은 가정교육과 학교교육을 동시에 고려한 교육이념이었다. 그들은 부모의 교육의무와 권리는 결코 도전받을 수 없는 것으로 간주하였다. 그들은 참된 경건(중생, 신앙, 삶의 성결), 신뢰할만한 지식, 참된 문화형성이라는 기독교교육의 이상을 가정과 학교 모두에서 구현해야 하고, 학생이 모든 선한 일에 구비되고 모든 선한 일을 이룰 수 있도록 구비된, 하나님의 사람을 형성해야 한다고 주장하였다.[29]

4) 현대 기독교학교의 위기

네덜란드사회는 제2차 세계대전의 충격과 파괴, 그리고 대홍수사건 등을

---

27. S. Miedema, *De comeback van God in de pedagogiek*. Waterink Lezing 2000. (Amsterdam: vrije Universiteit, 2000), 4.
28. J. Waterink, 『기독교교육원론』. 김성린 김성수 역 (서울: 소망사, 1980), 41.
29. M. Golverdingen, *Mens in beeld: antropologische schets ten dienste van de bezinning op onderwijs, opvoeding en pedagogische theorievorming in reformatorische kring* (Leiden: Uitgeverij J. J. Groen en Zoon, 1995), 77; B. Kruithof, *Zonde en deugd in domineesland: Nederlandse protestanten en problemen van opvoeding zeventiende tot twintigste eeuw*, 228.

경험하면서 엄청난 국가적 위기를 경험한 후, 1950년대에 빠른 속도의 경제적인 회복을 이루어 내었다. 그러나 제2차 세계대전과 그 이후의 사회변화는 세계관 변화로 이어졌다. 1960년대 유럽사회를 휩쓸었던 사회적 격변은 네덜란드 사회의 다원적 자유주의를 더욱 확대시켰다. 무신론적 자연주의, 실존주의의 영향과, 학생, 노동자, 히피 등이 참여한 광범위한 사회저항운동은 모두의 가치를 타협적으로 수용하고 관용하는 방향으로 나아가게 만들었다. 마약과 성, 동성애와 같은 문제에 대한 관용도 그러한 맥락이었다. 이러한 사회분위기와 맞물려 지속적인 탈기독교화가 이루어졌다.[30] 구체적인 예를 들어보면, 17-30세 연령을 주목할 때 1958년 이 연령대의 청년들 중 80%가 교회 안에 있었으나, 1991년에는 오직 28%만 교회 안에 있다고 보고되었다.[31] 그리고 무슬림의 증가에 따라 1990년대 이후에는 상당한 사회적 갈등을 경험하면서 또 다른 차원의 자유주의인 종교에 대한 관용 곧 종교 간의 다원주의가 네덜란드 사회에 깊이 수용되고 있다.

20세기 후반 기독교학교도 세속화로의 변화에 깊은 영향을 받았다. 칼빈주의 개혁운동의 뚜렷한 퇴보는 1960년대와 1970년대에 이미 확실하게 감

---

30. N. Bedford & S. Sellars, *The Netherlands* (Oakland: Lonely Planet Publications, 2007), 22. 현재 네덜란드 인구의 종교분포는 개신교 21%, 가톨릭 31%, 무슬림 5.5%, 타종교 1.5%, 무종교 41%이다. 개신교 21% 내에서 정통 칼빈주의 기독교인은 오늘날 7-8%에 해당되는 것으로 본다. 그 동안 침례교와 오순절 등의 복음주의 기독교인들이 많이 증가하여 40-50만에 이르게 되었으며, 이 사람들 중 85%는 기존 칼빈주의 교회들로부터 이동한 사람들이다. M. Golverdingen, *Mens in beeld: antropologische schets ten dienste van de bezinning op onderwijs, opvoeding en pedagogische theorievorming in reformatorische kring*, 40, 44.

31. M. Golverdingen, *Mens in beeld: antropologische schets ten dienste van de bezinning op onderwijs, opvoeding en pedagogische theorievorming in reformatorische kring*, 16.

지되었다.³² 신칼빈주의 기독교학교운동의 중심이었던 자유대학교의 정체성 변화가 이러한 변화를 상징적으로 보여주었다. 자유대학교는 기독교학교운동의 중심이었으므로 개혁교회학교연맹(Gereformeerde Schoolverband)과 자유대학교는 서로 일치된 이념으로 동일한 역할을 수행하였고, 교사의 전문성과 개혁교회 공동체를 대표하는 국가의 엘리트 교육에 몰두해왔으나, 1960년대 이후 이 두 기관 모두 네덜란드 사회에 깊이 동화되기 시작했다.³³ 그 결과 자유대학교는 1971년부터 더 이상 신칼빈주의 입장을 대표하는 것이 아니라 정체성의 범위를 에큐메니칼의 범위로 개방하였고, 2005년부터는 정체성의 범위를 더 넓혀 이슬람에도 개방하는 다원주의 상호인생관의 가치를 정체성으로 삼았다.³⁴

기독교학교교육에 영향력을 행사한 신칼빈주의자 바터링크의 학문적 영향도 퇴조하였다. 그리고 기독교학교교육의 관심은 신칼빈주의적 경건의 인성으로부터 초교파주의의 범위로 확장되어 점차 도덕성의 형성에 대한 관심으로 나아갔다. 이러한 새로운 변화는 기독교교육학자들에게도 잘 반영되고 있다. 20세기 초반부터 교육학이론의 구성에 더 관심을 기울이면서 도덕성과 인성형성을 강조하고 아동을 동료인간으로 보도록 촉구했던 암스텔담대학교의 콘스탐(P. A. Kohnstamm)의 영향이 확대되었고, 1960년대 이후에 콘스탐의 제자로서 현상학적 관점에 따라 생의 확신에 대한 선택, 책

---

32. M. Golverdingen, *Mens in beeld: antropologische schets ten dienste van de bezinning op onderwijs, opvoeding en pedagogische theorievorming in reformatorische kring*, 38.
33. A. C. Rosendaal, *Naar een school voor de gereformeerde gezindte: het christelijke onderwijsconcept van het Gereformeerd Schoolverband (1868-1971)*. Hilversum: Verloren, 2006), 280.
34. S. Miedema, "Public, social, and individual perspectives on religious education: voices from the past and the present". *Studies in Philosophy and Education* 25, 2006, 20.

임 있는 자기 결정의 개념을 강조했던 유트레흐트대학교의 랑어펠트(M. J. Langeveld)가 상당기간동안 큰 영향을 미쳤다. 그리고 그 이후에는 종교성의 개념인 존재의 비밀 안에서의 헌신개념을 강조했던 레이든대학교의 테르 호르스트(Wim ter Horst)와 델프트대학교의 판 덴 버켈(Arie van den Beukel)이 주목받았고, 지금은 자유대학교의 교수로서 종교성 개념과 상호인생관적 인성형성이라는 다원적 접근을 시도하는 미드마(S. Miedema)가 기독교교육의 논의에서 주목받고 있다.[35]

자유대학교 내의 기독교교육연구도 바터링크 이후에는 1960년대에 정신과학적 접근의 현상학적 방법, 1970-1980년대에는 실험적-분석적 방법, 사회비판적 방법의 연구가 주도하였고, 1980년대 이후에는 인생관적 교육에 대한 관심에서의 역사적 연구와 주로 도덕교육에 대한 연구가 시도되어 왔다. 현재도 많은 연구가 도덕성과 관련하여 이루어지고 있지만, 1990년대에 비로소 종교에 대한 관심이 다시 촉발되면서 종교성, 종교성과 아이덴티티에 초점을 맞춘 연구가 미드마에 의해 진행되고 있다. 미드마에게 있어서 인생관은 종교성과 관련된 것이다. 그래서 그는 사실상 모든 교육이 가치중립적일 수 없고 인생관 형성에 해당되는 것이라고 할 때 교육은 결국 공립적인 것이 아니라 성격상 사립적인(bijzonder) 것일 수밖에 없으므로, 인생관 형성의 작업은 공립학교 안에서도 적극적으로 이루어져야 하는 것이라고 주장하고 있다. 그리고 그러한 인생관교육은 결국 상호인생관적 대화(interlevensbeschowelijke communicatie), 달리 표현하면 다원주의적 교

---

35. J. M. Praamsma, "Verkenning in het landschap van de christelijke pedagogiek". De Graaf, R. (ed.). *Bijzonder onderwijs: Christelijke geloof in de dagelijkse praktijk van basis- en voortgezet onderwijs*. Zoetermeer: Uitgeverij Boekencentrum, 2006).

육이어야 하고, 학교는 이러한 특성을 위해 인생관에 있어서 상대적이고 자율적인 특성을 가져야 한다고 주장한다.[36]

이러한 변화는 기독교학교의 실제에도 반영되어 왔다. 네덜란드의 사립학교교육은 종교적 분파주의 세계관에 따른 다원성을 인정하는 것이므로 현재까지도 특히 정통 칼빈주의 공동체가 운영하는 초등학교들은 큰 변함없이 칼빈주의적 교리와 경건에 따른 학교교육을 실행하고 있다. 그럼에도 불구하고 전체적으로 볼 때 기독교학교에 대한 전반적 열정은 사회적인 차원에서 동력을 많이 잃었다. 1868년 기독교학교를 설립하고 공동으로 지원하기 위해 만들어졌던 '개혁교회학교연맹(Gereformeerde Schoolverband)'도 1960년대 이후 사회 내에서의 입지를 강화하려는 정책에 몰두하면서 점차 사회에 동화되어 고유의 특성을 많이 상실하였고, 1971년에는 기독교학교학회 및 기독교대중교육단체와 병합되면서 독립기구로서의 역할을 사실상 마감하였다. 물론 1980년대와 1990년대에 부분적으로 기독교학교유산에 대한 재발견과 재무장운동이 일어나기도 했고 그와 같은 노력은 지금도 계속되고 있지만 예전만 못하다.[37]

기독교학교교육의 독특성이 많이 퇴색되면서 기독교학교의 칼빈주의적 정체성에 대한 재논의 주장들도 제기된다. 예컨대 기독교학교의 정체성에 대한 드 볼프의 연구에 따르면, 여전히 교사의 약 90% 그리고 학생의 약 70%가 개혁교회 신자들인 학교도 있지만, 도시의 기독교사립학교들 중에는 사회의 세속화 경향을 반영하듯 교사의 경우 약 80%이상이 개혁교회 신자

---

36. S. Miedema, *De comeback van God in de pedagogiek*, 18-21.
37. A. C. Rosendaal, *Naar een school voor de gereformeerde gezindte: het christelijke onderwijsconcept van het Gereformeerd Schoolverband (1868-1971)*, 280.

들이지만 학생들의 경우는 무종교가 63.4%, 이슬람 22.6%, 가톨릭 8.7%, 개신교 4.4%, 힌두교 0.8%로 이루어져있는 경우도 있다. 게다가 교사들의 인터뷰에 따르면 학교의 기존 기독교적 정체성과 상당히 다른 견해를 가진 경우도 많았다.[38] 드 볼프는 그 연구를 근거로 인생관(세계관)에 대한 학생들의 자율적인 판단과 권리를 인정해야 하고 인생관 교육에 있어서 다원적 접근이 필요하다고 주장하였다.[39] 세속화에 따라 정작 해당 분파의 인생관을 가진 학생이 줄어들고, 그 대신 다른 인생관을 가진 학생들이 학교에 많아지면서, 그리고 사회가 더욱 종교적으로 다원화된 사회가 됨에 따라, 다원 종교적 접근을 요청하는 목소리가 증가하는 것이다.

2008년 현재 네덜란드의 공립학교 및 사립학교[40]의 개수는 초등학교의 경우 공립에 2,291개교 대 사립에 4,650개, 인문계고등학교의 경우 190개 대 474개로, 사립의 수는 공립의 2배를 넘는다.[41] 2003년 다양한 사립학교의 특성이 국민통합에 도움이 되지 않는다는 지적도 제기되었으나, 네덜란드는 역사적인 과정에서 확립된 교육의 자유가 더 중요하다는 합의를 재확인하였다.

5) 나가면서

네덜란드의 사회적 배경, 기독교 역사와 문화 등은 출발점에서부터 우리

---

38. A. De Wolff, *Typisch christelijk?: een onderzoek naar de identiteit van een christelijke school en haar vormgeving* (Kampen: Uitgeverij Kok, 2000), 258,326.
39. A. De Wolff, *Typisch christelijk?: een onderzoek naar de identiteit van een christelijke school en haar vormgeving*, 468.
40. 현재 네덜란드의 사립학교(bijzonder onderwijs)는 크게 종교 및 인생관에 기초한 신앙고백적 사립학교(개신교, 가톨릭, 힌두, 이슬람, 유대교)와 대안학교(달톤, 프라이넷, 예나플랜, 몬테소리, 서드버리, 스타이너자유, 민주주의, 경험지향학교 등)로 분류되고 있다.
41. 네덜란드 통계청자료(www.cbs.nl)

나라의 경우와 차이가 많다. 기독교학교운동의 동기와 이념도 동일한 것은 아니었다. 그럼에도 불구하고 네덜란드 기독교학교운동은 칼빈주의라는 특성을 공유하고 있는 한국 장로교계 기독교인들에게 기독교학교에 주는 함의가 많고, 또한 네덜란드의 기독교인들의 교육문제 해결방법은 위기에 직면한 한국기독교사립학교의 정체성 및 과제 문제에, 토론 가능한 그리고 유익한 함의를 제공해준다고 볼 수 있다. 위에서 정리한 네덜란드 기독교학교운동의 역사를 기초로 그 몇 가지를 제안해보면 다음과 같다.

첫째, 네덜란드 기독교학교운동은 인본주의 세계관에 근거한 근대의 공립학교교육이 스스로 공언하는 바와 달리 사실은 중립적인 교육이 아니라 인본주의적인 그리고 국가주의적인 세계관을 형성하는 교육이라는 점에 주목하였고, 그 근대적 세계관이 기독교 인생관에 미칠 부정적 영향을 심각하게 고려하면서 자녀들의 기독교적 인생관을 보호하고 적극적으로 형성할 수 있는 기독교학교를 가져야만 한다는 주장에 이르게 되었다는 것은 우리의 관심을 끈다. 네덜란드 기독교학교운동은 우리의 경우에 있어서 현대 및 후기현대의 인본주의 세계관에 대한 비평적 작업의 과제, 그리고 그것과 비교하면서 재확인하고 차별화하면서 대안을 제시하는 방법으로서의 기독교 세계관적 논의의 과제를 인식하게 만든다.

둘째, 기독교적 세계관을 형성하는 교육은 학교의 구성원을 기독교인으로 채우고, 종교활동 시간을 갖는 것만을 의미하는 것이 아니라, 신칼빈주의 교육가들이 잘 간파한 것처럼, 기독교적 세계관에서 오는 교육목표의 차별성, 교육과정을 이루는 지식과 문화에 대한 해석에 있어서의 차별성, 학교 내의 학생 상호간의 인간관계 및 학습의 과정에 대한 이해의 차별성 등을 모두 포함하는 것이어야 한다. 기독교학교는 교육의 모든 활동영역과 차원에서 기독교교육이 이루어지는 학교에 대한 비전이었다. 네덜란드계 전통의 기독교학교가 오늘날 한국의 기독교학교 교육가들에게 관심을 끄는 부분은 바로 이 부분이다. 교육이 세계관의 형성과 관련된 것이라면, 학교교육의 장 안에서 이루어지는 의도적인 혹은 비의도적인 모든 교육과정과 활동을 통하여 일관성 있는 세계관이 반영되어야 하기 때문이다. 따라서 기독교학교운동은 우리의 경우에 교육목적뿐만 아니라 기독교적 교육과정, 기독교적 교육방법, 기독교적 교육평가에 대한 관심을 환기시키며, 교과에 대한 기독교적 접근의 과제를 인식하게 만든다.

셋째, 네덜란드 기독교학교운동의 역사는 정부가 주도하는 학교교육이 부모의 교육권을 당연하게 위임 받을 수 있는 것처럼 생각하는 것에 문제를 제기하였고, 적극적으로 자녀의 학교교육에서 부모의 교육권이 박탈되어서는 안 된다는 점을 보여주었다. 특히 부모의 교육권은 부모가 스스로 지지하는 인생관에 따라 자신의 자녀들을 교육할 수 있는 자유를 의미했다는 점이 인상적이다. 국가가 이데올로기에 따라 국민을 획일적으로 통합하는 기재로 삼았던 근대국가의 공립학교교육에서 네덜란드 기독교인들이 교육의 자유를 주요한 가치로 내세워 기독교학교의 정당성을 얻어낸 것은 우리에게 깊은 인상을 준다. 네덜란드 기독교학교운동의 역사적 의미는 우리의 경우에서도 기독교공동체 안에서 부모를 위한 교육, 부모의 교육적 의무에 대한 인식의 제고를 위한 교육의 과제를 갖게 한다. 기독교학교운동에서 교회는 지원하는 역할을 했고, 부모들은 주체적인 역할을 했다고 볼 수 있기 때문이다.

넷째, 네덜란드에서 기독교학교의 자유와 권리는 기독교적 사회 운동과 정치적 참여를 통해 획득되었다. 학교는 사회적 기관이고, 학교에 대한 지원은 법적, 정책적 결정에 의해 이루어지는 것이기 때문에 기독교학교운동은 정부의 정책으로부터 도피하는 방법이 아니라 적극적으로 정책결정에 참여하는 방법에서 성과를 만들어낼 수 있었다. 네덜란드 기독교학교운동은 교육을 위한 사회적, 정책적 참여의 중요성을 일깨우고 있다. 우리나라의 기독교학교 역사에서 기독교인들은 이러한 목적을 위한 사회, 정치적 참여에 소극적이었고, 또 기독교학교연맹처럼 교제와 협력 정도의 수준에 머물렀으며, 상당한 위협을 받지 않는 한, 법적, 제도적, 정책적 참여를 목적으로 한 연합 노력을 이루어내지 못했다. 네덜란드의 기독교사회정치운동은 기독교학교운동과 맥을 같이 했다는 점에서 우리에게 새로운 과제를 던져준다. 기독교학교 관련자들뿐만 아니라 기독교인 정치가와 공무원들이 기독교학교와 기독교교육의 법적, 제도적, 정책적 지위를 확립시키는 일에 관심을 가져야 하며, 기독교인들이 시민의 입장에서도 이러한 요구에 이를 수 있도록 이해를 제고하는 일이 기독교학교의 발전을 위한 과제라고 할 수 있다.

다섯째, 네덜란드의 역사에서 기독교학교의 지위는 복음화 운동과 연결되어 추진력을 얻었고 결국 제도적 입지를 확인받는 단계에 이르렀다. 네덜란드 칼빈주의자들의 분리운동, 부흥운동, 사회운동은 기독교학교를 위한 동력이었다. 그러나 1960년대 이후 기독교공동체는 빠른 세속화에 대응하는 복음화운동을 재가열하지 못했고, 사회의 흐름에 타협함으로써 크게 약화되었으며, 그 결과 기독교학교의 약화와 퇴보로 이어졌다. 신앙이 약화되고 신자들의 삶에서 종교가 주변화 되면서, 자신의 신앙고백 때문에 자녀를 기독교학교에 보내려는 열망은 점차 약화되었다. 기독교의 퇴보에 따라 기독교인들을 위해 세워진 기독교학교를 기독교인들로 더 이상 다 채우지 못하는 사태가 벌어졌고, 결국 다른 세계관을 가진 사람들의 자녀들도 수용할 수밖에 없는 상황에 이르면서 기독교학교는 이미 정착된 정체성을 유지해 나가는 일도 어려워지게 되었다는 점은 우리에게 시사하는 바가 있다. 기독교학교운동의 동력과 유지와 발전은 결국 복음화운동과 연결될 수밖에 없기 때문이다. 기독교공동체가 약화되고 퇴보한다면 기독교학교유지를 위한 명분도 약화될 수밖에 없다.

여섯째, 네덜란드 기독교학교는 기독교인들로만 이루어진 학교로서 기독교적 세계관에 따라 교육하는 순전한 기독교학교에서 출발하였으나 21세기에 이르러서는 소도시의 작은 학교들을 제외하고는 다원적 현실을 인정할 수밖에 없는 기독교계 사립학교로 변화해 왔다. 네덜란드 기독교학교들은 이러한 상황에서 선교적 과제를 인식하고 수행하는데 별로 성공적이지 못했다. 그 대신 다원주의가 지배하는 사회 환경에서 학교는 그 다원주의 현실을 받아들이기를 더욱 강요받고 있는 것처럼 보인다. 선교의 목적에서 출발하여 기독교학교란 선교학교를 의미하는 것으로 인식되어 온 우리의 경우, 네덜란드의 기독교학교와, 선교의 과제수행이라는 우리의 경험을 나눌 수 있다고 본다. 동시에 세속적이고 다원화되어가는 사회 내에서 선교교육이 점점 더 어려움을 겪고 있는 우리의 현실을 감안할 때, 효율적인 선교과제 수행에 더 깊은 관심을 가져야 한다는 절박한 과제인식을 가능하게 한다. 이러한 의미에서 기독교인들로만 이루어진 교육공동체로서의 기독교학교의 설립 필요성과 함께, 기존의 기독교사립학교(미션스쿨)들의 기능을 버릴 것이 아니라 효율화시켜나가는 노력을 동시에 기울여야 한다는 함의를 얻는다.

참고문헌

정영찬. 『한국의 기독교 대안학교 교육에 대한 개혁주의적 고찰』. 미간행박사학위논문. 고신대학교, 2007.

조성국. 『기독교 세계관과 기독교학교교육』 (부산: 고신대학교부설기독교교육연구소, 2003).

Bakker, N., Dekker, R. & Janssens, A. (eds.). *Tot burgerschap en deugd: volksopvoeding in de negentiende eeuw* (Hilversum: Verloren, 2006).

Bedford, N. & Sellars, S. *The Netherlands* (Oakland: Lonely Planet Publications, 2007).

Coetzee, J. C. *Inleiding tot die historiese opvoedkunde.* (tweede druk). (Johannesburg: Voorwaarts, 1958).

De Graaf, R. (ed.). *Bijzonder onderwijs: Christelijke geloof in de dagelijkse praktijk van basis- en voortgezet onderwijs.* (Zoetermeer: Uitgeverij Boekencentrum, 2006).

De Wolff, A. *Typisch christelijk?: een onderzoek naar de identiteit van een christelijke school en haar vormgeving* (Kampen: Uitgeverij Kok, 2000).

De Jong, O. J. *Nederlandse kerkgeschiedenis* (Nijkerk: Uitgeverij G. F. Callenbach, 1972).

Dekker, J. J. H. *Het verlangen naar opvoeden over de groei van de pedagogische ruimte in Nederland sinds de Gouden Eeuw tot omstreeks 1900* (Amsterdam: Uitgeverij Bert Bakker, 2006).

Dijkstra, A. B. & Miedema, S. *Bijzonder gemotiveerd: een onderzoek naar de ideale school volgens dragers en vragers van confessioneel basisonderwijs* (Assen: Koninklijke Van Gorcum, 2003).

Golverdingen, M. *Mens in beeld: antropologische schets ten dienste van de bezinning op onderwijs, opvoeding en pedagogische theorievorming in reformatorische kring* (Leiden: Uitgeverij J. J. Groen en Zoon, 1995).

Golverdingen, M. *Inspirerend onderwijs: de pedagogische opdracht van de reformatorische school* (Heerenveen: Uitgeverij Groen, 2003).

Harinck, G. & Schutte, G. (eds.). *De school met de bijbel: christelijk onderwijs in de negentiende eeuw* (Zoetermeer: Meinema, 2006).

Jaarsma, C. *The educational philosophy of Herman Bavinck.* 『헤르만 바빙크의 기독교교육철학』. 정정숙 역 (서울: 총신대학교출판부, 1983).

Knippenberg, H. *Deelname aan het lager onderwijs in Nederland gedurende de negentiende eeuw.* doctor proefschrift. (Universiteit van Amsterdam,

1986).

Koch, F. *Abraham Kuyper: een biografie* (Amsterdam: Boom, 2007).

Kruithof, B. *Zonde en deugd in domineesland: Nederlandse protestanten en problemen van opvoeding zeventiende tot twintigste eeuw.* doctor proefschrift. (Universiteit van Amsterdam, 1990).

Kruithof, B., Noordman, J. & DeRooy, P. (eds). *Geschiedenis van opvoeding en onderwijs: inleiding bronnen onderzoek.* (vijfde druk) (Nijmegen: Sun, 1994).

Meijer, W. A. J. *Stromingen in de pedagogiek* (Baarn: HB Uitgeverij, 2000).

Miedema, S. *De comeback van God in de pedagogiek*. Waterink Lezing 2000. (Amsterdam: vrije Universiteit, 2000).

Miedema, S. "Public, social, and individual perspectives on religious education: voices from the past and the present". *Studies in Philosophy and Education* 25, 2006, 111-127.

Miedema, S. & Klifman, H. (ed.). *Christelijk onderwijs in ontwikkeling* (Kampen: Uitgeverij Kok, 1998).

Miedema, S. "Naar de Vrije Universiteit Amsterdam als een daadwerkelijk interlevensbeshouwijke universiteit". Voorsluis, B. (ed.). *Beweegredenen: VU-wetenschappers en levensbeschouwing* (Amsterdam: VU Podium & Vereniging VU-Windesheim, 2006).18-25.

Mulder, E. *Beginsel en beroep: pedagogiek aan de universiteit in Netherland 1900-1940*. (Amsterdam: Historisch Seminarium van de Universiteit van Amsterdam, 1989).

Praamsma, J. M. "Verkenning in het landschap van de christelijke pedagogiek". De Graaf, R. (ed.). *Bijzonder onderwijs: Christelijke geloof in de dagelijkse praktijk van basis- en voortgezet onderwijs*. Zoetermeer: Uitgeverij Boekencentrum, 2006).

Rosendaal, A. C. *Naar een school voor de gereformeerde gezindte: het christelijke onderwijsconcept van het Gereformeerd Schoolverband (1868-1971)*. Hilversum: Verloren, 2006).

Röling, H. Q. "Onderwijs in Netherland". in Kruithof, B., Noordman, J. & DeRooy, P. (eds). *Geschiedenis van opvoeding en onderwijs: inleiding bronnen onderzoek*. (vijfde druk) (Nijmegen: Sun, 1994).

Selderhuis, H. J. (ed.). *Handboek Nederlandse kerkgeschiedenis* (Kampen: Uitgeverij Kok, 2006).

Sturm, J. C. *Een goede gereformeerde opvoeding over neo-calvinistische moraalpedagogiek (1880-1950), net speciale aandacht voor de nieuw-gereformeerde jeugdorganisaties* (Kampen: J. H. Kok, 1988).

Sturm, J. C. (ed.). *Leven en werk van prof. dr. Jan Waterink, een Nederlandse pedagoog, psycholoog en theoloog(1890-1966)* (Kampen: J. H. Kok, 1991).

Vriend, J. et al. *To prod the slumbering giant: crisis, commitment, and Christian education* (Toronto: Wedge Publishing Foundation, 1972).

Waterink, J. *Theorie der opvoeding* (Kampen: J. H. Kok, 1958).

Waterink, J. *De wet van God in de opvoeding* (Kampen: J. H. Kok, 1963).

Waterink, J. *Basic concepts in Christian pedagogy* (St. Catharines, Ontario: Paideia Press, 1954).

Waterink, J. 『기독교교육원론』. 김성린 김성수 역 (서울: 소망사, 1980).

3. 흐룬 판 프린스터러의 기독교세계관과 기독교학교운동

흐룬 판 프린스터러(Guillaume Groen van Prinsterer, 1801-1876)는 18-19세기 서구의 주도적인 시대정신이었던 계몽주의의 영향으로 진행된 근대의 정치사회변화에 대항하여, 19세기 네덜란드에서 칼빈주의 사회운동을 주도했던 칼빈주의 역사가, 법률가, 정치가였다. 그의 칼빈주의 기독교사상과 사회운동은 네덜란드사회 전반에 큰 영향을 미쳤다. 그 결과 그는 19세기에 재발견된 칼빈주의운동의 대부로 인정받아 왔고, 그의 칼빈주의사상은 후계자 아브라함 카이퍼를 비롯한 칼빈주의 학자들에 의해 크게 발전하여 20세기 초반, 신칼빈주의라는 이름으로 네덜란드의 신학, 학문, 정치, 교육 및 사회운동에 큰 영향을 미쳤고, 지금까지도 흐룬판프린스터러재단(The Groen Van Prinsterer Fund)을 통해 네덜란드의 기독교정치사회운동에 영향을 미치고 있다.

일찍이 남아프리카공화국, 미국, 캐나다, 오스트레일리아 등지의 네덜란드 이민자들의 공동체에서 그의 이름과 기독교사상은 잘 알려져 있었고, 그의 칼빈주의 사상과 기독교학교운동에 대한 논의와 실천이 활발하게 이루어져왔지만, 영어를 통해 이루어진 그에 대한 연구는 많지 않았다. 영어권에서 이루어진, 판 프린스터러에 대한 연구로서 대표적인 것은, 개괄적인 소개를 목적으로 이루어진 논문으로 1935년 호스퍼스(G. H. Hospers), 1979년 랑글리(M. R. Langley)의 논문이,[1] 그리고 1989년 그의 주요저서에 대한

---

1. G. H. Hospers, "Groen van Prinsterer and his work", *Evangelical Quarterly*, 7:267-286; M. R. Langley, "Groen van Prinsterer", Pro Rege 8, (2):2-11, 1979. 랑글리의 논문은 편집 및 내용보완을 통해 소책자의 형태로 아프리칸스(남아프리카공화국 네덜란드어)로 출간되었다: M. R. Langley, Groen van Prinsterer(1801-1876): *vader van die antirevolusionêre reformatoriese politiek* (Potchefstroom: PU vir CHO, 1989).

깊이 있는 분석 연구로 판 데이커(H. van Dyke)의 논문이 있다.[2] 흐룬 판 프린스터러 저서의 영어번역은 주저 중 하나인 『불신앙과 혁명』(Ongeloof en revolutie)의 일부분이 이따금씩 번역되어 출간되다가 마침내 1989년, 판 데이커가 그의 연구서에 그 책의 전체 번역본을 첨부하여 출간하였다.

이처럼 흐룬 판 프린스터러의 영향에 비하여 외부세계로의 소개와 연구가 활발하지 못했던 첫 번째의 이유는, 17세기의 황금기가 아닌, 제국들이 국가주의 이데올로기에 따라 경쟁하면서 식민주의 정책을 펴나간 19세기와 20세기에, 작은 나라 네덜란드는 더 이상 서구사회를 주도할 수 있는 힘 있는 나라가 아니었기 때문이다. 네덜란드를 중심으로 볼 때 18-20세기는 강대국이었던 영국, 프랑스, 독일, 미국이 주도하던 시대였고, 네덜란드어는 네덜란드 외의 사람들이 의사소통할 수 있는 국제어가 아니었다. 게다가 네덜란드 이민자들은 번역 없이 네덜란드어 자료를 취급할 수 있었으므로 번역의 필요성이 절실하지 않았기 때문이다.

두 번째 이유는, 근대이후 기독교역사는 일반적으로 교회 및 신학자들을 중심으로 논의되는 경우가 많았고, 또한 흐룬의 사상은 그의 후계자로서 더 온전한 형태로 칼빈주의를 발전시켰던 아브라함 카이퍼(A. Kuyper)에 묻혀 버렸기 때문이라고 볼 수 있다. 물론 영어권에서도 네덜란드 칼빈주의에 관심을 두는 사람들은 아브라함 카이퍼 보다 앞서 모더니즘의 종교성을 간파하고 칼빈주의 세계관에 따라 교육운동과 사회운동을 주도하면서 카이퍼에게 큰 영향을 주었던 흐룬 판 프린스터러의 위치를 항상 강조해왔다.

---

2. H. Van Dyke, *Groen van Prinsterer's lectures on unbelief and revolution* (Jordan Station, Ontario: Wedge Publishing Foundation, 1989). 이 자료는 흐룬 판 프린스터러의 주저 *Ongeloof en revolutie*에 대한 박사논문이다.

우리나라의 경우 판 프린스터러는, 네덜란드에서 신학, 특히 칼빈주의와 교회역사를 공부했던 사람들에 의해 일찍이 칼빈주의(문화, 개혁주의사상)와 개혁교회역사 등의 강좌를 통하여 간단하게 소개되어왔다. 그러나 논문의 형태로 연구를 통해 처음 소개된 것은 1977년에 발표된, 정성구의 개괄적인 배경논문이었다.[3] 그러나 그 이후, 그리고 그 이상의 연구는 이루어지지 못했다. 그 이유는 연구 자료로서의 네덜란드어의 한계와 더불어, 주로 한국 기독교 학자들의 관심이 신학과 교회에 한정되어 있었기 때문이다.

이처럼 흐룬 판 프린스터러는 네덜란드의 범위 안에 있어 온 기독교사상가라고 할 수 있다. 그럼에도 불구하고 한국인인 필자가 연구의 필요성을 느낀 것은, 흐룬 판 프린스터러가, 모더니즘이 기승을 부리던 19세기에, 복음주의 부흥운동의 영향을 받아 칼빈주의를 재발견하여 칼빈주의운동을 발전시켰다는 점에서 칼빈주의를 수용하고 있는 현대 한국장로교회에 상당한 시사점을 줄 수 있고, 그리고 그의 관심이 교회와 교리문제를 넘어 세계관에 대한 것으로서 당시대 시대정신의 종교성을 분석하고 그에 대면하여 기독교교육운동을 주도하였다는 점에서 한국 현대사회에 대한 한국기독교의 과제에 시사점을 줄 수 있고, 특히 그가 네덜란드 기독교사립학교투쟁운동의 대부로서 칼빈주의 기독교교육사상의 주요한 개념을 확립하고 발전시켰다는 점에서 한국 기독교교육연구와 활동에 상당한 시사점을 줄 수 있다고 보았기 때문이다. 물론 본 장에서 필자는 개괄적인 정리와 더불어 그 마지막 시사점에 주된 관심을 두고 논의할 것이다.

---

3. 정성구, "칼빈주의운동과 Groen van Prinsterer". 「신학지남」. 44(1), (1977), 61-70.

1) 흐룬 판 프린스터러의 생애

흐룬 판 프린스터러(G. Groen van Prinsterer)는 1801년 8월 21일, 네덜란드 덴 하흐(Den Haag, 헤이그) 근처의 포르부르흐(Voorburg)에서 출생하였다. 그는 진취적인 의식을 가진 궁중의사 아버지와 로테르담의 부유한 은행업자 딸이었던 어머니의 독자로서, 좋은 교육적 환경에서 성장하였다. 친가의 가계는 세대를 거쳐 목사가 있었다. 그는 아버지의 주선으로 왕실목사에게 교리문답을 배웠고, 17세에 교회에서 공적인 신앙고백을 했다. 당시 그의 신앙은 비록 진지하기는 했으나 관습적인 것이었고, 성격상 진보적이며, 내용상 도덕적인 것이었다.

일찍이 가정에서 부모와 가정교사로부터 프랑스어, 영어, 독일어를 배웠고, 12-16세의 청소년시기에는 덴 하흐와 유트레흐트의 라틴어학교에서 그리스어와 라틴어, 역사와 자연과학을 배웠다. 레이던대학교에서 법학과 고전문학을 연구하여 1823년 12월 17일, 동시에 두 개의 박사학위를 받았다. 그의 법학박사논문은 유스티니아누스 법전의 탁월성에 대한 연구였고, 고전문학박사논문은 플라톤의 고유명사에 대한 해석과 평가의 논문이었다. 1827년 교수직을 얻을 기회가 있었으나 그는 왕실역사연구관의 길을 선택하였고, 그 이후 왕실문서들을 분석하고 정리하면서 네덜란드의 역사편찬 작업을 주도하였다.

흐룬의 삶에 있어서 큰 변화는 복음주의 부흥운동의 영향을 받으면서 이루어졌다. 그는 레이던대학교 재학시절 복음주의적 칼빈주의자로서 유명했던 문필가 빌덜데이크(W. Bilderdijk, 1756-1831)의 강연에 깊은 인상을 받았다. 그의 변화는 결혼을 통하여 더욱 깊어졌다. 1828년 3월 31일, 그는 흐로닝엔 시장의 딸이었던 엘리자벳(Elizabeth van der Hoop)과 결혼했다. 베티(Betty)로 불리어진 그의 아내는 부흥운동의 영향을 받아 그리스도와의 개인적 관계에 대한 깊은 확신을 가졌던 헌신적 그리스도인으로서 그의 남편에게 깊은 신앙적 영향을 미쳤다.

브뤼셀에 근무하는 동안 흐룬 부부는 경건생활을 강조한 프랑스 복음주의 목사의 설교에 깊이 공감하여 그의 성경공부그룹에 참여하였고, 네덜란드에 돌아와서는 헌신적인 복음주의 신앙인 친구부부였던 드 클레르크(Willem & Caroline de Clerq)부부와 친밀한 신앙적 교제를 나누면서 복음적 신앙 및 칼빈주의 세계관에 대한 개인적 통찰의 깊이를 더하였다. 1831년에 쓰여 진, 흐룬 자신과 그의 아내의 편지들은 흐룬의 더 커가는 신앙적 확신의 기쁨, 그리스도께 대한 깊은 사랑을 잘 표현하고 있다. 흐룬은 1833년 구원에 대한 완전한 확신을 표현하면서, 자신의 생애를 하나님께 드렸다.[4] 그리고 다른 부흥운동 지도자들과 교제하면서 성경공부 및 사회개혁운동에서 지도적인 역할을 하기 시작하였다.

흐룬 판 프린스터러는 개인적 경건운동의 관심을 칼빈주의적 세계관에 따라 사회적, 정치적 문제로 확장하였다. 그는 모더니즘에 따른 진보신학을 수용하고 있었던 네덜란드개혁교회를 정통적인 칼빈주의 신앙고백으로 회복시키기 위해 교회법적 노력을 기울였고, 정통적 칼빈주의 신앙과 복음주의적 경건을 강조하여 국가교회로부터 분리해 나왔던 복음운동 분리주의자들을 옹호하였으며, 그들과 함께 복음운동을 대표하는 지도자로서 네덜란드의 재복음화를 위해 노력하였다. 1832년 판 프린스터러 부부는 드 클레르크 부부와 가난한 아동을 위한 보육원, 여성을 위한 직업훈련원을 세웠고, 1840년에는 노예제폐지운동에 참여하였고, 1845년에는 복음주의 부흥운동가 헬

---

4. M. R. Langley, *Groen van Prinsterer(1801-1876): vader van die antirevolusionêre reformatoriese politiek* (Potchefstroom: PU vir CHO, 1989), 3.

드링(O. G. Heldring)과 함께 '기독교친구단'(Christelijke Vrienden)을 조직하여 기독교학교설립 및 사회자선운동을 시도하였다.

흐룬에게 있어서 정치사회 분야에서의 복음주의운동은 모더니즘에 대응한 칼빈주의 세계관의 요구였다. 그는 왕실역사연구관으로서 네덜란드의 역사를 연구하고 집필하는 과정에서 칼빈주의 역사관을 확립하였고, 네덜란드 사회의 시대정신으로 자리잡고 있던 모더니즘의 반기독교적 종교성 문제를 예리하게 드러내면서 비판하였으며, 반기독교적인 모더니즘에 대한 대응과 회복은 오직 복음을 통하여 가능하다는 확신을 드러내었다. 그리고 복음을 통한 사회의 개혁은 국가적 회복을 위한 이념투쟁과 사회운동을 통하여 이루어질 수 있다고 보았다. 이러한 그의 사상은 그의 주저인『조국역사편람』(Handboek der geschiedenis van het vaderland)과 특히 "네덜란드와 유럽의 복음주의선언서"로 칭해지는『불신앙과 혁명』(Ongeloof en revolutie)에 잘 표현되어 있다.[5] 이러한 배경에서 그는 네덜란드의 칼빈주의 기독교세계관 운동의 대부로 간주된다.

판 프린스터러는 부흥운동지도자들과 함께, 모더니즘 형성에 기여하는 배타적인 국가공립교육에 대항하여, 기독교사립학교의 설립과, 공립학교와의 법적 동등성, 그리고 기독교학교에 대한 국가의 지원을 확보하기 위해 하원의원으로서 법적, 정치적 투쟁에 앞장섰고, 그 이후에도 사회적 투쟁에 앞장섰다. 그의 적극적인 지도적 노력으로 기독교사립학교의 설립에 대한 법적 기초가 확립되었고, 그 운동을 지속시켜가기 위해 흐룬에 동조했던 정치운동모임은 기독교정당(반혁명당, 1879)으로 발전하였으며, 반혁명당의 기독

---

5. M. R. Langley, *Groen van Prinsterer(1801-1876): vader van die antirevolusionêre reformatoriese politiek*, 5.

교학교운동은 마침내 1920년, 공립학교와 동등한 법적 지위와 지원을 얻어내는 승리를 얻었다. 이러한 이유로 판 프린스터러는 네덜란드 기독교사립학교운동의 대부로 간주된다.

판 프린스터러는 그의 과업을 지속시켜가는 일에 있어 자신보다 더 탁월한 능력을 가졌던 후계자 아브라함 카이퍼를 얻어 1871년 지도권을 그에게 넘겼다. 그리고 1876년 5월 19일 금요일 아침 임종하였다. 모더니즘이 유럽사회를 주도하는 동안 판 프린스터러의 영적 통찰과 사회적 지도력은 칼빈주의 토양의 네덜란드에서 모더니즘에 대항하는 새로운 칼빈주의 지성운동과 사회운동으로 꽃 피어 열매 맺었다. 그는 네덜란드 칼빈주의자들에게 종교개혁이후 현대에 이르기까지 요한 칼빈, 흐룬 판 프린스터러, 아브라함 카이퍼로 이어지는 기독교의 대표적인 인물로 평가된다.[6]

2) 기독교세계관

흐룬 판 프린스터러는 일찍이 1868년 '세계관'(wereldbeschouwing)이라는 표현을 사용하였으므로 그를 근대 칼빈주의 사상가들 중 세계관이라는 표현을 가장 먼저 사용한 사람이라고 말할 수 있다. 그는 자신의 저서 『불신앙과 혁명』의 제2판 서문에서 자신의 기독교적 확신을 '기독교-역사적, 혹은 반혁명적 세계관'이라고 표현하였다. 그 표현이 암시하는 바는, 자신의 기독교세계관은 '역사적인' 종교개혁 전통에 근거한 것이며, '반혁명적'이라는 표현으로 프랑스혁명에서 표현된 19세기 모더니즘의 시대정신을 반대하는 것이라는 의미를 분명하게 드러내고자 했다.

---

6. Th. Haasdijk, *Een vaste burcht: basisboek voor de politiek van het GPV* (Barneveld: Uitgeverij De Vuurbaak, 1989), 57-61.

판 프린스터러는 세계관의 특성을 보여주기 위해 세계관을 다양한 용어들로 바꾸어 표현하였고, 세계관이라는 용어보다 오히려 그 다른 용어들을 더 많이 사용하였다. 그 대표적인 표현들은 종교(religie), 교리(leer, leerstellingen), 이념(ideologie), 원리(beginsels), 기초가정(grondstellingen), 사상(denkbeelden) 등이다. 그는 세계관의 뿌리는 성격상 종교적인 것이고, 교리적 성격의 도덕과 정치 철학의 신념체계를 가지고 있으며, 그 결과적 열매로서 여러 가지 불신앙적인 사상들을 맺는다고 보았다. 그에게 있어서 세계관은 종교적인 것이며, 종교는 하나님과의 관계 방식으로서 신앙적 혹은 불신앙적 방향에 따라 존재 전체를 통일시키고 엮어 매는 인생의 원리였다.[7]

판 프린스터러가 역사적 흐름에 따라 집중적으로 분석한 당 시대의 세계관은 18-19세기의 계몽주의, 곧 모더니즘으로 일컬어지는 시대정신으로서, 정치적으로는 프랑스혁명의 근대정신을 뜻했다. 그의 주저 『불신앙과 혁명』에서 드러내려한 그의 논지를 정리해보면 다음과 같다. 첫째, 계몽주의 세계관과 프랑스혁명은 전통적인 기독교적 사고와 태도에 정반대된 지성적, 영적 혁명이며, 그것은 내적으로 일관성 있게 조직된 이론 혹은 교리를 가지고 있다. 이 혁명의 세계관은 성경과 역사, 그리고 고전적 사상가들의 이념과도 대립된다.

둘째, 프랑스혁명의 세계관은 종교개혁자들이 주장해온, 하나님과 그 분의 말씀에 대한 복종과 정반대편이다. 자유라는 철학적 이론에 기초하여 개인의 자유로운 계약에 근거한 국가의 전능성을 신뢰하는 이념으로서, 그 뿌리에는 이성에 대한 절대적 신앙과 인간해방 및 자율성의 집착이라는 불신

---

7. H. Van Dyke, *Groen van Prinsterer's lectures on unbelief and revolution*, 96.

앙이 도사리고 있다. 그래서 계시대신 인간의 지식, 하나님경배대신 무신론과 인간종교, 기독교 도덕 대신 새로운 도덕적 기초로서 자기중심주의와 물질주의가 주도적 역할을 한다. 따라서 기독교와 계몽주의는 상호 관용이 아니라 완전히 대립되는 경쟁의 신념체제이다.

셋째, 자율적 이성을 강조하는 근대정신은 필연적으로 하나님의 주권을 거부하고 대중의 주권을 강조하는 사회이론으로 발전한다. 그래서 그 사회에서는 대중의 동의와 다수 대중에게 응답하는 새로운 정치체제가 등장하며, 그 정부는 절대국가가 되어 삶의 모든 것을 지배하려한다. 이 정치체제에서는 절대적 민주주의를 지향하는 급진주의자들이 논리를 주도하고 정당성을 인정받는 반면 온건주의자들은 논리적 설득력을 유지하기 어렵다. 이러한 이념과 정치체제에서 기독교는 쇠퇴하고 불신앙은 증가한다.

넷째, 혁명의 과정은 역사적으로 준비, 발전, 반동, 재실험, 약화의 단계로 진행되었다. 준비단계에서 혁명사상은 기독교적 전통의 유럽사회 전체에 영향을 주었다. 발전단계(1789-1794)에서는 프랑스혁명을 통해 과거의 법적 기초를 붕괴시켰고, 절대국가를 형성하여 사회의 모든 것을 중앙집권화 했다. 급진주의자들이 신념에 투절하지 못한 온건대중을 지배하였다. 혁명정부는 공공의 안녕과 안전을 명분으로 모든 반대자들을 향한 무자비한 테러와 박해와 배제를 정당화하였다. 반동의 단계(1794-1815)에서는 테러의 지배가 온건 정부로 대체되었다. 그러나 사회적 평화와 질서를 유지하기 어려웠고 불안이 영속되었다. 이에 따라 무정부상태를 해결하고 혁명을 공고하게 한다는 명분으로 나폴레옹이 권좌에 앉아 완전한 독재를 지향하였다. 재실험의 단계(1815-1830)에서는 나폴레옹의 실각으로 반동의 단계가 지나가지만 다시 혁명이전의 기독교적 세계관으로 돌아가는 것이 아니라 계속 혁명이론을 실험하였다. 약화의 단계(1830이후)에서는 자유의 증대에 대한 희망과 물질적 풍요의 추구가 주도적 관심사였다.

다섯째, 혁명의 시대를 지나면서 인간의 주권이 주춧돌이 되었고, 풍요한 삶의 추구가 모든 것의 판단기준이 되었다. 보수주의자들은 양다리 걸친 온건주의자들이 되었고, 급진주의는 노동자계급에서 더욱 확장되었다. 비록 경건한 기독교인들이 복음운동으로 일반 기독교인들의 무관심을 일깨우려하지만 많은 사람들은 여전히 미온적이었다. 이러한 시대적 상황은 종말론적인 배교와 고난을 그대로 보여준다. 이러한 시대적 상황에서 기독교인들의 시대적 소명은 신앙고백적 기초에서의 가정교육, 기독교학교교육의 정상화를 시도하고, 부흥운동을 통하여 교회를 개혁하고, 사회의 불신앙적 세계관을 직시하면서 신앙적 세계관이 실현될 수 있는 사회개혁을 시도해야 한다는 것이다.

판 데이커(H. van Dyke)는 도표형식의 정리 작업을 통하여, 판 프린스터러가 분석한 모더니즘의 뿌리는 복음에 대립된 종교적 불신앙이며, 그 교리체계는 인간 이성을 절대시하는 도덕철학으로서의 종교와 인간 의지를 절대시하는 정치철학으로서의 정치이념을 합한 것이고, 그 도덕철학으로서의 종교로부터 합리주의, 자연신론, 무신론, 물질주의의 열매가 열렸고, 그 정치철학의 대중주권 이념에서부터 급진주의, 독재정치, 자유주의의 열매가 열렸다고 정리하였다.[8]

계몽주의적 근대정신의 반대편에 있는 판 프린스터러의 칼빈주의적 기독교세계관, 곧 신앙적 세계관은 다음의 특징들로 요약될 수 있다. 첫째, 판 프린스터러는 성경은 하나님의 말씀으로서 정의와 도덕과 자유의 원천이고, 개인의 생활뿐만 아니라 국가와 정부의 문제에 대하여도 권위의 원천이라고

---

8. H. Van Dyke, *Groen van Prinsterer's lectures on unbelief and revolution*, 235.

고백하였다. 그는 성경은 정확무오한 시금석이어서 무조건적인 복종이 요구된다고 주장하였고, "기록되었으되"라는 그 말에 혁명의 싹을 자르는 도끼가 있다고 말했다.[9] 그는 자신이 어떤 지혜로운 저자들의 견해보다 먼저 성경을 찾아 구주의 말씀에 유의한다고 고백하였고, "당신의 선생은 한 분이니 곧 하나님이시다."고 선언하였다.[10]

둘째, 판 프린스터러는 삶 전체가 하나님을 순종하거나 혹은 불순종하는 방식의 종교로서, 오직 참 종교와 거짓종교가 있을 뿐이므로 종교의 영역과 종교적으로 중립적인 세속의 영역이 별개로 존재한다는 이원론을 단호하게 거부하였다.[11] 이러한 배경은 그로 하여금 기독교와 모더니즘 사이의 종합 대신 대립의 태도를 견지하게 했다. 그는 프랑스혁명의 세계관이 행위와 학문의 모든 영역에 영향을 주는 것처럼, 종교개혁도 마찬가지였고, 하나님께 순종하느냐 혹은 불순종하느냐 하는 성격의 세계관 충돌은 자신의 시대에도 교회, 국가, 학교 등 모든 영역에서 일어나고 있다고 보았다.[12] 따라서 종교를 교회의 영역에 고립시키고 국가와 학교를 종교적으로 중립적인 영역인 것처럼 세속화시키려는 당시대의 주도적 시도들을 그는 종교적 불순종으로 간주하고 반대하였다.

셋째, 판 프린스터러는 인간본성의 전적인 타락, 하나님의 주권적 은혜, 그리스도의 신성, 속죄와 의의 전가를 위한 그리스도의 완벽한 구속사역, 성령의 인격성, 그리스도에 대한 개인적 믿음과 중생과 성화의 필요성 등 칼빈

---

9. G. van Prinsterer, *Ongeloof en revolutie*, II.2.
10. G. van Prinsterer, *Ongeloof en revolutie*, II.41.
11. M. R. Langley, *Groen van Prinsterer(1801-1876): vader van die antirevolusionêre reformatoriese politiek*, 5-6.
12. G. van Prinsterer, *Ongeloof en revolutie*, I.14.

주의 신앙고백의 내용들을 그대로 받아들였고, 모든 진리는 십자가 보혈을 통한 화목으로 요약될 수 있다고 주장하였다.[13] 그에게 있어서 복음은 개인과 사회를 구원하는 능력이었다. 그는 불신앙에서 비롯된 근대정신과 그 체계 그리고 열매, 그리고 그 과정에서 빚어진 모든 불행들은 모두 "그 복음에 대한 조직적인 거부"로부터 만들어진 것이므로 복음으로 되돌아간다면 그 복음을 통하여 구원받을 것이고, 복음에 대한 신앙이 세상을 이긴다고 주장하였다.[14] 그는 당시대 사회를 향하여 복음의 증거자가 되고자 했다. 이러한 특성들은 복음주의 부흥운동과 칼빈주의 신학을 잘 반영하고 있다. 그는 당시대, 진보적 신학을 수용하고 있었던 네덜란드개혁교회가 정통의 칼빈주의 신앙고백으로 돌아가도록 촉구하였다.

넷째, 판 프린스터러는 하나님은 주권자이며, 모든 권세가 그 분에게 있고, 그 분이 제한된 권세를 공직자들에게 부여하시므로, 공직자들은 하나님의 청지기로서 그 분께 순종해야 한다고 주장하였고, 모든 영역에서 하나님의 법에 순종할 것을 요구하였다.[15] 고대사회에서처럼 불의한 권력자에 대한 맹목적 복종에 반대하였고, 프랑스혁명정신에 따른 새로운 의미의, 국가의 중앙집권적 권력 요구도 비판하였다. 교회가 국가에 종속되는 것과 교회가 국가의 요구를 회피하는 것도 비판하였고, 양 기관은 각각의 영역과 과제를 가지고 있다는 사실을 분명히 하고, 동시에 하나님의 법을 이루는 일을 위해 상호 협력해야 한다고 주장하였다. 이러한 그의 사회이론은 비록 완전한 형태는 아니라고 해도 영역주권 사상을 잘 반영하고 있다.[16]

---

13. G. van Prinsterer, *Ongeloof en revolutie*, VII.177-178.
14. G. van Prinsterer, *Ongeloof en revolutie*, voorrede v; I.6; I.18; XV.426-428.
15. G. van Prinsterer, *Ongeloof en revolutie*, III.51-53.
16. J. D. Dengerink, *Critisch-historisch onderzoek naar de sociologiche ontwikkeling van*

다섯 번째, 그는 칼빈주의적 관점의 역사가로서, 역사의 중심은 기독교이며, 그리스도가 역사의 시작이고 끝이라고 주장하였고, 하나님의 구속계획이 역사의 주된 문제로서 다른 모든 것들은 여기에 종속되어 있다고 주장하였다. 역사를 한마디로 요약하여 표현한다면 사단에 대한 그리스도의 승리라고 할 수 있고, 그 요점에서 파악한다면 역사의 중심은 교회의 형성과 보존의 역사라는 결론에 이른다고 보았다. 그리고 복음은 역사를 통일시키는 원리라고 보았다. 그래서 역사는 불신앙에 대한 진리의 끊임없는 투쟁을 보여준다는 것이다. 비록 불신앙이 지배적인 영향력을 행사하는 것처럼 보여도 결코 승리할 수 없는 것은 그리스도의 재림과 승리가 확정되어 있기 때문이다.[17] 이러한 기초에서 그는 네덜란드가 칼빈주의적인 기독교국가로서 다른 나라들에 비할 때 하나님의 자비에 따라 개신교의 중심지로 구별되어 선택받았다고 확신하였고,[18] 근대정신에 대항하여 칼빈주의 부흥운동과 개혁운동을 지속해야 할 사명감을 가진다고 보았다.

3) 기독교학교

흐룬 판 프린스터러는 20세기 이후의, 곧 현대적 의미의 기독교교육학자, 달리 표현하면 교육의 패러다임에 따라 교육현상 전체에 주목하고 교육의 원리에 대하여 체계적으로 사유하고 논의한 교육학자가 아니므로, 그의 기독교교육사상에 대한 논의는 그가 교육문제와 관련하여 관심을 가졌던 교육의 부분문제에 대한 사상을 분석하고 논의하는 방법을 선택할 수밖에 없다.

---

het beginsel der "souvereinitiet in eigen kring" in de 19e and 20e eeuw (Kampen: J. H. Kok N.V., 1948), 266-267.
17. H. Van Dyke, *Groen van Prinsterer's lectures on unbelief and revolution*, 51-52.
18. G. van Prinsterer, *Ongeloof en revolutie*, VII.175.

게다가 그는 자녀가 없었으므로 다른 교육가들에 비하여 자녀의 발달과 양육에 대한 관심이 상대적으로 적었다.

그럼에도 불구하고 그는 네덜란드 기독교교육역사에서 가장 중요한 사람으로 인정받고 있음에 주목해야 한다. 그 이유는 그가 근대적 세계관과 기독교교육의 상관성을 당시대사람들 중 가장 의미 있게 드러내었고, 하원의원으로서 그의 정치사회활동이 거의 교육문제에 집중되었기 때문이다. 교육에 대한 그의 공헌은, 학교교육의 자유개념과 기독교세계관을 형성하는 기독교학교의 법적, 제도적 확립에 집중되어 있다. 따라서 여기에서는 그 문제에 한정하여 그의 기독교교육사상을 논의할 수밖에 없다.

앞서 지적한 것처럼 프랑스혁명에서 명백하게 드러난 근대정신은, 나폴레옹이 네덜란드를 정복한 이후 법제화과정을 거쳐 사회적으로 공식화된 세계관이 되었다. 절대화된 국가는 학교법제정과 정책집행과정을 통하여 그 동안 지속되어 왔던 학교교육에 대한 교회의 감독기능을 배제시켰고, 그 대신 국가가 학교교육과정을 전적으로 통제함으로써 학교를, 계몽주의적 근대정신을 사회전반에 확산시키는 도구로 삼으려하였다. 비록 학교체제가 공립학교(openbaar school)와 사립학교(bijzonder school)로 구분되었으나 국가와 관리들이 사립학교의 설립과 교육의 인정에 대단히 소극적이었고, 사립학교에 대한 국가의 지원을 완전히 배제하였으므로 사실상 사립학교의 설립이 어려웠고 그 사립학교들이 학교의 기준에 맞게 제대로 기능하지도 못했다.

당시 국가가 학교교육으로 형성하려던 세계관은, 계몽주의 정신으로 해석된 기독교적 도덕성과 애국심 함양을 통하여 국민을 하나로 통합시키려한 정치적 세계관이었다. 정치지도자들은 이러한 계몽주의 세계관 교육이 개신교와 가톨릭과 유대교 등 다양한 종파 세계관들의 차이를 무마시키고 국민들을 통합시킬 수 있는 소위 종교적으로 '중립적인' 성격의 교육이라고 주장하였다. 그 목적을 위해 국가는 학교교육에서 계몽주의 세계관과 종교적 세계관의 차이, 그리고 각 종파 세계관들 사이의 차이를 야기하는 성경 및 교리교육을 배제하였다.

그러나 학교교육에서 성경과 교리수업, 그리고 교회의 감독기능을 배제한 일은, 계몽주의 영향으로 진보적인 신학적 입장을 취하고 있던 주류의 교회에 만족하지 못하고 복음주의적 부흥운동을 벌여나가던 정통 칼빈주의자들을 크게 자극하여 기독교교육과 기독교학교를 위한 학교투쟁운동을 촉발시켰다. 복음주의 칼빈주의자들의 주된 주장은 국가의 교육독점반대, 자유로운 학교설립허용, 부모들의 교육적 책임이었다.[19]

이러한 흐름에서, 프랑스혁명의 시대정신을 불신앙에 뿌리를 둔 종교적 세계관으로 분석하고 비판하였던 복음주의 칼빈주의자 판 프린스터러는, 절대국가가 학교교육을 독점하여 정통적 칼빈주의 세계관을 배제시키고 그 대신 불신앙적인 계몽주의 세계관을 적극적으로 형성하려는 시도를 용납할 수 없었다. 그는 거시적인 관점에서, 국가교육이 주장하는 소위 종교적 중립성의 허구와 위험성을 신랄하게 비판하면서 기독교교육을 위한 학교교육개혁 논의와 운동에 적극적으로 참여하였다.[20] 그리고 그는 국가가 획일적인 정책으로 교육을 독점하여 강제한 독재정책이 가톨릭계 벨기에가 봉기하여 네덜란드로부터 떨어져나가도록 만든 요인이었던 것을 지적하면서, 국가가 교육

---

19. A. C. Rosendaal, *Naar een school voor de gereformeerde gezindte: Het christelijke onderwijsconcept van het Gereformeerd Schoolverband(1868-1971)* (Hilversum: Witgeverij Verloren Hilversum, 2006), 13-14.
20. G. van Prinsterer, *Handboek der geschiedenis van het vaderland*. 8ste druk (Baarn: Koning's Uitgeverij, 1928), 906. 판 프린스터러는 사람들이 국가의 중립성을 주장하지만 국가는 반중립적인 영향을 미친다고 지적했고, 기독교적인 원리가 배제된 자리에 반기독교적 원리가 둥지를 튼다고 주장하였다.

을 독점하여 통제하면서 개별 종교들의 세계관을 배제하고 세속주의적 근대정신을 형성하려는 방법은 국가를 하나로 만드는 방법이 될 수 없다고 주장하였다.

그는 프랑스혁명의 시대정신에 대항하여, 복음주의적 칼빈주의 세계관에 따라, 종교개혁시기 이후 17세기까지의 네덜란드 학교교육처럼 네덜란드의 학교교육이 하나의 기독교적 공립학교교육이 되기를 희망하였다. 그래서 진보주의적인 네덜란드개혁교회가, 국가가 시도하는 진보적 기독교적 성격의, 도덕적이고 관용적인 공립교육을 수용하였고, 복음주의적 부흥운동가들이 공립학교로부터 분리하여 나와 칼빈주의적 기초, 곧 교회의 신앙고백과 연결된 기독교사립학교를 설립하여 운영할 것을 주장한 것과 달리, 그는 공립학교에서 신앙고백적 교육이 가능한 제3의 길, 곧 공립종파학교교육의 길을 찾으려하였다. 그는 공립종파학교 안에서 한편으로는 종파적 분파의 세계관적 다양성 문제를 해결하고 또 다른 한편으로는 공립학교의 기독교적 성격을 유지시키면서 기독교적 성격을 점점 더 강화할 수 있기를 기대하였다.[21]

그러나 그러한 법적 개정의 시도가 성공을 거두지 못하자 그는 1857년 이후부터 공립종파학교보다 신앙고백적 사립학교를 더 마음을 두기 시작했고, 교육의 자유를 위한 기초로서 국가와 교회의 분리 원칙을 수용하였다. 그리고 국민의 종교적 다양성에 따라 각 종파(개신교, 가톨릭, 유대교)나 그 종파에 속한 부모들이 자신들의 세계관에 기초한 학교를 설립하여 자신들의 자녀들을 교육시킬 수 있는 '교육의 자유'를 위한 정치사회적 투쟁을 벌여나갔

---

21. A. C. Rosendaal, *Naar een school voor de gereformeerde gezindte: Het christelijke onderwijsconcept van het Gereformeerd Schoolverband(1868-1971)*, 25.

다.[22] 그리고 사립학교에 대한 정부지원배제정책에 항거하여 사립학교를 통하여 부모들이 자녀들을 교육시킬 수 있도록 국가가 사립학교에 보조금을 지급하게 하는 법적 투쟁을 본격화 하였다.

그는 전국적으로 기독교사립학교운동을 활성화하고, 기독교사립학교의 설립을 지원하며, 공동으로 정치적 운동을 지속해가기 위해, 복음주의 지도자들과 연대하여 1860년 '기독교국립학교교육연합'(Vereniging voor Christilijk Nationaal Schoolonderwijs)을 결성하였다. 이 연합체의 이름에 나타나는 "기독교국립"이라는 표현이 의미하는 바는 16-17세기 네덜란드연합공화국의 종교개혁적 성격을 명시하는 표현이었고, 기독교학교를 전국적으로 하나의 연합체로 만들려는 의도를 드러내는 표현이었다.[23] 그가 주도한 이 연합체의 목표는 교육을 통한 네덜란드의 재복음화, 기독교학교의 재정지원과 유대관계강화, 교육문제에 대한 관심 증진과 주도권 발휘에 있었다.[24]

판 프린스터러의 기독교교육사상은 '교육의 자유'라는 표현으로 정리될 수 있다. 그 자유는 소극적으로는 절대국가의 중앙집권적인 획일적 교육 강요로부터의 자유를 의미하고, 적극적으로는 기독교교육을 위한 자유를 의미한다. 그의 교육의 자유개념에 반영된 강조점들은 다음과 같이 정리될 수 있다.

첫째, 판 프린스터러는 교육을, 종교적 세계관을 형성하는 작업으로 보았다. 그래서 프랑스혁명이후의 세속화된 국가가 독점하여 실행하려는 교육도 사실은 근대적 국가주의 세계관을 형성하려는 시도이며, 그 세계관은 종교

---

22. Th. Haasdijk, *Een vaste burcht: basisboek voor de politiek van het GPV*, 59,184.
23. A. C. Rosendaal, *Naar een school voor de gereformeerde gezindte: Het christelijke onderwijsconcept van het Gereformeerd Schoolverband(1868-1971)*, 30.
24. A. C. Rosendaal, *Naar een school voor de gereformeerde gezindte: Het christelijke onderwijsconcept van het Gereformeerd Schoolverband(1868-1971)*, 32.

적으로 중립적인 세계관이 아니라 불신앙적인, 곧 반기독교적인 세계관이어서 기독교인들이 용납할 수 없는 것이었다. 그는 기독교국가의 역사를 가진 네덜란드가 기독교적 세계관을 형성하는 학교교육을 유지하고 발전시켜 나가야 한다고 보았다. 따라서 그는 국가주도의 학교교육과정에서 '복음의 역사적 진리'가 배제된 것을 통분히 여겼다.[25]

둘째, 판 프린스터러는 중립적인 세계관이라는 가정 하에 이루어지는 국가의 세계관 교육은 중립적인 것도 아니고 또 그 방법으로 국가를 통합할 수 있는 것도 아니라고 주장하였다. 그는 그러한 시도는 오히려 유해하다고 주장하면서 그 증거로 교육법의 강제적 집행과정에서 가톨릭의 벨기에가 네덜란드에서 분리 독립하여 나갔다는 사실을 의회에서 지적하였다.[26] 그리고 네덜란드 내에서도 복음주의 칼빈주의자들의 거센 저항에 직면하고 있다는 사실을 지적하였다. 세계관은 종교적 성격을 가진 것이어서 중립적인 새로운 세계관으로 조정될 수 있는 것이 아니므로 학교교육은 세계관의 복수성을 인정하는 방향으로 나아가야 한다고 주장하였다.

셋째, 판 프린스터러는 교육의 자유는 종교의 자유와 같은 맥락에 있다고 주장하였다. 그래서 종교에 따라 국민을 압제할 수 없는 것처럼 교육도 압제할 수 없다고 보았다. 그는 양심의 자유를 논의하는 과정에서 양심의 자유 안에 출판의 자유, 예배의 자유, 교회조직의 자유, 교육의 자유를 열거하였고, 특히 교육의 자유를, '자녀들의 관점에서의 종교의 자유'라고 정의하였다.[27] 따라서 국가는 종교의 자유처럼 교육의 자유도 보장해 주어야할 의무가 있

---

25. G. van Prinsterer, *Handboek der geschiedenis van het vaderland*, 907-908.
26. H. Van Dyke, *Groen van Prinsterer's lectures on unbelief and revolution*, 62.
27. H. Van Dyke, *Groen van Prinsterer's lectures on unbelief and revolution*, 59.

다고 보았다.

넷째, 판 프린스터러는, 프랑스혁명지지자들의 주장처럼 아동이 국가의 소유가 아니라, 일차적으로 부모에게 속한다고 주장하였다. 그는 부모의 교육권은 '하나님 자신에 의해 부과된 의무'이므로 인정되어야 한다고 보았다.[28] 국가는 공립학교의 성경 및 교리교육배제에 대하여 저항하는 부모들이 많다는 사실을 인정해야 하며, 부모가 양심에 따라 자신의 자녀들을 위해 학교를 통하여 적극적인 기독교교육을 기대하는 것을 방해하지 말아야 한다고 주장하였다.

다섯째, 판 프린스터러는 부모들에게 하나님으로부터 부여받은 교육적 의무에 책임 있게 행동할 것을 촉구하였고, 기독교교육을 위한 교재로, 독일어본 『교회력에 맞춘 성경역사』를 번역하고 출간하면서 부모들이 적극적으로 성경과 교리 교육을 실행하도록 충고하였다.[29] 성경과 교리에 대한 학습은 교육에서 포기할 수 없는, 부모의 의무에 해당되는 것으로 간주하였다. 기독교 세계관을 형성하는 교육의 책임은 일차적으로 부모에게 있고, 이 책임은 어떠한 경우도 면제될 수 없다는 것이다.

다섯째, 판 프린스터러는 국가교육은 독점이 아니라 종교적 다양성을 존중하는 복수체계에 따라 이루어질 수 있어야 하고, 각 종파가 자신들의 신앙고백에 일치하여 가르칠 수 있는 학교를 세울 자유를 부여받아야 하며, 모두 공립학교로서 동등한 지위를 누려야 한다고 주장하였다. 그래서 기독교학교는 다른 명목적 기독교학교 혹은 소위 중립적 공립학교와 등등한 수준에서

---

28. H. Van Dyke, *Groen van Prinsterer's lectures on unbelief and revolution*, 28,60,63.
29. H. Van Dyke, *Groen van Prinsterer's lectures on unbelief and revolution*, 68. (F. L. Zahn 이 저술한 책으로서 책의 명칭은 *Biblische Historien nach dem Kirchenjahre geordnet, mit Lehren und Liederversen versehen*이다.)

서로 경쟁할 수 있어야 한다고 주장하였다. 이러한 의미에서 그는 '지칠 줄 모르는 복수학교체제의 옹호자'였다고 할 수 있다.[30]

여섯째, 판 프린스터러는 모든 학교가 공립학교처럼 국가의 재정지원을 받아야 한다고 주장하였다. 만일 국가의 재정 지원이 없다면 교육의 자유는 오직 여유 있는 가정만 누릴 수 있는 특권이 될 뿐, 가난한 가정의 자유가 될 수 없으므로 진정한 의미의 교육의 자유가 아니라고 보았기 때문이다.[31] 그래서 사립학교의 법적 지위를 인정받은 이후에도 지속적으로 사립학교에 대한 국가의 재정 지원을 위해 투쟁하였다.

일곱째, 판 프린스터러는 교육을 정치사회적인 활동으로 간주하였고, 교육의 발전과 개혁도 정치사회적 운동을 통해 이루어진다는 신념을 가졌다. 그에게 있어 교육개혁은 도피가 아니라 참여적 행동이었다. 법제정에 참여하여 개혁을 시도하고, 기독교학교설립의 정당성을 얻어내며, 현실적 한계에 직면해서는 이상적 상태를 미래의 비전으로 삼고 그 비전을 성취하기 위해 학교투쟁운동을 지속적으로, 그리고 사회적으로 동력화 하도록 전국기독교학교연합을 조직하는 일을 주도하였다.

4) 나가면서

네덜란드 교육개혁의 대부였던 흐룬 판 프린스터러는, 계몽주의 세계관이 대세를 이루어 마침내 국가의 공식이념 자리를 차지한 후 국민교육이라는 명분으로 학교교육을 제도화해가는 시기에, 복음주의적 칼빈주의 세계관에서 그 계몽주의 세계관의 종교성을 드러내어 경계하게 하고, 계몽주의 세

---

30. H. Van Dyke, *Groen van Prinsterer's lectures on unbelief and revolution*, 83.
31. H. Van Dyke, *Groen van Prinsterer's lectures on unbelief and revolution*, 81.

계관 형성을 위한 도구였던 국가중심교육의 문제점과 폭력성을 드러내어 저항하고, 개개의 종교적 세계관이 존중되는 다원 종파적 복수공립교육체제를 제안함으로써 일찍이 근대교육의 문제를 극복할 수 있는 대안을 제시하였다. 이러한 그의 통찰은 19세기와 20세기를 거쳐 21세기에 이르기까지 국가통제의 획일적인 근대와 현대교육이 구조적으로 안고 있는 병리현상, 그 병리현상으로 고통 받으면서 대안교육을 모색해 온 학교교육을 고려할 때 놀라울 정도의 탁견이었다.

그리고 근대적 세계관을 형성하는 국가교육이 주도하는 상황에서 기독교세계관을 형성하는 교육을 국가에 반성 없이 위탁하거나 포기하는 것이 아니라, 성경과 복음과 교리를 통하여 자녀들이 기독교 세계관을 형성하도록 해야 할 부모의 교육적 책임을 강조하였다. 그리고 세계관이 공동체의 정신이므로 학교교육이 공동체의 세계관 교육이 되도록 적극적으로 기독교학교를 설립하게 하고, 그 기독교학교교육을 유지해갈 수 있는 조건을 구비하기 위해 정치사회적 운동을 시도하게 했다. 그 결과 그의 후계자들을 통하여 1920년, 네덜란드에서 그의 꿈이 이루어져 기독교사립학교들이 공립학교와 동일한 지위와 지원을 받으면서 기독교사립학교들을 운영할 수 있도록 열매 맺었고, 네덜란드계 이민자들을 통하여 남아프리카공화국에서는 공립학교 제도 안에서 결실하였고, 미국과 캐나다와 오스트레일리아와 뉴질랜드에서 '부모들의 사립학교'를 설립하여 운영하도록 결실했다. 이러한 의미에서 그는 근대기독교학교의 초석을 놓았다고 평가할 수 있다.

이러한 그의 기독교교육사상은 한국기독교교육에도 다음의 몇 가지 함의를 갖는다고 본다. 첫째, 판 프린스터러의 기독교교육사상은 한국 기독교교육가들로 하여금 한국사회의 세계관과 학교교육의 공적인 세계관을 기독교적 관점에서 반성하고 그 종교적 성격을 직시하도록 촉구한다. 한국 기독교인들은 많은 경우 그와 같은 반성이 부족하였기 때문에 한국사회의 세계관에 따라 무의식적으로 형성된, 이원론적이고 혼합주의적인 세계관 특성을 보여주고 있다.

둘째, 기독교가 압제받거나 배제되어 온 근대 한국사회의 역사 때문에 기독교교육은 교회교육에 제한되었고, 기독교학교교육조차도 국가교육의 도구가 되어 온 현실에서, 국가교육의 폭력성은 일상적인 경험이었다. 이러한 조건에서 판 프린스터러의 기독교교육사상은 기독교공동체가 학교교육에서 기독교 세계관을 형성하는 조건을 확보해야만 한다는 필연적 과제를 재인식하게 한다. 기독교교육은 교회에 제한될 수 없다. 기독교세계관의 형성에 가장 적합한 교육전문기관인 학교를 기독교교육의 관심에서 배제한다는 것은 적절하지 않다.

셋째, 판 프린스터러의 기독교교육사상은 국가와 교사의 교육권에 익숙한 한국 기독교인들에게 부모의 교육권 및 교육의무를 심각하게 인식하도록 촉구한다. 성경적 기초에서 부모가 가져야 하고 또한 수행해야 할 의무로서의 교육권은 기독교교육의 출발점이 되고, 또 교육의 선택에 있어서 가장 중요한 고려사항이 된다. 부모의 교육권이 학력기준에 따른 소위 명문학교 선택의 기초라기보다 세계관적 기준에서의 선택 기준이 될 때 기독교적 의미가 제대로 고려되었다고 말할 수 있을 것이다. 이러한 선택권이 활성화된다면 기독교사립학교들이 기독교교육을 실행하는 일이 훨씬 수월해질 것이다.

넷째, 판 프린스터러의 기독교교육사상이 보여주는 종교적 대립과 투쟁은 기독교공동체로 하여금 합법적인 방법으로 교육개혁을 이루는 일에 함께 연대하여 정치사회적 참여활동을 하도록 독려한다. 통전적인 기독교세계관에 따라, 국가와 사회와 교육의 개혁을 위한 비전을 위해 합법적인 수단으로, 포기하지 않고, 그 투쟁운동을 지속시켜나가는 정치사회적 참여활동을 영적 투쟁으로 여긴 그의 사상은, 이원론적 태도로 회피 내지 소극적인 태도를 유지해 온 한국 기독교인들에게 필요한 시사점을 제공해준다고 본다.

참고문헌

정성구. "칼빈주의운동과 Groen van Prinsterer". 「신학지남」 44(1), 1977, 61-70.

조성국.『기독교세계관과 기독교학교교육』(부산: 고신대학교부설기독교교육연구소, 2003).

Coezee, J. C., *Inleiding tot die historiese opvoedkunde* (Johannesburg: Voorwaarts, 1958).

De Jong, O., *Nederlandse kerk geschiedenis* (Nijkerk: Callenbach, 1972).

Dengerink, J. D., *Critisch-historisch onderzoek naar de sociologiche ontwikkeling van het beginsel der "souvereinitiet in eigen kring" in de 19e and 20e eeuw* (Kampen: J. H. Kok N.V., 1948).

Haasdijk, Th., *Een vaste burcht: basisboek voor de politiek van het GPV* (Barneveld: Uitgeverij De Vuurbaak, 1989).

Harinck, H. & Schutte, G. (Eds.), *De school met de bijbel: Christelijk onderwijs in de negentiende eeuw* (Zoetermeer: Meinema, 2006).

Kruidenier, J., "Het protestants-christelijk onderwijs in de branding", in Lagerweij, L. et. al., *Reformatie: blijvende opdracht!* (Kampen: J. H. Kok, 1973).

Kruithof, B., *Zonde en deugd in domineesland: nederlandse protestanten en problemen van opvoeding zeventiende tot twintigste eeuw*. Doctoral dissertation, (de Universiteit van Amsterdam, 1990).

Langley, M. R., *Groen van Prinsterer(1801-1876): vader van die antirevolusionêre reformatoriese politiek* (Potchefstroom: PU vir CHO, 1989).

Reid, W. S. (ed.),『칼빈이 서양에 끼친 영향』(서울: 크리스챤다이제스트, 1997).

Rosendaal, A. C., *Naar een school voor de gereformeerde gezindte: Het christelijke onderwijsconcept van het Gereformeerd Schoolverband(1868-1971)*

(Hilversum: Witgeverij Verloren Hilversum, 2006).

Selderhuis, H. J. (ed.)., *Handboek Nederlandse kerkgeschiedenis* (Kampen: Uitgeverij Kok, 2006).

Van Dyke, H., *Groen van Prinsterer's lectures on unbelief and revolution* (Jordan Station, Ontario: Wedge Publishing Foundation, 1989).

Van Prinsterer, G., *Ongeloof en revolutie: een reeks van historische voorlezingen* (bewerked en aangevuld door Diepenhorst, P.A.) (Kampen: J. H. Kok, 1922).

Van Prinsterer, G., *Handboek der geschiedenis van het vaderland.* 8ste druk. (Baarn: Koning's Uitgeverij, 1928).

Van Prinsterer, G., *Ongeloof en revolutie: een reeks historische voorezingen.* (bewerked door Smitskamp, H.) (Franeker: Wever, 1951).

Van Prinsterer, G., *Unbelief and revolution*, lecture 11 trans. (Amsterdam: The Groen van Prinsterer Fund, 1973).

Van der Stelt, J. C., "The struggle for Christian education in Western history", in Vriend, J. et. al., *To prod the "slumbering giant": crisis, commitment and Christian education* (Toronto: Wedge Publishing Foundation, 1972).

Waterink, J. et. al., *Cutuurgeschiedenis van het Christendom.* Deel II. 2th. druk. (Elsevier: Amsterdam, 1957).

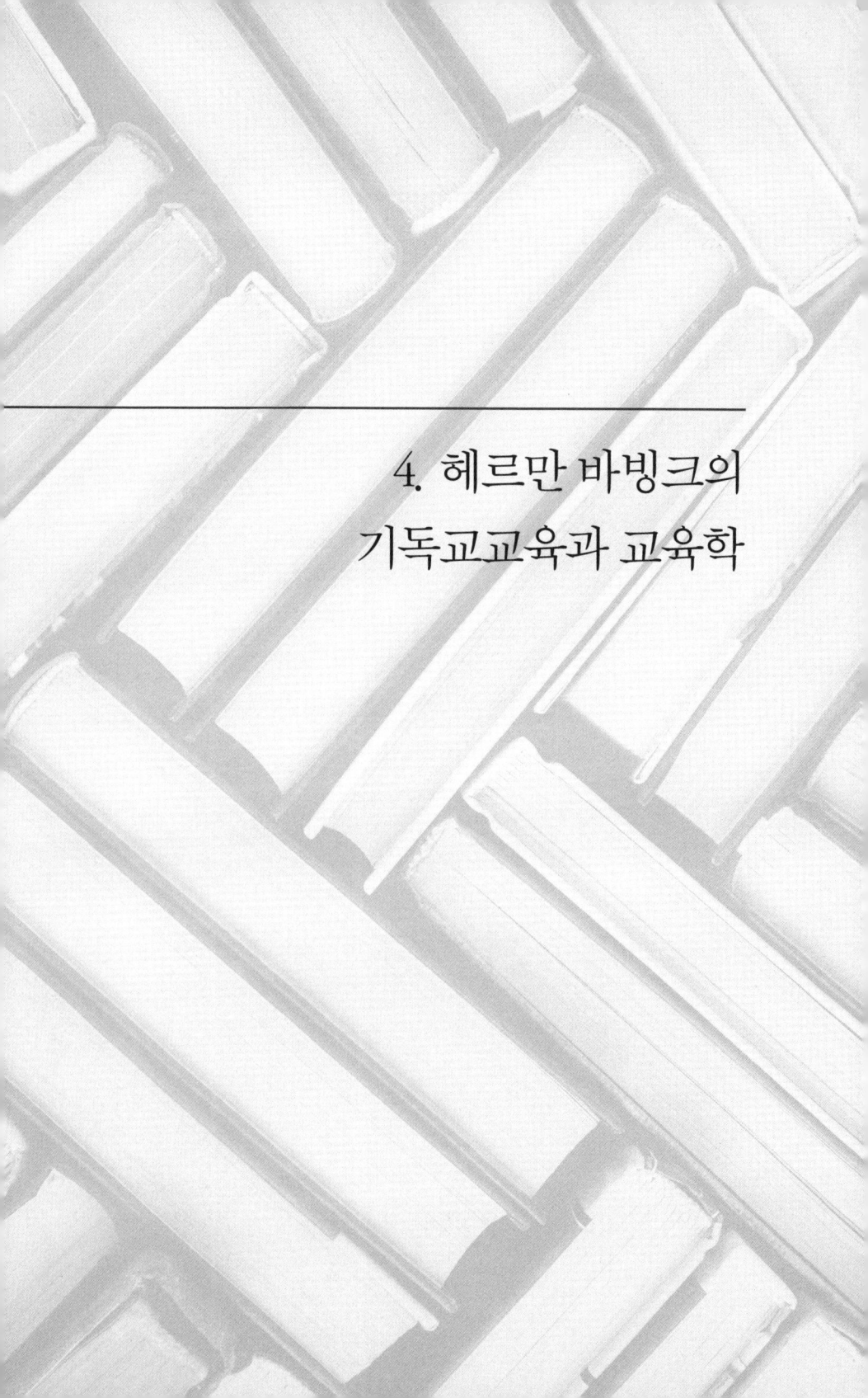

4. 헤르만 바빙크의
기독교교육과 교육학

한국장로교회는 초기부터 종교개혁자들 중 특히 칼빈의 신학에 대한 영국에서의 해석을 기반으로 만들어진 장로교회의 신앙고백인 웨스트민스터 신앙고백문서들을 기초로 삼고 있다. 초기부터 많은 한국 신학자들은 한국교회의 신학적 확립과 발전을 위해 미국에서 장로교신학 혹은 복음주의신학을 연구한 후 한국교회 목회자들을 교육해왔다.

한편, 일부 장로교 신학자들 중에는 미국에서 수학 중 새롭게 발견했던 유럽대륙의 개혁신학에 깊이 매료되어 네덜란드 개혁신학을 연구하였고, 더러 네덜란드에서 개혁신학을 연구한 후 한국에 개혁교회와 개혁신학을 소개해 왔다. 이제는 네덜란드의 개혁신학자 카이퍼와 바빙크는 잘 알려져 있고, 그들의 저작들이 영역본만 아니라 최근에는 네덜란드어본에서 직접 번역되어 출간되고 있다.

장로교회의 기독교교육학자들은 신학자들의 이러한 연구 경향과 달리 포괄적으로 칼빈을 비롯한 종교개혁자들의 교육사상에 대한 연구를 제외하고는 주로 미국에서의 현대 기독교교육학 및 복음주의 기독교교육 연구에 몰두해 왔다. 유럽대륙의 개혁교육학에 대한 연구는 일부 학자들에 의해 이루어졌는데, 네덜란드 기독교학교역사(조성국, 2009 & 2014)와 기독교교육연구의 특성(조성국, 2012), 기독교교육철학 연구방법(조성국, 2008)과 더불어, 개별학자들의 기독교교육사상에 대한 연구로는 흐룬 판 프린스터러(조성국, 2009b), 아브라함 카이퍼(류기철, 2009), 얀 바터링크(조성국, 2013), 헤르만 도예베르트(한상진, 2009)에 대한 연구 논문이 발표되었다. 네덜란드 개혁교육학을 배경으로 이론을 전개한 미국 네덜란드계 학자 코르넬리우스 야르스마(조성국, 1993)에 대한 논문도 발표된 일이 있다.

역사학자인 흐룬 판 프린스터러와 신학자 아브라함 카이퍼가 개혁교회 공동체의 기독교학교운동 지도자였다면, 얀 바터링크는 기독교교육학자였다. 더불어 아브라함 카이퍼와 함께 유명한 개혁신학자였으며, 비록 (기독교) 교육학과에서 교수직을 수행하지는 않았지만, 기독교학교운동의 주요한 지도자였고, 생애의 마지막에는 신학 대신 기독교교육학을 위한 학문적 접근에 몰두하여 여러 저서를 출간했던 헤르만 바빙크도 네덜란드 개혁기독교사상과 기독교학교운동을 이해하기 위해 꼭 살펴보아야 할 대단히 중요한 인물이다.

미국의 기독교교육학자 야르스마는 일찍이 바빙크를 대표적인 개혁교육철학자로 평가하였고,[1] 네덜란드의 교육학자 스투름은 카이퍼와 바빙크와 헤이싱크와 바터링크를 신칼빈주의교육의 대표적인 인물로 평가했고,[2] 교육역사가 크라우트호프는 카이퍼와 바빙크와 바터링크가 기독교교육학에 뚜렷한 족적을 남겼다고 평가했으며,[3] 프람스마는 19세기 후반부터 20세기 초반까지의 개혁교육학을 형성한 대표적 인물로 카이퍼, 바빙크, 바터링크, 콘스탐을 들어 바빙크의 중요성을 재확인하였다.[4] 바빙크는 그의 개혁신학의 관점에 동의한 목회자들, 기독교학교운동에 참여했던 지도자들로부터 특히 높은 평가를 받았다.

---

1. C. Jaarsma, 『헤르만 바빙크의 기독교교육철학』. 정정숙 역 (서울: 총신대학교출판부, 1983).
2. J. C. Sturm, *Een goede gereformeerde opvoeding over neo-calvinistische moraalpedagogiek (1880-1950), met speciale aandacht voor de nieuw-gereformeerde jeugdorganisaties*. Doctor academisch proefschrift. (Vrije Universiteit, 1988), 12.
3. B. Kruithof, *Zonde en deugd in domineesland: nederlandse protestanten en problemen van opvoeding zeventiende tot twintigste eeuw*. doctoral thesis (de Universiteit van Amsterdam, 1990), 198-199.
4. J. M. Praamsma, Het goede leven: verkenningen in het landschap van de christelijke pedagogiek, De Graaf, R. ed. *Bijzonder onderwijs:christelijk geloof in de dagelijkse praktijk van basis- en voortgezet onderwijs* (Zoetermeer: Boekencentrum, 2006).

바빙크의 신학저서들은 영문판을 한국어로 번역하는 방식으로 일찍이 소개되었고, 최근에는 그의 주저서인 『개혁교의학』 1-4권이 네덜란드어본에서 번역 출간되었다(Bavinck, 2011). 바빙크의 신학에 대한 논문들이 학회를 통해 종종 발표되고 있으며, 바빙크의 생애와 신학사상을 개관하는 평전도 유해무(2004)에 의해 출간되어 신학자 바빙크는 우리에게 비교적 잘 알려져 있다고 볼 수 있다. 그러나 바빙크의 기독교교육사상은 우리나라에서 지금까지 제대로 연구되어 소개되지 않았다.

미국의 네덜란드계 교육학자인 야르스마가 영문판으로 발표했던 『헤르만 바빙크의 기독교교육철학』이 정정숙에 의해 우리말로 번역 출간된 일이 있고(Jaarsma, 1983), 신학자 조봉근(2013)이 신학자 바빙크와 벌코프와 반 틸의 교육사상을 비교하는 논문에서, 앞서 소개된 야스마의 연구를 기초로 바빙크의 교육사상을 간단하게 정리한 일이 있다. 그러나 우리나라 기독교교육학자에 의한, 제대로 된 연구논문은 지금까지 발표되지 않았고, 특히 바빙크의 교육학 저서들이 직접 검토된 일은 없다.

따라서 필자는 바빙크가 한국장로교회의 개혁신학 기초 확립과 논의에 상당한 영향을 주고 있고, 동시에 그가 네덜란드 개혁교육학 정립과 기독교 학교운동에서 상당한 영향을 미쳤던 사실에 근거하여 이 장에서 그의 기독교교육사상의 기초적 문제들을 검토해 보는 일이 우리나라 기독교교육연구의 기초적 논의에 기여할 것이라고 본다.

바빙크는 신학, 철학, 심리학, 교육학 등 넓은 학문적 관심을 보였던 학자였으므로 그의 기독교교육사상 전체를 다루는 일을 위해서는 이 논문의 분량이 충분하지 못하다고 본다. 그래서 이 장을 바빙크의 기독교교육사상에 대한 본격적 연구의 출발 단계로서, 그의 생애와 그의 교육 및 교육학에 대한 개념들을 논의하는 일에 한정하고자 한다.

1) 헤르만 바빙크의 생애

헤르만 바빙크(Herman Bavinck, 1854-1921)는 1854년 12월 13일, 네덜란드 드렌터주 호허페인(Hoogeveen)에서, 국가교회(Hervormde Kerk)로부터 분리해 나온 기독교개혁교회(Christelijke Gereformeerde Kerken) 목사 얀 바빙크(Jan Bavinck)의 7자녀 중 둘째로,[5] 아들로는 장남으로 태어났다. 헤르만이라는 이름은 그의 조부의 이름을 따른 이름이었다.

헤르만 바빙크의 아버지 얀 바빙크는 학구적이면서도 아주 겸손한 성품의 목사였다. 분리(Afscheiding)파 교단이 캄펀(Kampen)에 신학대학교를 설립하고 판 펠전 등 다른 선배 목사들과 함께 그를 교수로 임명하였으나 그는 교단의 교수직 임명을 사양하였고, 후에 판 펠전의 후임으로 암스테르담 교회의 청빙을 받았으나 또 다시 사양하고는 지방의 교회청빙을 수락했을 정도이다. 이러한 성격은 헤르만 바빙크에게 이어졌다.[6] 반면, 어머니 헤시나 막달레나 홀란트(Gesina Magdalena Holland)는 활달하고 추진력이 강하며 의지가 굳은 여성이었다. 얀과 헤시나는 당시대 세속화되었던 신앙과 문화에 반대하고 경건하고 엄격한 신앙생활을 고수하는 사람들이었다.

헤르만 바빙크는 어린 시절 아버지가 목회하였던 분스호턴(Bunschoten)과 알름케르크(Almkerk)에서 학교교육을 받았다. 일곱 살 때 진학했던 알름케르크의 하셀만학교(Hasselman Instituut)에서 교리문답과 헬라어 및 라틴어를 배웠다. 비록 소심하며 내성적인 성격이었지만 아주 뛰어난 학구적인 능력을 드러내어 조기 졸업하였다. 1871년부터 3년간은 즈볼러(Zwolle)의 김나지움에서 교육 받았으며, 이곳에서도 학구적 탁월성을 보여 교육과정을 1

---

5. C. Jaarsma, 『헤르만 바빙크의 기독교교육철학』, 20.
6. 류해무, 『헤르만 바빙크: 보편성을 추구한 신학자』 (서울: 살림, 2007), 29.

년 단축해 졸업했고, 라틴어와 프랑스어와 네덜란드어에서 최우수상을 받았다. 바빙크는 김나지움에서 공부하는 동안 신앙을 고백하고 입교했다.

김나지움을 졸업한 후 바빙크는 학구적 관심에서, 당시 근대학문적 관점에서 신학을 연구하고 강의하던 스홀턴, 쿠우넌, 란트 등의 교수들이 있던 레이던대학교(Leiden Universiteit)로 진학하려 했다.[7] 그러나 1873년, 캄펀신학대학교 교수직을 사양한 후 20년 후에야 캄펀교회의 청빙은 받아들였던 아버지 얀은 레이던대학교의 신학적 자유주의 입장을 우려하여 헤르만이 개혁, 보수신학입장을 대표하던 캄펀신학대학교에서 공부하기를 원했다.

그러나 헤르만 바빙크는 부모와 캄펀신학대학교 교수들, 그리고 교회의 깊은 우려와 반대에도 불구하고, 그래서 잠시 대안으로 중도적인 경향의 유트레흐트대학교도 고려했으나, 결국 20세가 되었던 1874년, 신학적 자유주의로 유명했던 '사자굴' 레이던대학교에 진학했다. 당시 캄펀신학대학교의 브럼멀캄프 교수는 헤르만의 아버지 얀 목사에게, "그대는 아들을 사자 굴에 내치는 꼴이요"라고 말했다.[8]

레이던대학교에서 헤르만 바빙크은 프랑스어, 영어, 독일어 문헌들을 읽었고, 고급수준의 헬라어, 히브리어, 그리고 아랍어를 공부했으며, 근대문화와 근대 실증주의 학문방법, 그리고 그 영향을 받았던 자유주의신학에 대하여 폭넓고 깊은 공부를 했다. 바빙크는 레이던대학교 교수들을 존경하였고 그들의 학문방법을 높게 평가하였다. 그러나 부모와 캄펀신학대학교 교수들의 처음 걱정과 달리 레이던대학교 교수들의 신학적 자유주의 입장을 받아들이지는 않았고, 보수적인 개혁신앙을 흔들림 없이 유지하였다. 1876년 레

---

7. L. Van der Zweep, *De Paedagogiek van Bavinck* (Kampen: J. H. Kok, 1935), 10.
8. 류해무. 『헤르만 바빙크: 보편성을 추구한 신학자』, 43.

이던대학교에서 그는 신학 예과 종합시험을 최우등으로 통과했다. 그는 분리파 교단 목사로 일하고 싶었으므로 캄펀신학대학교의 동일과정 시험에도 응시하여 통과하였으며, 목사후보생 종합시험도 우등으로 통과하였다.

바빙크는 1879년, 레이던대학교의 종합시험과 '슐라이어마허가 성경해석에 끼친 영향'이라는 제목의 논문을 제출하고 신학석사과정을 우등으로 통과했다. 바빙크는 유럽의 여러 대학에서 더 공부하고 싶었으나 그 계획이 좌절되자 곧 이어 스홀턴과 쿠우넌의 지도를 받으며 '울리히 츠빙글리의 윤리학'를 주제로 박사논문을 작성하여 제출했다. 박사논문에서 바빙크는 귀납적이고 실증적인 방법으로 자료를 철저하게 분석하여 논의하면서도 그 결과들을 다른 종교개혁자들의 주장과 비교하면서, 결론적으로는 도덕적인 이상을 더 강조하였다.

근대적 접근의 실증적인 연구에도 불구하고 기대되던 결론을 비켜 간 헤르만 바빙크의 결론에 대하여 지도교수 및 심사위원들은 비판했지만 논문의 탁월한 학문성을 칭찬하고 신학박사학위 청구논문을 승인했다. 바빙크의 논문에 대한 보고서는 논문이 엄정한 객관성, 학문적 방법, 이론적 주장 등 현대 학문적 요구를 잘 충족시켰다고 평가했다.[9] 헤르만 바빙크에 대한 우등상 수여에 정부의 반대 의견이 있었음에도 불구하고 레이던대학교 교수들은 그에게 예외적으로 우등상을 수여했다.[10] 분리파 교회 잡지였던 '자유교회'는 헤르만 바빙크의 논문에 대하여 "바빙크의 천재성을 숭배하지 말라"는 경고를 덧붙여 격찬했다.[11]

---

9. L. Van der Zweep, *De Paedagogiek van Bavinck*, 11.
10. C. Jaarsma, 『헤르만 바빙크의 기독교교육철학』, 26.
11. 류해무, 『헤르만 바빙크: 보편성을 추구한 신학자』, 40.

바빙크는 일기장에서 종종 "그리스도의 합당한 제자"가 되고 싶다는 열망을 표현해왔다.[12] 그래서 그는 박사학위를 받은 후 캄펀신학대학교의 신학 졸업시험에도 응시하여 통과하였다. 캄펀신학대학교에서 그는 레이던대학교를 졸업하였으므로 심사관들로부터 철저한 신학검증을 받아야 했다. 그는 심사관들 앞에서 자신이 비록 레이던대학교에서 교육 받았으나 철저한 보수적 신학입장을 가지고 있다는 점을 증명해보이려고 노력했다. 결국 모든 시험관들이 바빙크의 신학적 입장을 신뢰하게 되었으며, 그의 학문적 탁월성을 인정하였다.[13] 헤르만 바빙크에게 있어서 철저한 학문성과 정통신앙은 상호 대립이 아니라 통합될 수 있는 것이었다.

바빙크는 1880년 프리스란트주 프라네커(Franeker)교회에 임직하여 목회의 실천문제들을 경험했다. 거기서 그는 여성 교인들이 많은 성경구절들을 암송하고 있는 것에 자극받아 성경 연구를 심화하였다. 1882년에 더 좋은 조건의 암스테르담교회로부터 청빙 받았으나 사양하였다.

바빙크는 박사학위취득 직전인 1879년 아브라함 카이퍼로부터, 개교 예정이었던 자유대학교(Vrije Universiteit)의 고대 근동언어학 교수직 제안을 받고 수락하여 절차를 진행하였으나 도중에 철회한 일이 있었고, 1882년 다시 자유대학교 신약학교수 제안을 받았으나 사양하였다. 그리고 그는 레이던대학교에서 나온 진보적인 학자들이 설립했던 독립대학교의 청빙도 사양했다. 헤르만이 자유대학교와 독립대학교의 교수직 초빙제안을 사양했던 것은 학문과 명망보다 교회에 대한 사랑과, 교회를 위한 신학교육의 열망 때문

---

12. 류해무. 『헤르만 바빙크: 보편성을 추구한 신학자』, 40.
13. C. Jaarsma, 『헤르만 바빙크의 기독교교육철학』, 27.

이었고, 그 이유로 그는 캄펀신학대학교의 청빙을 기다렸다.[14] 1882년 8월, 교단총회는 마침내 바빙크를 캄펀신학대학교 교수로 임명하였고, 이사회는 그에게 교의학과, 신학의 기초예과인 윤리학과 철학을 맡겼다.

헤르만 바빙크는 1883년 1월, '신학의 학문성'이라는 제목으로 교수취임 강의를 했다. 그는 신학을 일반 근대학문의 카테고리로 규정하는 것을 비판하면서 비록 신학이 학문적 논의를 통해 확립되지만, 성경이 신학과 인식의 원천이며, 신학은 중생된 사람의 새로운 삶, 신앙의 열매, 성령의 선물이라고 주장했다.[15] 바빙크는 신학의 학문성도 동시에 강조함으로써 고백적이고 실천적인 캄펀신학대학교의 신학을 학문적인 수준으로 끌어올렸다는 평가를 받았다.[16] 그는 역사적 연구방법으로 고전적인 개혁신학, 철학사, 그리고 당시대의 신학을 논의하면서 교의학과 윤리학을 정립하였고, 그 연구는 이후 점진적으로 출간된 4권의 교의학총서 『개혁교의학』으로 정리되었다.

바빙크는 캄펀신학대학교에서 20년간 가르쳤다. 그 동안 총회정책을 위한 신학적 논의에도 적극적으로 참여하였다. 그는 공교회에 기초한 신념에서, 교회개혁투쟁 결과 두 번째로 국가교회에서 분리되어 나온 카이퍼의 애통(Doleantie)파 교단과, 이미 분리되어 나왔던 자신이 속한 분리(Afscheiding)파 교단(기독개혁교회)의 교회연합을 위한 노력에 특히 적극적이었다.

1892년 교단합동(네덜란드개혁교회) 이후에는 자신의 캄펀신학대학교와, 카이퍼가 세웠던 자유대학교 신학부의 통합 시도에도 적극적이었다. 그는

---

14. 류해무, 『헤르만 바빙크: 보편성을 추구한 신학자』, 42,47.
15. 류해무, 『헤르만 바빙크: 보편성을 추구한 신학자』, 54.
16. C. Jaarsma, 『헤르만 바빙크의 기독교교육철학』, 28-29.

학문으로서의 신학을 타학문으로부터의 고립이 아니라 다른 학문들과 유기적 관계 안에 있게 해야 한다는 카이퍼 측과, 신학교육은 목사양성이 목표이므로 교회와의 공적 관계 안에서 교회의 감독을 받아야 한다는 분리 측의 주장을 통합하려는 중재 노력에 10년 동안 심혈을 기울였다. 그러나 결국 통합은 좌절되었고, 그는 양편 모두의 오해를 받았고, 특히 캄펀신학대학교 교수들은 그에게 강한 불신감을 보였다.

카이퍼가 수상이 되면서 카이퍼는 자신의 빈자리를 위해 헤르만 바빙크에게, 이제까지 네 번째로 교수직을 제안하였고,[17] 바빙크는 마침내 카이퍼의 제안을 수락하여 자유대학교로 옮겼다. 그는 1901년 12월부터 자유대학교 신학부에서 가르치기 시작했으나 줄곧 신학부 내에서 고립적인 태도를 견지했다. 결과적으로 그는 신학교수들과 신학생들로부터 큰 주목을 받지 못했고, 또 교단 내에서의 영향력도 크게 약화되었다.

그러나 자유대학교에 있는 동안 일반학문과 국가사회에 대한 관심은 크게 확장되었다. 1904년 바빙크는 친구에게 자신의 관심사가 이제는 교의학에서 철학으로, 철학에서 삶의 실제적 필요문제로 옮겨간다고 편지하였다.[18] 류해무의 평가처럼, 그는 '보편성을 추구한 신학자'였다.[19] 그는 기독교인과 교회가 세상과의 분리와 고립을 선택해서는 안 되며, 신앙과 학문의 통합, 경건과 세상에서의 삶의 균형과 통합을 추구해야 한다고 보았다. 그가 적극적으로 교육과 사회, 정치에도 참여하여 네덜란드를 기독교적 국가로 개혁해 가려 했다는 점에서 모교 출신 선배들인 신칼빈주의자 흐룬 판 프린스터러

---

17. C. Jaarsma, 『헤르만 바빙크의 기독교교육철학』, 30.
18. C. Jaarsma, 『헤르만 바빙크의 기독교교육철학』, 30.
19. 류해무. 『헤르만 바빙크: 보편성을 추구한 신학자』, 111.

와 아브라함 카이퍼와 이상을 공유하였다고 할 수 있다.

바빙크는 자신의 연구의 관심을 더 이상 신학과 교회의 한계 내에 두지 않고, 기독교적 관점에서의 교육, 학교, 철학, 심리, 정치, 국가, 세계로 확장하였다. 그는 1906년 네덜란드 왕립학술원 회원이 되었고, 국제적인 강연가로서 다양한 주제로 여러 나라에서 활발하게 강연활동을 했다.

바빙크는 신학과 철학과 윤리학 분야의 저술 외에도, 심리학 교과서이며 지각과 본성을 깊이 다룬『심리학 원리(De beginselen der psychologie)』(1897), 교육학의 기초 문제와 목적, 결과와 방법을 논의한『교육원리(Paedagogische beginselen)』(1904), 가정의 신학적 해설서인『기독교 가정(Het Christelijk huisgezin)』(1908), 기초교리의 교육서인『기독교 종교교육지침서(Handleiding bij het onderwijs in den Christelijken godsdienst)』(1913), 청소년교육의 역사와 과제를 논의한 저서인『청소년교육(De opvoeding der rijpere jeugd)』(1916), 교육에 적용되는 새로운 심리학적 접근들을 논의한『새교육(De nieuw opvoeding)』(1917), 교사들을 위한 성경적 심리학을 논의한『성경적 종교적 심리학(Bijbelsche en religieuse psychologie)』(1920) 등 교육학 및 심리학 저술들을 남겼다. 바빙크는 대표적인 신학저서『개혁교의학』에서도 신학문제의 논의과정에 심리학과 교육학 영역의 문제들을 연결시켰고, 그의 특별한 관심은 심리학과 교육학 분야의 학술서 출간으로 이어졌다.[20] 그는 기독교학문은 잘못된 이론들과 싸울 뿐만 아니라 자체의 원리로 학문의 개혁을 시도해야 한다고 확신했다.『심리학 원리』는 네덜란드에서 출간된 첫 번째 심리학 학술서로 평가받는다.[21]

---

20. L. Van der Zweep, *De Paedagogiek van Bavinck*, 15.
21. L. Van der Zweep, *De Paedagogiek van Bavinck*, 14.

특히 근대 기독교사립학교운동에서 그의 역할은 두드러졌다. 1906년 기독교학교연맹을 조직하고 의장에 선출되었고, 기독교교육학회의 회장직을 수행하기도 했다. 1911년 이후 네덜란드 상원의원으로서 정부의 교육법 개정과 교육정책에 적극적으로 참여하여 초등과 중등 기독교사립학교의 법제적 확립에 크게 기여하였다. 그의 공헌을 기초로 네덜란드의 많은 기독교학교들이 헤르만바빙크학교(De Herman Bavinck School)로 일컬어지기도 한다.[22]

바빙크는 1919년 국가교육자문위원회 의장으로, 이 위원회의 초등유아동위원회 위원장으로 일했다. 교육부장관의 유력한 후보였지만 결국 임명에까지 이르지는 못했다. 1921년 바빙크는 갑작스러운 심장마비로 투병하다가 회복되지 못하고 그해 7월 29일 임종했다. 노년에 그는 한 학생으로부터 "죽음을 두려워합니까?" 라는 질문을 받고 이렇게 대답하였다: "나의 교의학은 내게 아무런 유익을 주지 못하고 나의 지식도 역시 아무 도움을 주지 못한다. 그러나 내게는 신앙이 있으며 이 신앙이야말로 내가 가진 모든 것이다."[23]

2) 교육의 필요성과 개념

헤르만 바빙크는 교육과 교육학에 대한 그의 생각을 그의 저서 『교육원리(Paedagogische beginselen)』(1904)에서 치밀하게 논의하였다. 따라서 그의 『교육원리』로부터 교육 및 교육학에 대한 그의 이해 및 주장들을 분석하며 논의해보자.

---

22. C. Jaarsma, 『헤르만 바빙크의 기독교교육철학』, 32.
23. C. Jaarsma, 『헤르만 바빙크의 기독교교육철학』, 34.

(1) 교육이 필요한 인간

바빙크는 교육은 인간됨을 위해 필연적으로 요청되는 활동으로 보았다. 비록 당시대에 유명했던 쇼펜하우어와 다윈이 인간과 동물의 근본적 차별성보다 유사성에 더 주목하도록 만들고 있음을 그는 잘 알고 있었지만, 그는 교육의 필연성을 명확하게 드러내기 위해 인간 외의 존재들인 동물과 식물, 그리고 천사와 인간을 비교하면서 인간의 존재적 독특성을 논증하였다.

바빙크는 교육의 필연성을 요청하는 인간의 존재적 특성을 논의하기 위해 먼저 소극적인 관점에서 유아동의 상태와 공동체의 조건에 주목했다.

첫째, 인간은 출생과 초기 성장과정에서 볼 때 다른 존재들에 비하여 아주 무력한 존재이다. 동물은 출산직후 오래지 않아 걷거나 뛰고, 생존을 위해 곧 독립할 수 있는 존재이나 인간은 영유아 상태로 버려두면 결코 생존하기 어려운, 그래서 성인의 돌봄에 완전히 의존된 상태에서 상당히 긴 세월을 보낸다. 인간은 긴 세월, 자립적인 삶을 위한 능력을 구비해 가야 하는 존재이다.

둘째, 인간이 공동체 안에서 자립적인 존재로 성장하는 것이 '하나님의 뜻'이기도 하다.[24] 그래서 공동체는 유아동의 무력함에 대하여 본성적으로 각별한 돌봄이라는 윤리적 의식과 반응을 보인다. 인류는 '유기적 전체'를[25] 이루고 있고, 유아동은 출생 직후부터 공동체의 구성원으로 수용되며, 공동체 안에서의 상호활동을 통해 성장하면서 지각과 지혜가 각성되어 성인이 된다.

위의 두 가지 조건의 배경에서 유아동은, 적극적인 관점에서의 인간됨을 위해, 발달과정에서 교육적 도움을 절실하게 요청하는 존재이다. 인간은 교

---

24. H. Bavinck, *Paedagogische beginselen* (Kampen: J. H. Kok, 1904), 9.
25. H. Bavinck, *Paedagogische beginselen*, 9.

육을 요청받는 존재라는 점에서 다른 존재와 구별된다.

바빙크에 따르면 천사는 원래부터 유아동기가 없는 성인 상태의 존재이고, 동물은 성장하는 존재이지만, 이미 결정된 자연적 발달법칙에 완전히 종속된 존재이다.[26] 동물에게도 부모의 가르침이 있으나 그것은 '훈련'이며, 유아기 '훈련' 과정이 있다고 하더라도 아주 짧고, 새끼에 대한 돌봄과 훈련에 필요한 어미의 애착기간도 아주 짧다. 식물도 성장하지만 그 성장은 자연적으로 일어나는 현상이고, 식물의 성장을 위한 노력은 자연법칙에 따른 '재배'일 뿐이다.

그러나 인간은 영적, 지적, 도덕적 본성을 가지고 있고, 하나님의 나라의 구성원이며, 도덕법에 종속되어 있다는 점에서 천사와 유사성을 공유한다. 그러나 출생한 후 성장, 발달하는 존재라는 점에서, 그리고 특히 영적, 지적, 도덕적 본성의 성장 발달을 위해 필연적으로 '교육'을 요청받는 존재라는 점에서 천사와는 뚜렷한 존재적 차별성이 있다. 인간은 동식물처럼 자연적인 법칙에 따라 성장, 발달하는 존재이기는 하지만 '백지(tabula rasa)'가 아니라, 인간이 이미 가지고 있는 인간으로서의 고유한 본성인 심리적, 지적, 영적 특성의 발달을 이루어야 할 도덕적 존재이므로 필연적으로 '교육'을 요청받는 존재라는 점에서 동식물과는 존재적 차별성이 있다.[27]

유아동도 인간이므로 인간으로서의 존재적 본성과 잠재능력을 가지고 있어 교육이 가능하고, 동시에 유아동은 성숙한 인간이 되어야 하므로 교육을 필요로 하는 존재이다. 그래서 바빙크는 "교육은 필요하면서 동시에 가능하다. 인간은 교육의 필요성을 갖는 동시에 교육하는 것이 가능하다"고

---

26. H. Bavinck, *Paedagogische beginselen*, 10-11.
27. H. Bavinck, *Paedagogische beginselen*, 11.

단정하였다.[28]

(2) 교육의 개념

바빙크는 교육의 개념을 광의적, 그리고 협의적 개념으로 정리하였다. 먼저 광의적 의미를 정리하기 위해 바빙크는 인간의 구조에 근거하여, 키움(voeding)과 양육으로서의 교육(opvoeding)을 구별하였다. 그는, 인간은 육체와 영혼으로 이루어져 있으므로 유아동을 위해서라면 신체적인 돌봄과 심리적인 돌봄의 이중적 돌봄이 필요하다고 보았다. 먼저, 육체의 생존과 성장을 위한 돌봄을 그는 키움으로 정의하였다. 그에 따르면 인간의 육체는 땅(세계)에 관련된 인간의 존재본성이어서 하나님이 창조하신 생활 공동 자원의 보고인 땅으로부터 의식주에 필요한 모든 것을 얻으며 살아간다. 바빙크는 "우리 하나님은 하늘에 계시지만 그 분은 인간 자녀들에게 땅을 주셨다"고 표현함으로써 일반적인 이원론 사상과 달리 육체나 세계(땅)를 부정적 의미로 보지 않았다.[29]

바빙크는, 인간이 또한 영혼으로 이루어져 있어 영혼을 위한 돌봄도 필요하며, 그 영혼을 위한 돌봄이 곧 양육으로서의 교육이라고 정의하였다. 교육은 심리적, 지적, 도덕적 존재로서의 인간, 곧 영혼을 위한 적극적인 돌봄 활동이다. 교육이 인간 영혼을 육성한다는 의미에서 교육은 키움보다 더 적극적인 중요성을 갖는다고 볼 수 있다.

그럼에도 불구하고 바빙크에 따르면, 마치 인간의 육체와 영혼이 나뉘어 존재하는 것이 아니라 서로 나란히 존재하되, 영혼이 육체 안에 깊숙하게 깃

---

28. H. Bavinck, *Paedagogische beginselen*, 12.
29. H. Bavinck, *Paedagogische beginselen*, 12.

들어 존재하면서 육체를 살게 하는 것처럼, 키움과 교육(양육)은 서로 의존적이다. 키움은 심리적 활동을 위해서도 필요하고 교육(양육)은 신체에까지 영향을 주면서 양자 모두 전인적 인간의 생존과 성장을 도모하는 매개활동이 된다. 바빙크는 이 특성에 대하여 "키움과 교육(양육)은 서로 불가분리적이다. 키움이 없으면 육체적 인간이 죽고, 교육(양육)이 없으면 영적 의미에서 인간은 죽는다."고 말했다.[30]

그러나 육체적 생존과 성장을 넘어 인간됨은 영혼의 활동이므로 교육(양육)은 키움보다 더 중요한 의미를 가진다. 교육 없이는 인간다움, 이상적이고 성숙한 인간됨이 불가능하기 때문이다. 그래서 바빙크는, 교육은 정말 불가피한 활동이며, 인간의 '영적, 지적, 도덕적인 웰빙'을 위한 필수불가결한 조건이라고 주장했다.[31] 반면, 교육받지 않고 살아가는 인간은 자신에게 저주이고, 가족에게 수치이며, 사회에 돌부리이고, 하나님께는 불경건이라고 단정함으로써 교육 없는 인간은 인간다움의 부재를 넘어 죄악 지향성을 갖는다고 보았다.

바빙크에 따르면 키움이 자연의 도움으로 인간의 육체를 돌보듯, 교육(양육)은 사회 공동체의 보고인 문화로부터 인간의 영혼을 적극적으로 돌본다. 인간과 사회를 통한 교육 활동의 내용인 문화에는 자연과 환경, 가족과 교회와 국가, 직업과 지위, 언어와 행위 등 다양한 요소들이 있고, 이러한 것들이 유아동을 특정 방향으로 몰아간다. 이러한 것들 중에는 의식적이고 명확하게 드러나는 요인들도 있지만 무의식적이며 숨겨진 것들도 있다. 결국 교육(양육)은 사회 안에서 이루어지는 문화에의 적응 및 문화적 형성을 위한 활

---

30. H. Bavinck, *Paedagogische beginselen*, 12.
31. H. Bavinck, *Paedagogische beginselen*, 13.

동인 셈이다.

더 나아가 바빙크는 교육의 개념을 협의적, 곧 좀 더 학문적인 방법으로 분석했다.[32] 그는 그리스어 teknogonia, 라틴어 educare, 독일어 ziehen과 aufziehen, 그리고 네덜란드어 opvoeden의 공통적인 의미특성을 근거로, 교육은 유아동을 더 위로 끌어올리거나 인도하는 것이라는 의미를 가진 단어라고 보았다. 이 단어는 처음에는 가정이라는 맥락에서 유아동의 생활과 복지를 지향하는 부모 편에서의 활동을 뜻했으며, 일반적으로 육체적 생명 보존을 목표했으나 점진적으로 도덕적이고 영적인 특성으로 나아갔다고 보았다.

교육이 유치함과 조잡스러움에서 점진적으로 유아동을 성숙함, 도덕적 자유, 영적 자립성으로 끌어올리려는 인도와 형성의 활동으로 간주되면서, 교육의 의미는 성격상 도덕적이고 영적이며, 기능상 더욱 의식적, 의도적, 계획적 활동이 되었다. 그래서 바빙크는 교육은 시간이 흐르면서 "기예(技藝, kunst), 인격적이고 의식적이며 계획적이고 도덕적인 활동"이 되었다고 말했다.[33] 그리고 교육이 의도적인 성격의 활동이라는 의미가 확립되면서 점차 가정에서 학교로, 곧 부모로부터 교사로 그 중요성이 이동하였다고 진단했다.

바빙크는 가정교육과 학교교육은 상당한 차이가 있다고 보았다. 그는 가정에서의 양육적 교육(opvoeding)과 학교에서의 지적 교육(onderwijs)을 구별하였다. 가정교육에서 부모는 거의 본능적으로, 그리고 생물학적이고 심리적인 유대감에 근거한 깊은 사랑으로 자녀의 신체적 성장과 건강 유지와 건강한 습관형성을 위해 고심하며, 자녀가 선하고 유능한 성인이 되도록 의

---

32. H. Bavinck, *Paedagogische beginselen*, 14.
33. H. Bavinck, *Paedagogische beginselen*, 15.

식적, 인격적, 윤리적 성격의 양육을 시도한다. 그래서 부모의 가정교육은 다른 어떤 것으로도 대체될 수 없을 정도로 영향력이 크다. 비록 부모의 교육활동이 체계적이지 않고, 부모가 설사 교육학을 공부하지 않았다고 해도, 부모는 경험을 통해 자녀에게 정말 좋은 교육을 제공하며 그 결과는 종종 교육전문가의 교육결과를 능가하는 경우도 있다고 했다.

학교교육에서 교사는 여전히 유아동을 교육한다는 맥락에서는 부모와 연속선에 있으나 부모보다 더욱 계획적인 방식으로, 부모들과는 다른 성격의 관계에서 그리고 다른 성격의 사랑으로, 부모가 충분히 제공할 수 없는 것들을 가르친다. 특히 학교교육은 지적 능력 형성에 주목하여 지식을 가르치고, 또한 연습을 통해 관찰력, 이해력, 논리력 등 지적 능력을 발달시키려 한다.

따라서 바빙크는 가정과 학교, 양육적 교육과 지적 교육은 기능상 분명히 구별되지만 범위에 있어 모두 교육(opvoeding)이다.[34] 상호 위상에 있어서는 학교에서 교사에 의해 제공되는 교육(onderwijs)도 양육적 교육(opvoeding)의 중요한 한 부분이라고 정리하였다. 바빙크는 학교의 교사는 가정의 부모보다 교육활동에서 더욱 계획적인 방식으로 접근한다고 양자를 구별하였으나 학교교육을 가정으로부터 독립시키려는 것이 아니라 가정교육과 연속선을 유지하면서 더 특화된 기능으로 간주하였다.

3) 교육학의 학문적 특성

(1) 교육학의 학문성

바빙크는 교육은 교육학이 창출한 것이 아니라 고대로부터 있어온 인간

---

34. H. Bavinck, *Paedagogische beginselen*, 16.

활동이며, 교육에 대한 논의도 고대로부터 학문의 중요한 관심사여서 교육학은 철학에 뿌리를 두고 있다고 보았다. 그러나 근대 사회에서 아동을 위한 보편교육이 빠르게 확립되고 교육의 중요성이 부각되면서 교육의 원리에 대한 반성 및 교육현상의 경험적 분석을 위한 근대 학문적 필요가 커져 독립학문으로의 분화가 이루어졌다고 보았다.

바빙크는 교육에 대한 학문적 탐구인 교육학이 중요하고도 가치 있는 학문인 세 가지 이유를 들었다. 첫째, 모든 교육활동은 일상적이든 계획적이든 공동체 안에서 종교적, 도덕적 원리에 기초하여 실행되고 있고, 그 원리들은 그 사회 안에서 특별한 의미를 가지고 있고, 광범위한 경험적 지식 위에 구축되어 있기 때문이다.

둘째, 교육을 위한 실천은 이론과 분리될 수 없기 때문이다. 교육이 교육학의 열매는 아니지만 교육은 교육학으로부터 많은 유익을 얻는데, 구체적으로 교육학은 교육의 목적을 명료하게 하고, 효과적인 도구와 방법을 제안하며, 특히 잘못된 원리와 방법이 초래할 수 있는 결과를 보여주기 때문이다.

셋째, 교육학은 교육을 의식적인 활동으로 만들어준다. 의식하는 활동은 인간의 존귀함과 영광에 속하는 활동이며, 교육에 대한 의식 활동을 통해 교육원리, 곧 목적과 방법이 명료해지며, 교육은 헌신적이고 보람 있는 목적 지향적 활동이 된다. 바빙크는 "인간의 교육은 하나님이 인간에게 위탁하신 무겁고도 영광스러운 활동 중 하나"[35]라고 표현함으로써 교육의 원리를 해명하는 학문인 교육학은 자체만으로도 충분히 중요하고 가치 있는 학문이라고 보았다.

바빙크는 독립학문으로서의 교육학의 이론적 구성작업에 다음의 몇 가지

---

35. H. Bavinck, *Paedagogische beginselen*, 18.

의 차원 혹은 특성이 고려되어야 한다고 주장하였다. 첫째, 교육은 세계관의 형성과정이며, 동시에 교육이론도 세계관에 따라 해석되어 구성되는 것이므로 세계관과 인생관의 방향과 가치를 결정지우는 종교적, 도덕적 확신들을 고려해야 한다. 바빙크는, 교육은 '중립지대(neutrale zone)'에 존재하는 것이 아니라고 단언한다.[36] 하나님과 세계, 인생과 역사, 인간의 기원과 존재와 목적 등은 교육과 교육학에서 다양한 차이의 원인이 된다. 따라서 종교, 윤리, 철학, 심리학 등이 교육학의 이론구성 작업에 주요한 기초학문이 된다고 보았다.

둘째, 근대학문으로서 교육학은 실증적 방법에 집착하여, 신학과 철학과 역사 등으로부터는 점차 거리를 두고, 그 대신 경험적, 과학적, 생리심리학적, 실험교육학적 기초에 정초하려 하였다. 교육학은 이러한 근대과학들과 더불어 이론작업을 해야 한다. 왜냐하면 인간은 구체적인 존재이고, 교육활동도 행동으로 표현되는 구체적인 현상이기 때문이다. 유아동은 다양한 잠재능력을 가지고 성장 발달하는 신체-심리적 존재이므로 인간의 육체적 존재성의 다양한 구조와 국면들을 엄밀하게 탐구하는 학문들인 생물학, 생리학, 심리학 등을 보조학문으로 삼아 이론구성작업에서 도움을 얻어야 한다.

셋째, 인간은 육체와 영혼이 통합된 존재이고, 교육도 구체적인 유아동을 성숙한 수준으로 이끌어 올리는 규범적, 목적론적, 구성적인 활동이므로 성격상 복합적이다. 따라서 교육학을 엄밀한 현상 관찰로부터 얻은 경험적 자료로만 구성하려는 것은 불충분하므로 교육의 목적 설정에 밀접하게 연결된 세계관과 이상을 논의하는, 신학과 철학과 역사적 유산을 함께 고려해야 한다. 그래서 교육학은 두 방법론, 곧 관찰과 숙고, 분석과 종합, 귀납적인 방법

---

36. H. Bavinck, *Paedagogische beginselen*, 18.

과 연역적인 방법을 함께 활용하는 학문이어야 한다.

넷째, 유아동은 개인적 존재일 뿐만 아니라 사회적 존재이기도 하다. 유아동은 공동체 안에서 출생하여 성장, 성숙해가므로 독립적인 동시에 의존적인 존재이다. 바빙크는 사회는 개인들의 공동 삶의 결과인 동시에 개인의 삶을 한정하므로 사회는 인성의 조건이 된다고 보았다.[37] 따라서 교육학은 사회학과 역사학의 도움을 받으며 넓은 지평에서의 경험을 참조해야 한다고 보았다.

종합하면, 독립학문으로서의 교육학은 그 자체의 내용을 한편으로는 종교와 윤리학, 신학과 철학으로부터, 또 다른 한편으로는 생리학과 심리학, 그리고 사회학으로부터 빌려온다.[38]

(2) 개혁교육학의 특성

바빙크는 현상학이나 포스트모던 인식론과 별개로, 그 사조들보다 훨씬 이전부터 발전된 개혁주의 기독교세계관의 관점에서, 학문이론의 인식론적 문제, 그리고 종교성의 문제를 잘 통찰하였다. 이러한 통찰은 19세기 레이던 대학교 출신이면서 칼빈 신학을 재발견하였던 흐룬 판 프린스터러, 아브라함 카이퍼, 헤르만 바빙크에게 공유되었던 사상이었다.

바빙크는 개인이든 공동체이든 각각 고유한 관점을 가지고 있으므로 개인과 사회의 교육은 그 개인과 사회의 특정 관점에 따라 해명될 수밖에 없다고 보았다. 특정 관점의 영향을 받지 않는 사실 해명과 이론구성이 불가능한 것은 교육현상을 관찰하면서 연구하는 개인 자신이 보편적 인간이 아니라

---

37. H. Bavinck, *Paedagogische beginselen*, 20.
38. H. Bavinck, *Paedagogische beginselen*, 21.

특정 개인, 곧 특정 시대와 조건, 특정 사고방식과 신념을 가진 개인이기 때문이다. 어떤 인간도 자신의 조건을 벗어버릴 수 없는 개인이며, 자신의 눈, 자신의 안경을 끼고 실재를 관찰하면서 그 사실에 의미를 부여한다는 것이다. 그래서 바빙크는 "소위 중립적이고, 편견이 없고, 객관적인 관찰이란 존재하지 않는다"고 단정하였다.[39]

이러한 학문적 인식론은 자연현상에 대한 관찰에서도 인정되는 것이라면, 인간과 인간성에 대한 현상 및 사건의 관찰에는 더 현저한 특성일 수밖에 없고, 특히 교육은 인간의 기원, 존재성 및 목적에 대한 관점에서 작동하는 것이므로 그 관점의 다양성에 따라 교육은 다양할 수밖에 없다고 보았다. 그래서 바빙크는 교육역사는 세계관의 다양성의 수만큼 다양한 시대의 교육 및 교육 사상가들의 교육이론이 어떻게 다양하게 실험되었는지 보여준다고 했다.[40]

교육학의 주된 관심사는 인간의 기원, 존재성, 목적이 무엇인가에 있고, 이러한 질문들에 대한 대답과 확신은 세계관에서 오며, 그 차이는 교육의 이론과 실천에 영향을 줄 수밖에 없다. 그래서 바빙크에 따르면, 교육학자는 특정 세계관에 따라 한편으로는 종교와 윤리, 신학과 철학으로부터, 또 다른 한편으로는 생리학과 심리학, 사회학으로부터 관련 자료들을 검토하면서 교육의 목적을 확립하고, 교육내용을 구성하고, 교육방법을 발견하고, 실험하고, 처방하고, 제안하는 역할을 하며, 그 작업은 일종의 기예이다.

기독교교육학 곧 기독교 교육이론의 구성과 교육 실천을 위해서라면 기독교세계관이 가장 중요한 구성 및 지도 원리가 된다. 특히 개혁신학자로서 바빙크는, 소극적 관점에서 표현할 때 기독교공동체는, 성경 밖에서는 인간

---

39. H. Bavinck, *Paedagogische beginselen*, 20.
40. H. Bavinck, *Paedagogische beginselen*, 21.

의 기원과 존재성과 목적에 대한 확실한 대답을 얻을 수 없다고 확신하고, 동시에 적극적인 관점에서 표현할 때, 자연과 세계, 인간과 인간성, 부모와 자녀, 가정과 사회에 대한 이해가 하나님의 말씀의 빛 아래에서 명료해지고, 성경의 해명은 진실하다고 믿는다고 주장했다.[41] 그는, 성경은 진리와 거짓을 밝혀주는 '빛(licht)'이며, 동시에 창조세계를 또렷하게 볼 수 있게 하는 '안경(bril)'이어서, 실제와 현상을 더 정확하게 관찰할 수 있게 해 준다고 확신했고, 그 원리는 교육현상에 대한 해명 및 교육이론 구성에서도 마찬가지였다.

바빙크에 따르면 기독교세계관에 따라 구성된 기독교교육학은 칸트, 헤겔, 루소 등 성경을 제대로 고려하지 않는 다른 어떤 교육사상가들의 사상보다, 부모와 자녀, 가족과 사회, 자연과 역사, 교육의 출발점과 목적과 방법에 대하여 더 정확한 설명을 제공한다. 그리고 기독교교육학과 인본주의 교육학은 서로 다른 신앙적 확신과 형이상학적 전제로부터 나오는 것이어서 상호 근본적인 차이를 가지고 있다고 보았다.

바빙크는 기독교교육학이 신앙적 확신과 형이상학적 전제를 성경으로부터 가져온다면, 인본주의 교육이론은 그 확신과 전제를 시대정신과 철학에서 가져온다고 진단하였다. 그래서 크라우트호프는 근대교육과 기독교교육 사이에는 날카로운 반립이 존재한다는 점을 바빙크는 명확하게 했다고 평가했다.[42] 더 나아가 바빙크는 인본주의 교육이론들은 시대정신과 철학, 개인적 의견의 물결에 따라 표류하여 왔고, 기독교교육학은 하나님의 말씀으로부터 명확하게 드러난 인간의 존재성과 목적에 따라 인간을 어떻게 인도해야 할

---

41. H. Bavinck, *Paedagogische beginselen*, 22-23.
42. B. Kruithof, *Zonde en deugd in domineesland: nederlandse protestanten en problemen van opvoeding zeventiende tot twintigste eeuw*, 213.

것인지 명확하게 말해왔다고 대조하여 말했다.[43]

4) 바빙크 교육학의 역사적 의의

바빙크의 전반적인 사상과 교육이론 전반이 아니라 이 글의 주제인 그의 생애, 교육 및 교육학 개념이해에 한정된 범위에서 그의 학문적, 역사적 기여를 논의해보면 다음과 같다.

첫째, 바빙크의 생애 및 교육, 학문여정에서 보여준 그의 관심사의 중핵은 학문성과 성경, 이 양자 각각에 대한 정당한 이해와 상호 조화, 혹은 통합 추구의 신념이었다. 바빙크는 근대 기독교(신)학자들이 종종 취했던 바, 이 둘 중 하나를 포기하는 것이 아니었다.[44] 레이던대학교는 성경에 대한 확신을 포기했다면 캄펀신학대학교는 학문성을 양보하였다. 바빙크가 두 대학교 모두를 선택한 것은 신학의 학문성 및 성경에 대한 확신을 모두 선택한 것과 같았다.

한편으로 그에게 있어서 학문성은 일반 이론적 해명을 뜻하는 것이어서 신학에만 좁게 한정되거나 다른 학문들로부터 단절되어 고립되는 것도 아니었다. 또 다른 한편으로 성경에 대한 그의 확신은 종교개혁자들의 신념을 그대로 계승한 것으로서, 성경은 인간의 이성을 초월하여 타락한 이성을 제대로 지도할 수 있는 진리의 빛이었고, 성경은 진리의 발견 및 이론적 해명작업인 학문을 위한 빛이었다. 바빙크가 보여준, 학문성 및 성경, 양자에 대한 정당한 이해 및 통합의 사상은 근대 자유주의 기독교사상 및 이원론적 복음주

---

43. H. Bavinck, *Paedagogische beginselen*, 23.
44. J. M. Praamsma, Het goede leven: verkenningen in het landschap van de christelijke pedagogiek, De Graaf, R. ed. *Bijzonder onderwijs:christelijk geloof in de dagelijkse praktijk van basis- en voortgezet onderwijs*, 27.

의의 극복이었다. 그러나 그의 사상이 양편 모두로부터 제대로 평가받았다는 말은 아니다. 물론 그의 사상은 개혁주의 신학 및 학문 공동체에서는 긍정적인 평가를 받았다.

둘째, 교육 및 교육학을 신학과 구별될 수도 있는, 독립적 연구 분야 및 활동으로 이해한 신학자였다는 점에서 개혁주의 학문의 성격을 확립하는 데 기여하였다. 복음주의신학자 혹은 복음주의적 개혁신학자들 중 많은 사람들이 중세기 학문도식에 따라 교육학을 신학의 하위분과이면서 적용과제만 가진 실천학문으로 여겨 이론 없는 방법적 기술로 간주하는 경우가 종종 있었다. 근대학문에 대한 불신으로 근대학문으로서의 교육학을 신학 및 교회활동에서 명확하게 배제하고 싶어 하는 개혁주의 신학자들도 있다.

그러나 개혁신학의 대표적인, 동시에 신학적 탁월성을 입증했던 바빙크는 신학의 성급한 적용이 아니라 교육과 교육학을 인간 및 교육의 본질로부터 해명하는 노력을 시도했고, 교육활동과 교육학의 정당성을 논의했다. 그는 신학만큼이나 교육학도 독립적인 학문적 정체성과 과제를 가진 학문이며, 대단히 가치 있고 절실한 학문이라는 점을 정당하게 해명하였다. 바빙크의 이러한 논의는 20세기 내내 기독교교육학을 신학의 범주 안에 두고 교회의 기독교종교교육으로 한정한 미국 기독교교육학의 이해를 넘어선다.

셋째, 바빙크는 기독교교육을 교회의 교육으로 한정하지 않고, 본질적으로 가정교육과 학교교육에서 논의했다는 것은 기독교교육학 역사에서 볼 때 발전적이다. 바빙크는 교회의 교리교육에 대한 책도 출간하였다. 그러나 본질적으로 교육이 관심을 가져야 하는 교육의 장은 가정과 학교라는 입장을 분명히 했다.

근대 일반교육학은 가정의 교육적 기능을 크게 약화시켰고, 현대(복음주의) 기독교교육학은 많은 경우 학교의 교육적 기능에 대한 관심을 상당부분

포기하였다. 복음주의자들에게 종종 가정과 학교는 복음화의 대상이었을 뿐이다. 부쉬넬은 가정교육에, 신정통주의 및 복음주의 기독교교육은 교회교육에 관심을 집중했다. 그러나 바빙크는 교육은 가정의 주요한 기능이며, 계획적이고 체계적인 교육전문기관인 학교교육으로 확장 및 심화되어야 한다고 보았다. 바빙크는 교육에 대한 이론적 탐구 작업으로 가정과 학교에서의 교육학을 적극적으로 다루었고, 실천적으로도 네덜란드 기독교학교운동의 지도자가 되어 기독교학교의 법적 정당성 확립을 위해 크게 기여했다.

넷째, 바빙크는 교육과 교육학에 대한 본질적 논의를 시도하면서 교육과 교육학을 기독교교육 내지 기독교교육학 되게 하는 것, 그리고 일반 교육논의에서 스스로 회피하여 나오는 것이 아니라 적극적으로 그 논의의 장에서 해결해 가야 할 문제를 세계관에서 찾았다는 점은 큰 기여였다. 메이어의 평가처럼, 바빙크는 교육사조에서 세계관을 규명해내었다.[45]

바빙크에게 기독교교육학 확립은 기독교교육실천에만 몰입하면서 교육에 대한 학문적 작업을 포기하는 것이 아니라 기독교세계관에 따라 학문적 작업을 시도하는 것을 뜻하였다. 그리고 바빙크는 기독교교사들로 하여금 일반교육의 이론들과 비교하여 기독교교육학의 차별성과 이론적 탁월성에 대한 신념을 갖게 했다는 점에서 크게 기여하였다.

바빙크는 신학이 아니라 포괄적인 맥락을 담고 있는 세계관으로 이론의 다양성의 배경을 논의함으로써 교육 내지 교육학 내에서의 기독교적 정당성 주장과 논의를 가능하게 했다. 기독교세계관에 대한 논의는 교육 및 학문에 대한 기독교적 개혁 작업의 과제인식, 기독교공동체의 교육기관 확립 작업에 크게 기여하였다. 이러한 관점은 21세기 포스트모던 시대정신에서도 그

---

45. W. A. J. Meijer, *Stromingen in de pedagogiek* (Baarn: HB Uitgevers, 2000), 14-15.

정당성이 재발견된 것이라고 볼 때, 바빙크의 관점은 당 시대의 교육과 교육학에 대한 자유주의 기독교적 대안과 복음주의 기독교적 대안을 넘어서는 정당한 방향의 대안으로 평가받을 수 있다.

바빙크는 교육학 이론 논의에서 기독교세계관 및 그 기초에서의 비평적 접근을 요구함으로써 기독교학교운동가들에게 학교교육의 이론적 과제수행의 필연성을 명확하게 드러내었고, 이후 기독교세계관철학에 근거한 교육철학 연구의 발전을 독려했다.

5) 나가면서

네덜란드 신학자 헤르만 바빙크는 자유주의신학과 배타적인 복음주의 신학의 극단이 아니라 신학의 학문작업에서 정통성과 학문성을 동시에 구현해 낸 학자로서 우리나라 장로교회 중 고신과 합동 계열 교단에서 거의 표준적인 개혁신학자로 인정받는 교의 신학자이다. 그의 연구 및 활동은 학문적 범위에서 개혁신학의 범위를 넘어 개혁교육학의 확립과 기독교학교운동의 발전에도 크게 기여했다. 교육과 교육학의 기초적 논의에서 보여준 그의 기여는 다음과 같다.

첫째, 바빙크는 신학의 학문적 정체성에만 관심과 학문적 의미를 한정하거나, 다른 모든 것을 신학에 환원시키는 것이 아니라, 기독교적 학문관에 기초하여 교육학과 심리학도 독립적인 학문으로 보았다. 특히 교육학의 학문적 중요성과 독특성을 인간과 학문과 공동체의 본질로부터 규명하는 적극적 과제를 수행하였다. 둘째, 기독교교육의 내용을 신앙에, 그리고 교육의 장을 교회에 한정하지 않고, 교육내용에 있어 인간과 사회와 학문과 자연과 문화를, 그리고 장에서 가정교육과 학교교육을 적극적으로 논의함으로써 기독교교육학이 수행해야할 정당한 과제의 범위를 제대로 규명하였다. 셋째, 기독교교육의 독특성은 기독교세계관에 있다는 것과, 교육이론들의 차이는 세계관에서 온다는 것을 제대로 간파하였고, 그 맥락에서 중립적 교육이란 불가능하므로 기독교공동체는 기독교학교 및 기독교교육학을 정립해야 한다는 이론적 작업의 정당성과 필연성을 명료하게 드러내었다. 그는 참교육이라는 관점에서 기독교학교와 기독교교육학이 지닌 탁월성에 대한 확신을 기독교공동체에 제공하였다.

참고문헌

류기철. 아브라함 카이퍼의 기독교교육사상의 기초.「복음과 교육」5, (2009), 32-54.

류해무.『헤르만 바빙크: 보편성을 추구한 신학자』(서울: 살림, 2007).

조봉근. 개혁신학자들의 교육사상 비교연구: 헬만 바빙크, 루이스 벌코프, 코넬리우스 반 틸을 중심으로,「개혁논총」28, (2013), 153-185.

조성국. 개혁주의적 관점에서 본 코르넬리우스 야스마의 아동발달이론,「파이데이아」7, (1993), 18-35.

조성국. 네덜란드계 기독교교육철학에서 일반교육이론을 연구하는 방법,「복음과 교육」4, (2008), 220-255.

조성국. 네덜란드 기독교학교운동의 역사가 한국 기독교학교의 과제에 주는 함의,「기독교교육 논총」20, (2009), 21-52.

조성국. 흐룬 판 프린스터러의 기독교교육사상.「복음과 교육」5, (2009b), 9-31.

조성국. 개혁주의 기독교교육학의 이론적 과제: 과거와 현재, 그리고 미래,「개혁주의 기독교교육학 연구」2, (2012), 179-206.

조성국. 얀 바터링크의 기독교교육사상.「성경과 신학」68, (2013), 55-82.

조성국. 기독교세계관에 기초한 기독교학교의 미래과제.「기독교교육 논총」38, (2014), 1-26.

한상진. 도예베르트의 인간교육철학.「복음과 교육」5, (2009), 55-76.

Bavinck, H. *Handleiding bij het onderwijs in den Christelijken godsdienst.*

(Kampen: J. H. Kok, 1913).

Bavinck, H. *Paedagogische beginselen* (Kampen: J. H. Kok, 1904).

Bavinck, H. *De nieuw opvoeding* (Kampen: J. H. Kok, 1917).

Bavinck, H. *Verzamelde opstellen* (Kampen: J. H. Kok, 1921).

Bavinck, H. *De opvoeding der rijpere jeugd* (Kampen: J. H. Kok, 1932).

Bavinck, H. 『개혁교의학』 1-4, 박태현 역 (서울: 부흥과 개혁사, 2011).

Jaarsma, C. 『헤르만 바빙크의 기독교교육철학』. 정정숙 역 (서울: 총신대학교출판부, 1983).

Kruithof, B. *Zonde en deugd in domineesland: nederlandse protestanten en problemen van opvoeding zeventiende tot twintigste eeuw*. doctoral thesis. (de Universiteit van Amsterdam, 1990).

Meijer, W. A. J. *Stromingen in de pedagogiek* (Baarn: HB Uitgevers, 2000).

Praamsma, J. M. Het goede leven: verkenningen in het landschap van de christelijke pedagogiek, De Graaf, R. ed. *Bijzonder onderwijs:christelijk geloof in de dagelijkse praktijk van basis- en voortgezet onderwijs* (Zoetermeer: Boekencentrum, 2006), 23-34.

Sturm, J. C. *Een goede gereformeerde opvoeding over neo-calvinistische moraalpedagogiek (1880-1950), met speciale aandacht voor de nieuw-gereformeerde jeugdorganisaties* (Kampen: J. H. Kok, 1988).

Van der Zweep, L. *De Paedagogiek van Bavinck* (Kampen: J. H. Kok, 1935).

5. 헤르만 바빙크의 성경심리학과 교육

기독교교육학과 기독교심리학은, 인간에 대한 기독교적 이해의 기초 위에서 제이론들을 비평적으로 재구성하여, 교육과 상담을 통해 인간을 형성하고 돕는 방법을 탐구하는 학문들이다. 여기서 기독교적 인간이해란 신학적, 혹은 기독교철학적 인간이해를 말한다. 기독교교육학자들과 기독교심리학자들은, 신학적 입장과 기독교세계관의 기독교 학문 이론적 통합 유형과 수준에 따라, 기독교교육학적 인간론, 기독교심리학적 인간론을 구성한다. 그 결과 기독교교육학자들과 심리학자들 간에는 불가피하게 인간이해의 내용 및 강조점의 차이가 있어 왔다.

신학자들의 인간론이 신학의 입장에 따라 차이가 큰 것도 있지만, 신학자들이 주로 인간론을 구원론적 교리를 중심으로 구성하는 신학 체계의 특성 때문에, 교육학 및 심리학이 요구하는 언어 및 체계와 일치하지 않아, 신학적 인간론은 종종 기독교교육학자들과 기독교심리학자들의 필요를 충분히 만족시켜주지 못했다. 그럼에도 불구하고 기독교교육학과 기독교심리학의 연구 활동이 신학 연구 활동 못지않게 커지고, 그 분야 학자들에 의한 이론의 절충 및 응용작업이 많아져, 기독교적 인간이해에 대한 기초적 연구는 더 절실해졌다.

개혁주의 기독교교육학과 기독교심리학을 위해서는 개혁주의 심리학적 인간론이 가장 적합한 기초가 된다. 개혁주의 신학적 인간론은 교의학에서 이미 많이 연구되어 왔지만, 교육과 심리에 맞춘 개혁주의 심리학적 인간론은 아직까지 우리나라에서 많이 연구되지 못했다. 지금까지는 미국에서 발전한 일반 (교육, 상담)심리학이 그대로 수용되어 기초지식과 도구처럼 선택적으로 활용되는 것이 일반적이었다. 이러한 연구사에 비추어볼 때 개혁주의 신학자 헤르만 바빙크는 주목받기에 충분한데, 그 이유는 그가 이러한 필요에 적합한 이론적 작업을 시도했던 개혁주의 신학자였기 때문이다.

바빙크는 개혁신학자의 모델로 간주될 정도여서 우리나라 개혁신학계에서도 신학서적들과 논문들을 통하여 비교적 잘 알려져 왔고, 바빙크의 신학 저서들은 최근에도 영역본으로부터 재번역되었으며, 그에 대한 평전도 출간되었고, 그의 주저인 『개혁교의학』이 네덜란드어판로부터 번역 출간되었다.[1] 그러나 바빙크가 개혁주의 학문의 입장에서 일찍이, 그리고 특히 그의 생애 후기에 심리학과 교육학 저서들도 남겼고, 개혁교육학 이론작업과 기독교학교교육운동에 상당한 기여를 했다는 것은 아직 충분히 알려지지 않았고, 이 분야에 속한 그의 책들은 거의 소개되지 않았으며, 번역되지도 못했고, 이 주제들에 대한 연구논문도 별로 없었다.

바빙크는 기독교학문과 개혁교육학을 위해 처음부터 심리학이 주요한 기초보조학문임을 잘 알고 있었다. 그의 저서 『심리학원리』는 초판이 1897에 출간되었고 1923년에 재출간되었는데, 그 초판은 네덜란드의 심리학 관련 저서로는 첫 번째로 출간된 기원적인 전문저서였다.[2] 기독교교사들에게 교육의 기본 원리와 실제 규범을 제공하기 위해 저술한 『성경심리학과 종교심리학』(1920)은 그의 시대 기독교교사들에게 잘 알려져 있었다. 오늘날 바빙크는 네덜란드 종교심리학의 토대를 놓은 선구자로 간주되기도 한다.[3]

---

1. 예컨대, H. Bavinck, *Reformed Dogmatics*, 김찬영 장호준 역, 『개혁파 교의학』 (서울: 새물결플러스, 2015); H. Bavinck, *Our Reasonable Faith*, 김영규 역, 『하나님의 큰 일』 (서울: 기독교문서선교회, 2015); 류해무, 『헤르만 바빙크: 보편성을 추구한 신학자』 (서울: 살림, 2007); H. Bavinck, *Gereformeerde Dogmatiek*, 박태현 역, 『개혁교의학』 (서울: 부흥과 개혁사, 2011).
2. H. Bavinck, *Beginselen der Psychologie* (Kampen: J. H. Kok, 1923), 서문7; L. Van der Zweep, *De Paedagogiek van Bavinck* (Kampen: J. H. Kok, 1935), 14.
3. P. Van der Meersch & H. Westerink, *Godsdienst Psychologie: in cultuurhistorisch perspectief* (Amsterdam: Boom, 2007), 119; J. A. Van Belzen, *Psychologie en het Raadsel van de Religie: Beschouwingen bij een eeuw godsdienstpsychologie in Nederland*

그럼에도 불구하고 그는 신학대학에서 신학자로 연구 활동을 하였고, 후기에는 교회보다 사회로 관심을 돌려 기독교학교 지도자로 활동하였으므로, 달리 말하면 교육학대학에서 전문적인 교육학자와 심리학자로 활동한 것은 아니었으므로, 그의 연구들이 교육학과 심리학의 학문적 발전에 기여할 수 있는 기회는 크게 제한되었다.

그럼에도 불구하고 그가 보여주려 했던 개혁주의적 관점에서의 교육학과 심리학 통찰들은 개혁주의 교육학과 심리학을 정립하려는 오늘날 우리에게 가치 있는 통찰을 제공하고 있다. 교육학과 심리학 저술을 출간할 정도로 이 학문들의 언어와 체계를 제대로 이해하였으므로, 그의 저서들은 기독교교육학자 및 기독교심리학자들이 필요로 하는 개혁주의 신학적 인간이해에 비교적 수월한 방식으로 소통하게 해 줄 수 있는 장점을 갖고 있다.

바빙크의 교육사상을 개관한, 미국의 개혁주의기독교교육학자 야르스마의 박사논문이 일찍이 정정숙에 의해 번역 출간되었고,[4] 개혁신학자들의 교육사상을 비교했던 조봉근의 논문에서 바빙크의 교육사상이 간단히 소개되었으며,[5] 네덜란드문헌들을 기초로 바빙크의 생애와 교육 및 교육학 개념들을 자세히 다룬 조성국의 논문이 발표된 바 있으므로,[6] 본 연구는 바빙크의 이 분야 저서 중 『성경심리학과 종교심리학』(1920)의 앞부분인 '성경심리학'에 집중하여 분석하고 논의하려 한다. 필자가 이 논문에서 심리학의 학문

(Amsterdam: Boom, 2007), 35.

4. C. Jaarsma, *The Educational Philosophy of Herman Bavinck*, 정정숙 역, 『헤르만 바빙크의 기독교교육철학』(서울: 총신대학교출판부, 1983).

5. 조봉근, "개혁신학자들의 교육사상 비교연구: 헬만 바빙크, 루이스 벌코프, 코넬리우스 반틸을 중심으로," 「개혁논총」 28(2013), 153-185.

6. 조성국, "헤르만 바빙크의 생애와 그의 교육 및 교육학에 대한 기초적 논의," 「기독교교육 논총」 42(2015): 101-131.

적 논의보다 성경심리학적 인간론을 다루려는 이유는, 이 저서가 기독교교사들을 위해 저술된 것이며, 교육적인 적용을 적극적으로 시도하고 있는 인간론 저서라는 특성 때문이다. 그래서 학문으로서의 심리학과 종교심리학에 대한 그의 이론에 대한 분석과 논의의 과제는 다른 연구로 넘긴다.

그리고 이 연구는 바빙크 자신이 이 주제에 대한 자신의 생각을 명료하게 그리고 체계적으로 논의한 저서가 있으므로 해당 문헌에 집중하여 논의하려고 한다. 바빙크는 『개혁교의학』에서 '인간의 본질'이라는 소제목 하에 하나님의 형상개념을 설명하면서 인간영혼에 대하여 부분적인 내용을 다루었으나 『성경심리학과 종교심리학』에서처럼 해당 소제목 하에 상세하게 다루지는 않았다. 따라서 본 연구자는 연구의 특정 주제를 깊게 다루려는 의도에서, 이미 다른 연구자들에 의해 부분적으로 다루어진, 그의 전체 신학사상으로부터 추론된 신학적 인간론을 다시 정리할 필요는 없다고 본다. 문제에 접근하는 학문적 패러다임(교육학과 심리학)도 신학적 패러다임과 다르므로 신학적 관점에서 그의 다른 신학저서들을 개괄적 혹은 통합적으로 살피며 정리하지는 않을 것이다. 그 대신 바빙크의 성경심리학 개념과 논의는 우리나라 기독교교육학자들에게 거의 알려져 있지 않으므로, 본 연구자는 바빙크가 『성경심리학과 종교심리학』(1920)에서 말하려고 했던 것을 바빙크의 논지에 따라 먼저 충실하게 정리한 후, 그 의의와 문제점들을 논의하는 방법으로 진행하려 한다.

1) 성경심리학

헤르만 바빙크가 성경심리학을 생각하게 된 배경은, 기독교교사들이 학생들을 교육하는 일에 쉽게 활용할 수 있도록 돕는 유용한 심리학 저서가 없다는 데 있었다. 일찍이 일반 학문저서인 『심리학원리』를 저술할 정도로 당시

심리학에 대한 학문적 이해를 가지고 있었던 바빙크는, 당시의 심리학 저술들이 기독교교육을 실행하는 교사들에게 근본적인 면과 실제적인 면 모두에서 충분한 도움이 되지 못하고 있다고 보았다.

근대 심리학은 전통적인, 철학적 접근의 심리학이 아니라, 근대적 세계관의 기초에서 과학적 접근의 심리학을 지향했으므로, 여기서 성경은 더 이상 주요한 자료와 참조점이 되지 못했다. 바빙크는, "기독교교사들은 인간과 인간의 본성과 재능과 능력에 대한 성경의 가르침을 최고의 지식으로 간주하는 사람들"로서, 근대심리학과 "다른 길에 속한" 사람들로 보았기 때문에,[7] 성경이 말하는 인간심리에 대한 설명들이 기독교교육의 규범과 활동 이해에 더 주요하다고 보았다.

바빙크는 '성경심리학'이라는 명칭의 정당성 논의에 상당한 어려움이 있고, 그 명칭을 인정한다고 하더라도 이에 대한 상이한 주장들이 있을 수 있다고 인정하였다.[8] 바빙크는 성경심리학이라는 학문명칭으로 성경적 근대심리학을 확립하려고 하기보다, 성경이 설명하는 인간심리를 체계적으로 설명하는 방법으로 이론을 구성하려 했다. 그래서 그의 성경심리학은 처음부터 근대적 의미, 곧 과학으로서의 심리학을 의도한 것은 아니었다. 그래서 그는 근대심리학의 토대와 경향에 대하여 종종 비교하여 논의하기는 했지만 근대심리학의 세부적인 주제들에 대하여 깊이 논의하지는 않았다.

바빙크는 성경의 인간심리를 체계화한 성경심리학이 근대심리학과의 관계에서 어떤 위치를 가져야 하는가에 대하여 기독교학자들과 교사들 간에 이견이 있을 수 있다는 것을 예상하고 이 문제를 상세하게 논의하였다.

---

7. H. Bavinck, *Bijbelsche en Religieuze Psychologie* (Kampen: J. H. Kok, 1920), 3.
8. H. Bavinck, *Bijbelsche en Religieuze Psychologie*, 3.

당시 개혁공동체의 기독교교사들 중 많은 사람들은, 성경이 심리학을 위해서도 유용한 자료들을 제공하고 있으며, 성경이 제공하는 내용들로 구성된 성경심리이론은 근대 심리학 보다 더 우선적인 가치를 가져야 한다고 주장했다. 더 나아가 어떤 사람들은 성경이 모든 지혜를 충분하게 제공하는 원천이므로, 다른 학문들은 잉여물에 불과하다고 생각하기도 했다. 신학, 특히 교의학은 단일하고 충분한 학문이므로 모든 문제에 답할 수 있다고 주장하면서, 예루살렘(성경과 신학)과 아테네(철학과 학문)가 무슨 상관이 있느냐고 했던 터툴리안의 말을 인용하였다. 반면, 또 다른 사람들은 성경이 종교 및 윤리 영역, 하나님과 인간 간의 상호관계와 관련한 진리에서는 유일하고 절대적인 권위를 가지고 있지만, 그 외 다양한 학문들의 원천으로서의 권위에는 회의적이라고 생각하기도 했다.

이러한 경향에 대하여 개혁신학자 바빙크는 일반계시의 가능성과, 특별계시의 특별한 기능에 근거하여, 한편으로는 일반학문 존재의 가능성이 성경적 근거를 가진 것이라고 주장하였고,[9] 또 다른 한편으로는 특별계시인 성경이, 일반계시를 통해 제대로 알 수 없는 종교 및 윤리문제, 천상의 문제를 알려주고, 일반계시 영역인 세상의 문제들과 삶에 대해서도 결정적인 통찰을 제공하고 있으므로 다른 학문에 지도적인 역할을 한다고 주장하였다.

즉 성경은 창조와 인간의 기원, 죄와 불행, 구원과 하나님의 나라에 대한 사실을 알려줌과 동시에, 역사를 다루면서 구체적인 인간과 자연현상에 대하여도 진리를 가르치고 있다는 것이다. 특히 심리학을 위해 성경은, 인간본성에 속한 영혼(심리), 영, 마음 등에 대하여 권위 있는 지식을 제공하고 있으므로, "특별계시는 인간성의 자연적인 삶의 모든 면들로 깊숙하게 되돌아

---

9. H. Bavinck, *Bijbelsche en Religieuze Psychologie*, 5.

간다"고 말했다.[10] 특별계시인 성경의 이러한 특성이 성경심리학의 가능성과 정당성의 근거가 되었다.

바빙크에 따르면, 심리이론의 설명을 위해 성경 자료들을 검토할 때 성경심리학은 해석학적인 원리를 잘 따라야 한다. 개혁신학이 성경해석에서 역사의 권위(auctoritas historiæ) 원리와 규범의 권위(auctoritas normæ) 원리를 구분하여 적용한 것처럼, 성경심리학을 위해 성경의 서술과 행동을 해석할 때에도, 한편으로는 역사적인 현상에 주목하고, 동시에 하나님의 명령과 법을 고려하는 방법으로 해석해야 한다고 보았다.[11]

성경이 권위 있다고 하여 전체를 문자적인 방식으로 수용할 수 없는 이유는, 성경에 기술된 인간심리 표현 방식과 삶의 맥락이 시대와 문화의 특성을 담고 있기 때문이다. 동시에 시대와 문화의 변화에도 불구하고 성경의 진술을 권위 있게 보아야 하는 이유는 인간과 삶의 본질이 여전하기 때문이다. 따라서 성경의 구체적인 서술들은, 한편으로는 시대와 문화의 변화를 고려하면서, 또 다른 한편으로는 본질과 규범에 따라 그 의미를 해석해야 한다고 본 것이다.

바빙크에 따르면, 심리이론을 정립하는 작업에서 성경과 성경심리학은 그의 시대 학문의 가정에 비할 때 다음의 두 가지 특별한 통찰을 제공하고 있다. 첫째, 성경은 인간을, 등급을 부여하여 구별하지 않고, 본성적으로 동일하여, 모두 실제로 사고하고, 느끼고, 열망하고, 행동하는 존재이며, 인류의 기원도 하나라는 점을 명확하게 한다. 비록 성, 언어, 민족, 문화 등에서 차이가 있지만, 모든 인간은 죄인이 되었고, 설사 구속받아 새롭게 된 후에도 여

---

10. H. Bavinck, *Bijbelsche en Religieuze Psychologie*, 6.
11. H. Bavinck, *Bijbelsche en Religieuze Psychologie*, 7.

전히 동일한 심리, 필요, 열망을 가진 존재이라고 보았다.[12] 반면 그리스-로마인들은 야만인들의 기원을 그들 자신들과 달리 보았고, 근대의 진화론은 진화 단계에 따라 유인원 등 다양한 종류의 인간들을 가정함으로써 인류의 동일성을 제대로 설명해내지 못했다고 본다.[13]

둘째, 성경은 동일한 본성을 가진 모든 인간의 기원, 본질, 목적에 대하여 말한다. 심리적인 면에서 동일한 본성을 가지고 있지만, 인간은 범죄의 결과 변화되었고, 은혜의 결과 또 변화되는 존재이다. 이러한 변화는 마음의 깊은 차원에서 일어나는, 실제적인 강렬한 현상이다.[14] 그의 시대까지 근대심리학은, 경험적인 연구를 시도했음에도 불구하고 여전히 철학의 분과였다. 그리고 독립적인 경험과학으로 자처하였지만 여전히 철학적 전제 위에 세워져 있어, 철학과 근대적 세계관에 따라 인간의 기원, 본질, 목적에 대한 신념들을 표명하였다. 물론, 성경이 말하는 인간의 기원과 본질과 목적의 진술을 근대심리학에서는 찾을 수 없다는 것이다.

그리고 바빙크는 성경이 그리스도의 인격(persoon)에 해당하는 독특한 개별적 사례와 그 의미도 알려주고 있다는 점을 강조했다. 성육신하신 그리스도의 인격은 세계 내에 존재하는 다른 인간과 동일한 인성이면서도 일반 인간의 운명으로부터 자유롭고 독립적인 방식으로 존재하였다. 그리고 그처럼 특별한 방식으로 존재했던 그리스도의 인격은 세계 내 인간 존재와 삶과 운명의 변화에 실제적이고 결정적인 영향을 주었다. 이러한 그리스도의 존재 정당성을 일반 심리학에서는 발견할 수 없는 것이다.

---

12. H. Bavinck, *Bijbelsche en Religieuze Psychologie*, 11.
13. H. Bavinck, *Gereformeerde Dogmatiek* vol.2 (Kampen: J. H. Kok, 1967), 5:280-281, II/475-484.
14. H. Bavinck, *Bijbelsche en Religieuze Psychologie*, 14.

바빙크는 심리이론 구성작업에 있어 성경에 그 범위를 한정하는 것의 한계를 인정했다. 그 이유는 성경이 학문들에 대한 개관을 시도하는 책이 아니기 때문인데, 그것은 성경심리학의 경우에서도 마찬가지라고 보았다. 성경에 기술된 인간 심리 표현인 영, 영혼, 마음, 감정 등은 성경시대 유대인들의 언어였고, 오늘날 심리학자들이 학문적 작업에서 개념 정의할 때 소통하는, 추상적이고 철학적인 개념이 아니라, 일상적인 생활 표현들이었다. 바빙크는, 성경은 심리학 교과서로 의도된 것이 아니었으므로, 성경으로부터 심리이론을 정립하는 방법은 세심한 주석적 작업을 요구한다고 했다.[15]

2) 인간본성의 단일성

바빙크는, 성경이 명확하게 인간 본성의 단일성(eenheid)을 말한다고 보았다. 그에 따르면, 아담은 개별적인 인간인 동시에 그 이름 자체가 인간을 의미하는, 곧 그의 이름으로 인간을 지칭하는 기원적인 존재였다. 아담은 하나님의 섭리에 따라 하나님의 형상과 모양으로 창조되었으며, 땅의 흙으로 육체가 만들어진 후, 위로부터 하나님의 생명의 숨을 받아 단일성을 가진 존재인 '살아있는 영혼'(een levende ziel)이 되었다.

바빙크는 성경의 인간창조 기록이 심리학을 위해 세 가지의 중요한 통찰을 제공한다고 보았다. 첫 번째, 인간은 모든 다른 창조물들과 구별된 고유한 종으로 만들어져, 세계에서 특별한 위치를 점유하게 되었다. '살아있는 영혼'이라는 표현은 이원론적 존재의 근거가 될 수 없는데, 그 이유는 하나님의 숨으로 인간이 '하나의 살아있는 존재'가 되었다는 의미여서, 오히려 단일한 존

---

15. H. Bavinck, *Bijbelsche en Religieuze Psychologie*, 13.

재임을 뜻하기 때문이다.[16]

생명의 숨은 동물에게도 주어졌다. 그러나 동물과 인간의 차이가 있다면, 인간은 동물들과는 달리 '위로부터' 생명의 숨을 받았고, 그 순간부터 하나님의 형상을 지니게 되었다는 것이다. 그래서 인간은 사유하고, 말하고, 이름을 부여하고, 법에 순종하고, 하나님과 교제하는 존재가 되었다고 본다. 따라서 인간의 지식, 언어, 도덕성, 종교성과 같은 자질들은 근대 자연주의적 세계관에서처럼 긴 진화의 과정에서 발달한 것이 아니라, 처음부터 인간에게 깃들어 있었으므로 본성에 속하며, 존재에 뿌리내리고 있는 것들로 간주된다.[17]

둘째, 사람마다 재능과 능력에 다양성은 있지만, 성경에 따르면 인간의 본성은 항상 하나이다. 바빙크는 '살아있는 영혼'이라는 표현을 해석하면서, 이미 만들어진 영혼이 육체에 들어와 통합되었다는 영혼선재설은, 그 사상의 기원이 그리스에서 나타났고, 이후에 유대인들의 사상과 묵시문학에 들어왔다고 밝히면서, 성경에서는 발견할 수 없는 생각이라고 주장했다. 성경에 따르면, 하나님은 영과 물질 모두의 창조주이며, 그 둘 사이에 상호 대립도 없었다. 따라서 모든 이원론은 처음부터 실제로는 불가능한 설명이라고 보았다.[18] 인간에게 있어서 영혼과 육체는 처음부터 서로 독립적인 것이 아니었고, 나란히 창조되거나 혹은 밖으로부터 창조되어 나중에 합체된 것도 아니었다. 하나님은 인간의 육체를 만드신 후, 그 분의 영, 곧 전능하신 숨을 불어넣어 하나의 '살아있는 영혼'이 되게 하였으므로, 바빙크는, 하나님께서 인간을 하나의 유기적인 단일체로 만드셨다고 주장했다.[19]

---

16. H. Bavinck, *Bijbelsche en Religieuze Psychologie*, 16.
17. H. Bavinck, *Bijbelsche en Religieuze Psychologie*, 17.
18. H. Bavinck, *Bijbelsche en Religieuze Psychologie*, 17-18.
19. H. Bavinck, *Bijbelsche en Religieuze Psychologie*, 18.

셋째, 인류는 하나이며, 하나로 유지된다고 보았다. 성경은 창조, 타락, 구속, 중생, 공동체, 세계를 다룸에 있어 항상 인류의 단일성을 말해왔다. 죄는 인류를 대립과 분열로 나아가게 만들지만 그럼에도 불구하고 인류의 단일성은 확고하게 유지된다.[20] 반면, 근대의 진화론적 학문은 연구에서 종종 인류의 단일성을 끌어내는 대신에, 엄청난 다양성과 대립성을 관찰하면서 다른 결론에 이르곤 했다. 성경에 따르면 인간은 성, 인종, 문화와 상관없이 모두 한 인류의 구성원이며, 육체와 피와 영혼과 영에 있어 본성적으로 동일하므로, 존재상 더 높아지지도, 더 낮아지지도 않는다. 바빙크는 인류의 동일성이 오히려 인간심리의 일반원리를 규명하는 심리학 연구를 위한 토대가 된다고 보았다.[21]

인간의 단일성을 근거로 바빙크는, 이원론의 토대에서 인간의 육체와 영혼(정신)에 각각 우월성과 주도성을 두는 물질주의와 이상(관념)주의가 성경적이지 않다고 단정했다. 이원론적 표현이 성경에 나오기는 하지만, 그리고 인간구성에 있어 영과 물질, 영혼과 육체가 본질에 있어 서로 구별되기는 하지만, 이 둘이 나란히 혹은 서로 대립되는 이원론 방식으로 존재하는 것이 아니라, 언제나 밀접하게 통일을 이루어 함께 작동하고 있다고 보았다.[22] 그래서 그는 "인간은 영을 가지고 있으나 인간은 영혼, 곧 심리적 존재이며, 본성적으로 육체 위에 세워져 있다. 일원론도 아니고, 이원론도 아니고, 퍼스날리티의 단일성 안에 있는 다양성이다." 라고 말했다.[23]

---

20. H. Bavinck, *Bijbelsche en Religieuze Psychologie*, 78.
21. H. Bavinck, *Bijbelsche en Religieuze Psychologie*, 18.
22. H. Bavinck, *Bijbelsche en Religieuze Psychologie*, 21.
23. H. Bavinck, *Bijbelsche en Religieuze Psychologie*, 79-80.

3) 퍼스날리티의 단일성과 다양성

(1) 인간의 육체

영혼과 육체(몸)라는 표현이 마태복음10:28에 직접 사용된 바 있으므로 사람들은 그 구도를 수용하여 인간창조기록에서부터 영원한 영혼과 사멸하는 육체의 이원론적 대립을 추론해왔다. 그러나 바빙크는, 위 성경 구절에 표현된 영혼과 육체이라는 표현은, 성경의 다른 부분에서 일상적으로 사용된 표현이 아니라고 했다. 그는 위 구절은 이러한 어법에 대한 첫 번째 사례로서, 구약성경에는 이러한 표현들이 나오지 않는다고 했다.[24]

구약시대 이스라엘 사람들은 인간창조기록으로부터 영혼과 육체라는 표현보다, 아래로부터 인간에게 있는 것과, 위로부터 인간 안에 있는 것을 생각했을 뿐이며, 이 두 부분을 구별하기는 했으나 대립은 생각하지도 않았다고 그는 주장했다. 구약성경에는 영혼과 육체라는 표현으로부터 추론되는 영적인 것과 육체적인 것 사이의 대립 개념이 나타나지 않는다고 했다. 그 대신 내면과 외면과 같은 표현이 사용되었고, 내면도 일관성 있게 특정 단어로 표현되지 않았으며, 그나마 영이나 마음보다 영혼이라는 표현이 사용되었고, 육체라고 지칭하는 것에 대한 확정적인 히브리어 단어도 없다고 했다.[25] 특히 성경은 생활언어를 사용하였으므로 이러한 표현들도 추상적, 철학(학문)적 표현이 아니라고 했다.

성경의 언어용법에서 육체는, 흙으로부터 구성된 것을 지칭하며, 일차적으로는 인간과 동물을 구성하는 물질을, 이차적으로는 비유적으로 하찮음,

---

24. H. Bavinck, *Bijbelsche en Religieuze Psychologie*, 22.
25. H. Bavinck, *Bijbelsche en Religieuze Psychologie*, 23.

무상함, 속절없음, 의존됨 등을 뜻했다. 인간을 흙과 육신으로 지칭한 것은, 인간이 이 세계에 속해 있고, 약하며, 부수어지기 쉬운 면을 가졌음을 지적한 것이다. 따라서 육체로서 인간은, 약한 존재이므로 하나님의 자비와 은혜의 대상임을 보여준다.[26]

바빙크에 따르면, 구약성경에서 육체는, 죄의 원인이거나 좌소로 간주되지도 않았다. 오히려 육체는 영처럼 하나님의 선하신 작품이고, 그 분의 영광을 반영한다. 모태에서의 인간 육체 형성은 하나님의 놀라운 역사로 간주되었다. 구약성경은, 이원론적 사상에서처럼 육체를 경멸하여 고행방법으로 억압하고 징계하는 행위를 정당화하는 표현을 사용한 일이 없다고 했다. 인간은 처음부터 전인적인 존재이어서, 영혼과 육체 모두가, 각각 그 고유한 방식대로 아름다웠고, 하나님의 형상으로 지음 받았으며, 육체는 마지막 날에 부활하여 영광스러운 그리스도의 몸처럼 영화롭게 된다.[27]

성경에 따르면 영혼이, 감각적인 필요, 욕구, 쾌락을 가진 육체를 지배하고, 육체는 영혼의 좌소, 칼집, 천막, 도구로 지칭되기도 했다. 비록 이러한 표현들이 영혼과 육체의 관계에서 영혼에 우위의 지위를 인정함에도 불구하고, 육체를 비하하는 사상으로 발전되는 대신, 육체도 여전히 인간존재의 본질에 속하는 것으로 설명하였다. 육체가 잠정적으로 영혼과 구별될 수는 있으나, 육체 없이는 인간이 존재하지 않는다고 말함으로써, 다시 인간의 단일성을 지향했다. 바빙크는 영혼과 육체의 관계는 본성적이며, 죄의 유입이 어느 것 한 편만 아니라 둘 모두에 타격을 주었다고 정리했다.[28]

---

26. H. Bavinck, *Bijbelsche en Religieuze Psychologie*, 26.
27. H. Bavinck, *Bijbelsche en Religieuze Psychologie*, 27-28.
28. H. Bavinck, *Bijbelsche en Religieuze Psychologie*, 29.

바빙크는 영혼과 육체에 대한 그리스적 이원론, 곧 영혼의 초월성과 영원성 개념에 대비된 육체의 상대적 비하와 경멸, 그리고 그 양자사이의 대립개념이 성경적 가르침과 일치하지 않는다는 것을 성경구절들의 해석을 통해 명확하게 논증하였다.

(2) 인간의 영혼

영혼이라는 용어가 서양언어에서는 한 단어이지만 우리말로는 영과 혼의 총합처럼 보여 처음부터 혼란스럽다. 성경의 용어들만 아니라 네덜란드어에서 Geest(영)와 알파벳이 뚜렷하게 구별되는 Ziel(영혼)이라는 단어를, 우리말로는 영과 연속적인 단어인 영혼이라고 번역해야 하는 것도 혼란스럽다. Ziel은 자연스럽게 심리학(Zielkunde)의 연구대상으로 간주되지만, 우리말 영혼은 심리학의 범위를 초월하기도 하는 종교적 표현이기 때문이다. 그리고 그것을 우리말로 '심리(心理)'라고 번역하는 것도 적절하지 못하고, 심(心) 혹은 혼(魂)이라고 번역해도 만족스럽지 못하기는 마찬가지이다.

바빙크에 따르면 성경에, 영적 존재로서의 인간을 지칭하는 확정적인 단어는 없다. 성경은 종종 영혼, 영, 마음, 속사람 등 여러 표현으로 이를 표현한다. 영혼을 실체에 있어 영적인 것으로만 생각하여, 물질적인 것이 전혀 없고, 사멸하지 않고, 영원한 것으로 간주하는 개념은 그리스철학에서 왔고, 이후 기독교신학에 도입된 개념이다. 근대 심리학이 영혼의 개념규정을 바꾸어 의식현상들의 총체로 간주하는 것도 성경적 설명에 부합하지 않는다고 보았다.[29]

영혼에 해당하는 단어인 히브리어 네페쉬(nephesch)는, 호흡, 코로 쉬는

---

29. H. Bavinck, *Bijbelsche en Religieuze Psychologie*, 30-31.

숨에 해당되는 단어로서, 생명과 연결된 표현이었다. 그래서 영혼 있는 존재의 범주에 동물도 포함되어, 동물도 살아있는 영혼으로 표현하였다. 성경에 따르면 동물과 인간의 차이는, 영혼 구성의 차이일 뿐, 영혼 유무의 차이는 아니었다. 인간의 영혼과 동물의 영혼 모두가 하나님의 숨 혹은 영에 그 기원을 가지고 있기 때문이다.[30] 인간의 영혼과 동물의 영혼은 모두 생명을 뜻하는 피에 깃들어 있는 것으로 간주되었다. 그래서 피를 먹는 것은 인간과 동물 모두의 경우에 금지되었다.

바빙크는 인간 영혼과 동물 영혼의 또 다른 공통성은 모두 죽는다는 데 있다고 보았다. 그는 성경의 가르침에 따라, 인간의 죽음이 존재의 완전한 중단을 의미한다고 말할 수는 없지만, 영혼은 본질적으로 사멸하지 않고 육체만 사멸한다는 주장은 그리스사람들의 사상에 근거해 있을 뿐이며, 성경에서 그 근거를 찾을 수 없다고 했다.[31] 성경에 따르면 인간은 전인적 인간으로 살고, 또 그렇게 죽는다. 영혼은 죽고, 죽음으로써 죽은 자들의 상태에 있게 된다고 말할 수 있는 것은, 영혼이라는 표현이 생명 혹은 생명의 힘을 뜻하는 단어였기 때문이다. 성경의 많은 부분에서 영혼은 생명(목숨)과 동일한 단어로 번역되었다. 이러한 근거에서 바빙크는 영혼과 생명은 밀접한 관계에 있고, 이 특성은 인간과 동물 모두 해당한다고 보았다.[32]

물론 성경 많은 부분에서 생명과 동일시된 영혼은, 생명의 높은 자질도 가진 것으로 묘사되었다. 바빙크의 성경분석에 따르면, 영혼은 존재와 생명에 속하는 각종 감정과 열망의 원천이며, 좌소이다. 영혼은 정서를 통하여 자신

---

30. H. Bavinck, *Bijbelsche en Religieuze Psychologie*, 32.
31. H. Bavinck, *Bijbelsche en Religieuze Psychologie*, 33.
32. H. Bavinck, *Bijbelsche en Religieuze Psychologie*, 34.

을 표현한다. 네덜란드 성경번역본들은 문맥을 고려하여 영혼을 정서(감정)로 번역하기도 했다. 영혼은 각종 원망과 욕망의 기관이었다. 원망과 욕망의 심리적 현상들이 영혼과 나란히 붙어있다. 영혼은 기쁨과 불편함의 좌소이기도 하다. 영혼의 열망은, 갈급하고 굶주린 영혼이라고 표현되기도 했다. 바빙크는 영혼에 해당하는 히브리어 단어는 많은 경우 열망으로 번역될 수도 있다고 했다.[33]

바빙크에 따르면 개인은, 정서와 열망으로 개인 존재와 삶을 살아내는 자신을 인식한다. 개별 영혼은 다른 사람들과 구별된 개인성의 존재로서, 곧 인격(persoon)으로 인정된다. 영혼은 다른 사람들과 구별되어 자신을 보는 개인, 혹은 인격의 의미를 갖는다. 그래서 성경에서 영혼은 자기 자신으로 간주되었다.[34]

이상에서 정리한 바처럼, 성경의 용법에서 영혼은 생명(의 힘), 정서와 열망, 자기의식의 실체로 간주되었다. 이에 비추어 영혼은 실제적 존재성을 드러내는 표현이므로 신학과 철학의 연구대상 이상이며, 직접적으로 심리학 연구의 대상이 된다는 사실을 확인하게 된다.

(3) 인간의 영

바빙크는, 영(Geest)은 연구대상으로 다루기에는 정말 어려운 것임을 먼저 인정했다. 왜냐하면 영이라는 표현은, 비록 인간과 더불어 언급되기도 했지만 주로 하나님과 관련하여 언급되는 표현이었고, 서양사상에 영향을 준 그리스철학에서도 그 개념이 일치하지 않았다. 그리스철학에서 영은 심리학

---

33. H. Bavinck, *Bijbelsche en Religieuze Psychologie*, 35-36.
34. H. Bavinck, *Bijbelsche en Religieuze Psychologie*, 37-38.

적이기도 하지만 생리학적인 의미로, 또 피와 신경에 깃들어 있는 공기와 같은 것으로, 그리고 육체의 생명과 운동의 작동자로 간주되는 등, 다양한 의미로 개념화되었다.[35]

바빙크에 따르면, 존재론적으로 영은 하나님으로부터 온다. 바빙크는 먼저 영의 존재와 기능을 두 가지로 간단하게 정리하였다. 첫째로, 히브리어로 영에 해당하는 단어 루아흐(ruah)는 바람을 지칭했다. 영은 비물질적인 것이면서, 생명과 결실을 가능하게 하는 힘이었다. 하나님의 영은 전능자의 숨, 혹은 그 분의 입에서 나와, 창조물에 존재와 생명을 준다.[36]

두 번째로, 성경에서 영은 고차원의 탁월한 재능들의 좌소로, 그리고 그러한 재능들은 영의 역사로 간주되었다. 이론과 실천과 기술에 해당하는 지혜, 이해, 학문은 하나님의 영의 은사로 간주되었다. 하나님의 영이 이러한 자질과 능력을 부여하기 때문이다. 하나님의 영은 그리스도의 성육신 주도자이고, 선행의 원인자이며, 각종 은사와 능력을 주시는 분이다. 하나님은 성령으로 창조세계에 임재하시고, 창조물들의 내면을 통찰하신다. 하나님은 성령으로 인간에게 내주하시며, 생명을 주신다. 하나님의 영을 통하여 인간은 자신의 고유한, 창조된 영을 받는다.[37]

바빙크는 영을 기준으로 존재들을 다음과 같이 구별하였다. 하나님은 영이시며 영을 가지고 계신 반면, 천사는 영이지만, 영혼과 구별되는 영을 가지고 있지는 않다. 동물은 영도 아니고 영을 가지고 있지도 않다. 인간은 살아있는 영혼이지만 또한 자신 고유의, 창조된 영을 가지고 있다.[38]

---

35. H. Bavinck, *Bijbelsche en Religieuze Psychologie*, 39-40.
36. H. Bavinck, *Bijbelsche en Religieuze Psychologie*, 41-42.
37. H. Bavinck, *Bijbelsche en Religieuze Psychologie*, 42-44.
38. H. Bavinck, *Bijbelsche en Religieuze Psychologie*, 44.

물론 바빙크는 생명을 부여하는 영에 대하여 말할 때에는, 인간과 동물 모두의 안에 영이 있다고 했다(전12:7). 하나님으로부터 나온 영이 육신에 생명을 주는 힘이므로 인간과 더불어 동물에게도 생명의 영의 힘이 내재한다고 보았기 때문이다. 동물의 경우 영은, 단지 생리적 생명을 부여하는 힘으로 제한되고, 인간의 영은 동물의 경우보다 더 높은, 독립성과 자유로 나아간다고 보았다. 인간에게 영은 생리적 생명만 아니라 더 고등한 생명인 감정과 이해와 의지의 원천이었다.[39] 그래서 영은 낙심, 겸손, 근심, 슬픔, 확신 등 다양한 정서와 연관되어 있고, 지혜, 지식, 이해 등과 연관되어 있으며, 특히 자기의식, 자기지식과 연관되어 있다.[40]

더 나아가 바빙크는 영을, 높고 고상한 삶의 원천으로 보았다. 죄와 어두움의 영향 때문에 각종 부도덕함, 교만, 불신앙, 기만, 분노, 태만과 같은 것들이 다가오므로, 영은 이러한 것들을 자각하게 하여, 투쟁으로 자신을 지키도록 하고, 지혜로운 삶을 살아가도록 한다는 것이다. 그래서 바빙크는 "영이 인간의 높고 고상한 삶의 원동력이고 좌소"라고 했다.[41] 특히 하나님은 성령으로 지혜와 지각, 그리고 여러 은사들을 주어 영적 자산이 되게 하고, 거룩한 삶을 살게 하신다고 설명했다.

(4) 영혼과 영의 관계

기독교교리와 기독교철학에서 오랫동안 이원론(영혼과 몸)과 삼원론(영, 영혼, 몸)이 견지되어 왔음에도 불구하고, 바빙크는 인간본성의 단일성, 육체

---

39. H. Bavinck, *Bijbelsche en Religieuze Psychologie*, 47.
40. H. Bavinck, *Bijbelsche en Religieuze Psychologie*, 50.
41. H. Bavinck, *Bijbelsche en Religieuze Psychologie*, 51.

의 가치, 부활의 의미, 그리고 창조와 육신됨에 대한 교리들을 생각할 때, 이 원론과 삼원론의 정당성을 인정하기 어렵다는 입장을 분명히 했다.[42]

바빙크는 삼원론의 기원이 그리스철학에 있고, 그 후 신비주의 신학으로 이어졌다고 설명했다. 이 사상체계에서는, 이데아와 현상, 그리고 그 둘 사이의 조정자인 세계영혼이 있고, 세계영혼의 좌소에는 누스(nous, 이성)가 있다. 그 구도에서 인간에게는 영혼(Ziel)이 영과 몸 사이의 조정자이고, 영혼 안에 이성이 있다고 보았다. 영혼은 고상하고 높은 정서와 연결된 영혼과, 낮은 욕망에 속하는 영혼이 있다고 보았다.[43]

바빙크에 따르면, 그리스철학의 영향을 받은 1세기 기독교신학과 기독교 철학에서 처음 삼원론이 수용된 후, 인간론에서 영과 영혼과 육체는 각각 별개의 부분이 되었다. 영은 육체 안에 곧 바로 거할 수 없고, 조정자인 영혼 안에 수용되어 통합되어 존재한다고 보았다. 영혼은 영의 숨으로 생존하고, 영의 장막이 되어, 영의 외적이고 현상적인 부분을 이룬다. 그래서 영혼 자체는 하나님의 형상이 아니라 하나님의 형상의 상(beeld)이나 각인이라고 보았다.[44] 셋의 관계를 차례대로 연결하면, 조정자인 영혼은 영의 장막이고, 육체는 영혼의 거처이다.

바빙크는 이러한 삼원론에서는 영과 물질의 연합은 결코 해명되지 못하고, 죽음과 부활과 영생의 상태에 대한 설명에서 육체와 영혼 각각 계속 분할되어야 하는 문제점을 해결할 수 없다고 비판하였다.[45]

바빙크는 영혼의 분할에 대한 사상은, 신체영혼, 호흡영혼, 그림자영혼으

---

42. H. Bavinck, *Bijbelsche en Religieuze Psychologie*, 52.
43. H. Bavinck, *Bijbelsche en Religieuze Psychologie*, 53.
44. H. Bavinck, *Bijbelsche en Religieuze Psychologie*, 54.
45. H. Bavinck, *Bijbelsche en Religieuze Psychologie*, 54-55.

로 나눈 심리학자 분트(Wundt), 인간을 다양한 요소들의 임의적인 결합으로, 그리고 영혼을 항상 변화하는 심리 현상의 복합으로 이해하는 인도철학, 그리고 영혼을 변화하는 심리현상들의 결합으로 간주하는 근대심리학에서도 나타났으며, 이러한 유사 삼원론 이론들은 모두 기독교세계관에 근거한 인간론과 상이한 것이라고 주장했다.[46]

바빙크는, 성경에 기초한 인간론은 아래 네 가지 근거에서, 퍼스날리티의 분할과 해체가 아니라 단일성을 강조한다고 주장했다. 첫째, 성경은 창조자와 피조물의 존재적 구별은 강조하지만, 영과 물질의 기원적 이원론을 말하지는 않는다는 것이다. 이원론의 주장과 달리 성경에서는, 영과 물질이 하나가 될 수 있었다. 인간이 바로 그 경우인데, 물질로부터 형성된 육체 안에서 영이 존재를 조직하여 인간을 하나의 살아있는 영혼으로 만들었기 때문이다.

둘째, 영과 영혼이라는 표현이 구별되어 나타나기는 하지만, 성경에서 영은 원동력과 힘인 반면, 영혼은 생명의 좌소 혹은 주체이다. 그래서 바빙크는 "인간은 영을 가지고 있으나 여전히 영혼이다(De mensch heeft geest, doch is ziel)"라고 말했다.[47] 영은 볼 수 없는 세계에서의 인간이며, 영혼은 감각세계와 관련된 인간이다. 영이 세상으로부터의 상대적인 독립성을 보여준다면, 영혼은 세상환경에의 의존성을 표현한다고 설명했다. 그리고 "예수님은 자신의 영혼을 많은 사람들의 대속물로 주었으나, 그는 자신의 영을 하나님의 손에 의탁하였다"고 말했다.[48]

셋째, 그럼에도 불구하고 영혼과 영의 본질적, 본체적 구별은 사실상 없다

---

46. H. Bavinck, *Bijbelsche en Religieuze Psychologie*, 57.
47. H. Bavinck, *Bijbelsche en Religieuze Psychologie*, 58.
48. H. Bavinck, *Bijbelsche en Religieuze Psychologie*, 58.

고 보았다. 바빙크는 이 두 표현 모두 동일한 내면적 인간을 가리키면서도, 하나의 다른 면들이라고 말하기도 했다. 그러나 이 둘이 엄격하게 구별된 것은 아니어서, 자질, 조건, 활동 등이 모두 영에, 혹은 영혼에 귀속되기도 했다. 두 단어는 많은 경우 나란히 병행하고, 서로 교차되기도 했다. 그래서 전인적 인간을 형성하는 것으로, 영혼과 육체, 영과 육신, 영과 육체, 육신과 생각이라는 표현으로 교차하여 표현되었다. 그리고 많은 경우 영과 영혼은 같은 것으로 표현되었다.

넷째, 삼원론을 생각하게 하는 구절(히4:12와 살전5:23)들이 필연적으로 삼원론의 근거라고 보기 어렵다는 것이다. 바빙크는 히브리서4:12에는 영, 혼, 몸과 더불어 다른 요소들(관절, 골수, 생각, 뜻)도 열거되었고, 데살로니가전서5:23에서 바울이 비록 영, 혼, 몸으로 인간을 종합했으나 맥락은 각 부분을 구별하여 다루기보다 전인적인 거룩을 강조하고 있다는 점을 강조했다. 더불어 바울이 영과 혼과 몸을 구별하여 언급했으나, 언제나 일관성 있게 셋의 복합으로 주장한 것이 아님은, 다른 더 많은 부분에서 영과 육체, 영과 육신, 혹은 육체와 생각처럼 오히려 둘로 구분하고 있기 때문이라고 말했다.[49]

(5) 인간의 마음과 머리

바빙크는 영혼의 능력에 대하여 논구하기 위해서는 유사 표현인 마음의 의미를 명료화하는 작업이 필요하다고 보았다. 성경은 다른 사상들에 비하여 마음을 유독 강조한다고 했다. 우선 마음(hart)은 우리말에서 신체적 맥락과 심리적(상징적) 맥락에 따라 각각 심장과 마음, 곧 서양언어 용법과는 달리 다른 단어로 지칭되는 것이어서 다소 혼란스럽기는 하다. 서양언어에서

---

49. H. Bavinck, *Bijbelsche en Religieuze Psychologie*, 58-59.

일반적으로 심장은 곧 마음이며 이는 네덜란드어에서도 마찬가지이다.

바빙크에 따르면 심장과 마음이 그러한 것처럼, 그리고 앞서 정리한 것처럼, 피와 영혼은 거의 같은 의미이기도 하여, 피는 영혼의 표식, 상징, 또는 좌소라고 표현되었다. 그리고 성경은, 영이 원동력이고, 영혼은 생의 주체이며, 심장(마음)은 그 중심기관이라고 표현하기도 했다.[50]

심장(hart)이 감각적 생명의 원천, 추진력, 기초, 출발점인 것처럼, 마음은 지각, 감정, 열망, 의지의 근원 혹은 화로로 표현되었다. 마음은 자신과 타인으로부터도 감추어져 있어 무의식적인 것이라고 표현해도 될 정도이지만, 그 마음으로부터 인간 영혼의 삶, 곧 사고와 감정과 욕망이 흘러나온다고 말했다.

물론 마음으로부터 나오는 것들은, 서양의 합리주의와 신비주의의 주장처럼 순수정신으로부터 나오는 것이 아니라, 육체의 감각기관들을 통하여 접촉하는 외부세계와 관련되어 있다. 인간은 영 혹은 영혼을 가지고 있을 뿐만 아니라 육체가 되어 있으므로, 마음은 독립적인 원천이 아니라 인간 내면의 중심에 있는, 아주 수용적이고 민감한, 영혼의 기관이라 일컬어진다.[51] 마음은 지성, 감정, 욕망, 의지와 관련된 기관이다. 그래서 심리적 활동의 모든 것들이 마음에 귀속되고 있다.

흥미로운 것은 정서적인 것들이 심장(마음)과 더불어 신장, 내장, 뼈와 같은 신체 내적인 기관들과 연결되어 있는 것으로도 표현되었다는 점이다. 바빙크는 성경의 근동 언어 및 사고는 근대 서양 언어 및 사고와 큰 차이가 있다고 지적했다. 특히 흥미로운 것은 머리이다. 성경적 용법에서 머리는 심장

---

50. H. Bavinck, *Bijbelsche en Religieuze Psychologie*, 61.
51. H. Bavinck, *Bijbelsche en Religieuze Psychologie*, 62.

의 경우와는 달리, 포괄적 의미를 가지고 있지 않다. 머리는 육체의 영광과 면류관, 집단의 우두머리, 영혼에서 일어나는 감성들을 반영하는 거울 정도로 설명되면서도, 서양의 경우와는 달리 의식 및 사고와 연결되어 있는 경우는 거의 없다.[52]

바빙크에 따르면 그리스어 nous(이성)는 복음서에 전혀 사용되지 않았고, 바울서신에만 나온다. 바울서신에서도 이성활동은 그리스사상의 용법처럼 인간 자신과 분리된 특별한 기능적 활동이 아니라, 인간 자신의 활동, 곧 퍼스날리티 전체와 연결된 활동이다. 그래서 이성은 네덜란드어성경 번역에서 문맥에 맞게 감각, 정서, 지각으로 번역되기도 했다. 이성도 다른 부분과 같이 변화되어 새롭게 되어야 하고, 성령의 기관이 되어야 하고, 하나님의 법을 따라야 하고, 하나님의 뜻을 점검해야 하는 것으로 인정되었다. 바빙크는 성경의 용법에서는 이성이 결코 중립적인 능력이 아니라고 설명했다.[53]

구약성경에는 의지에 해당하는 특정 단어도 없다고 했다. 긍정적으로는 욕망과 열망 등으로, 부정적으로는 혐오, 불편함, 거절 등이 의지를 표현하는 말들이었다. 신약성경에서는 의지와 관련하여 사려 깊음, 준비성, 경향성, 열망 등의 표현이 사용되었다고 한다. 바빙크는 그리스와 서양철학에서의 개념과 달리, 성경에서 의지는, 추상적인 것이 아니라 대단히 구체적이고, 인간 특질과 관련되어 있는 육신의 기능이라고 설명했다.[54]

지금까지 바빙크가 밝힌 영혼(마음)의 기능을 고려할 때, 성경심리학이 해명하는 인간은 존재에 있어 언제나 전인적이며, 영혼의 모든 기능과 능력은

---

52. H. Bavinck, *Bijbelsche en Religieuze Psychologie*, 69.
53. H. Bavinck, *Bijbelsche en Religieuze Psychologie*, 69.
54. H. Bavinck, *Bijbelsche en Religieuze Psychologie*, 70.

전인적으로 작동한다고 볼 수 있다.

4) 성경심리학과 교육학과 심리학

본 연구가 신학적 사실과 의미를 다루는 것이 아니라 교육을 위한 심리학의 문제를 다룬 것이어서 지금의 논의는 바빙크의 해명으로부터 본 연구의 주제에 해당하는 것들만 다룬다.

바빙크는 기독교교사의 학생이해와 교육활동에서의 실제적 통찰을 제공해 주려고 성경심리학을 저술하였으므로 그의 성경심리학적 인간론이 갖는 의의는 일차적으로 그 방향에서 논의되어야 할 것이다. 더 구체적으로 확장하면, 성경심리학의 '성경'이라는 표현이 함의하는 개혁신학과 기독교세계관의 특성, 그리고 '심리학'이 의미하는 심리학이론의 특성, 그리고 그가 이 저술로 의도하였던 교육의 이론 및 실제의 특성에서 그의 기여와 한계를 몇 가지 논의해보면 다음과 같다.

첫째, 개혁신학과 기독교세계관의 특성에서 볼 때 성경심리학은 다음의 의의를 갖는다.

(1) 바빙크의 성경심리학에 반영된 그의 개혁신학방법론은, 교리사와 철학사의 흐름에서부터 철학적 방법으로 영혼개념을 논의하는 방법이 아니라, 구체적인 성경구절과 그 맥락을 귀납적으로 살펴 분석하고, 분류하고, 해석함으로써 그 의미를 종합해내는 방법을 따랐다. 이는 칼빈 이후, 가톨릭신학과 차별화된 전통적 개혁신학 연구방법론을 잘 반영한다.

(2) 바빙크는 근대학문으로서의 개혁신학 연구방법을 보여주었는데, 그 방법은 성경자료에 대한 귀납적 분석방법으로 영혼개념의 특성들을 먼저 구별해내고, 그 개념특성들을 근동세계관 및 문화적 배경에서 해석하면서 서구문화에서의 개념특성과의 차이가 밝히고, 다시 근대세계관 및 근대학문에

서의 개념특성 및 용법과 비교하면서 기독교적 의미의 차별성과 그 특별한 의미를 드러내는 방법이었다.

(3) 바빙크는 성경의 절대적 권위, 성경서술 내용들의 보편적 적용에 대한 확신, 성경의 설명이 지닌 탁월성에 대한 강한 신뢰감을 드러내었다. 바빙크는 성경으로부터 구성된 이론과 실제라면 확실하고 신뢰할만한 지식이며, 실천에서도 탁월한 가치를 가지고 있고, 지적 활동에서 평안과 만족을 준다고 주장했다. 그는 성경으로부터 인간을 배운다는 것은 감사의 조건이고, 지식과 삶을 풍성하게 하는 조건이라고 보았다.[55]

(4) 바빙크는 성경과 학문의 관계를 특별계시와 일반계시이해로 구별하여 일반학문의 필요성과 가치를 인정하였다. 또한 특별계시가 일반계시 이해의 정당한 방향 제시와 등불 역할을 한다는 입장에서 기독교적 학문연구에 적극적인 관심을 보였다. 신학자이지만 심리학과 교육학 저서를 남겼다. 비록 성경심리학이 근대학문으로의 심리학은 아니지만, 권위 있는 성경의 자료를 통하여 심리구조와 현상에 대한 유용한 지식을 제공하려는 성경심리학이 가능하고, 또 특별한 의미를 갖는다고 보았다.

(5) 영과 영혼과 육체와 마음의 특성과 그 상호관계에 대한 바빙크의 설명은 성경의 용례를 종합한 것이어서 더 이상의 논의가 불필요하기는 하지만, 이후 개혁신학자들은 성경으로부터 해당 표현들을 더 철저하게 분석한 후 바빙크의 설명을 부분적으로 보완해 왔다. 그 보완된 요점은 영과 영혼과 육체 외에도 다른 단어들이 많이 사용되었다는 것과, 개별 용어가 다른 용어와 구별되어 특별한 특성들을 부각하지만, 그 모두는 인간의 다른 부분이 아니라 전인적 존재인 인간을 다양한 관점에서 본 특성이어서, 오히려 전인성을

---

55. H. Bavinck, *Bijbelsche en Religieuze Psychologie*, 72.

강조한다는 데 모아졌다. 그래서 바빙크가 이미 『개혁교의학』에서 하나님의 형상개념을 설명할 때 사용한 유사한 표현처럼,[56] 그 부분 실체를 '인간은 … 가지고 있다'는 표현대신 '인간은 … 이다'라고 표현해도 된다고 보았다.[57]

(6) 바빙크는 인간에 대한 삼원론과 이원론이 성경에서 비롯된 것이 아니라 그리스사상에서 유래하여 서양기독교사상에 정착된 것으로서, 많은 부분에서 성경적 진술과 충돌한다고 주장했다. 바빙크는 성경에서 관찰된 인간은 단일성을 가진 존재라고 주장했고, 그 인간론이 실제성에 부합한다고 주장하였다. 바빙크는 그리스세계관의 영향으로 인간에 대한 신학적 이해에서 오랫동안 존속되어 온 불필요한 혼란을 종식시키는 기여를 했다.

둘째, 현대 심리학의 특성에서 볼 때 바빙크의 성경심리학은 다음의 의의 및 한계를 갖고 있다.

(1) 바빙크는 신학적 인간학 혹은 교의학적 인간론이 아니라 성경심리학을 시도했다. 즉 인간 영혼의 초월적 기원, 본질, 구원에 대하여 상세하게 논의하기보다, 일상적인 삶의 존재인 구체적이고 실제적인 영혼을, 성경 자료로부터 상세하게 정리하였다. 이러한 의미에서 그가 인간론(학) 대신 심리

---

56. H. Bavinck, *Gereformeerde Dogmatiek* (5:291), II/516.
57. A. H. De Graaff & J. H. Olthuis ed., *Toward a Biblical View of Man: Some Readings* (Toronto: Institute for Christian Studies, 1978). 이 문헌에 실린 H. Fernhout("man: the image and glory of God"), G. C. Berkouwer("the whole of man"과 "the Reformed faith and the modern concept of man"), H. Ridderbos("the Biblical words for man in the Pauline writings"), F. H. von Meyenfeldt("the Old Testament meaning of heart and soul"), T. Heff("nephesh and the fulfillment it receives as psuche")의 논문들이 이후 보완된 내용들을 담고 있다. 그리고 그 요점은 S. G. Joh, *Human Integration as a Fundamental Anthropological Problem in Neo-humanistic Education* (Ph.D. diss, Potchefstroom Univeristy, 1997), 171-174에 정리되어 있다.

학이라고 표현한 것은 의도적인 용어선택이다. 그가 심리학이라고 표현할 수 있었던 것은, 성경심리학이 영혼을 중심으로 다루었지만, 그 영혼은 심리학이 관심을 가지는, 단일하고 전인적인 퍼스날리티의 여러 특성들과 거의 동일한 포괄적 개념이라고 보았기 때문이다. 바빙크에게 있어서 심리학(Zielkunde)은 실제적 영혼(Ziel)데 대한 탐구이다.

(2) 그럼에도 불구하고 바빙크의 심리학은 경험과학으로서의 심리학이 아니라 철학적 심리학이다. 그는 심리학이 철학의 분과였던 시대에 심리학에 적극적인 관심을 가졌다. 경험적 연구방법의 가치를 인정하였지만 그는 경험적 연구방법으로 인간을 관찰하고 실험하면서 원리를 찾는 심리학자는 아니었다. 비록 성경심리학에서 영, 영혼, 마음, 육체와 그 관계를 다루었지만 그의 주된 관심도 그 각각 혹은 그 전체의 기능보다 언제나 철학의 관심사인 본질, 구조, 원천, 분할과 단일존재성에 있었다.

(3) 바빙크는 심리학이 다루어야 할 정서의 구조, 행동의 동기, 발달, 인지와 학습, 심리장애와 치료과정 등에 대하여, 비록 그의 책 『심리학 원리』에서 부분적으로 다루기는 했으나, 성경심리학에서는 상세하게 다루지 못했다. 그 이유는 당시 심리학의 발달수준 때문에 관심 주제가 제한된 것도 있었고, 성경이 제공하는 자료의 성격과 범위의 한계 때문이기도 했고, 또한 그가 철학적 관점으로 심리학에 접근하였기 때문이기도 했다. 이러한 시도는 이후 바터링크(J. Waterink), 베인하르덴(H. R. Wijngaarden) 등에 의해 본격적으로 다루어졌다. 그래서 그의 성경심리학은 심리학의 실제에 많은 도움을 주기보다 심리학의 기초인 인간이해에 근본적인 도움을 준다. 그래서 필자는 그의 성경심리학을 성경심리학적 인간론이라고 지칭하는 것이 더 적절하다고 본다.

(4) 성경심리학은 심리적 실체인 영혼을 이론적으로 해명한다는 의미에

서 심리학이라고 할 수 있으나, 성경자료에 제한된 범위에서 정리한 심리학이고, 보편학문으로서의 심리학의 일반적 형식에 따른 것은 아니었다. 그리고 심리학의 언어와 방법, 관심 주제에 따른 연구가 아니라는 점에서 근대심리학과는 구별된다. 바빙크가 인정한 바와 같이 성경심리학은 기독교공동체, 특히 기독교교사의 일상적 필요에 유익을 주기 위한, 학문과 조금 성격이 다른 실제적 심리학적 인간론이다. 성경심리학은 근대심리학에 보완적인 것으로서, 기독교교사의 심리학 이해에 더 깊은 통찰과 비판적 관점을 제공하는 유익이 있다고 보는 것이 좋을 것이다.

셋째, 교육학의 특성에서 볼 때 바빙크의 성경심리학은 다음의 의의 및 한계를 갖는다.

(1) 성경심리학이 교육활동에 주는 유익에 대하여는, 이미 그것이 집필 의도였으므로 바빙크가 구체적으로 몇 가지를 결론부분에서 상세하게 다루었다. 그는 성경으로부터 오는 통찰인, 인간의 신적 기원과 목적, 인간의 특별한 지위, 인간의 가치존중, 인류의 단일성에 근거한 본성의 동일성, 개별성과 유대성 등은 근대학문들을 통하여 제대로 이해될 수 없는 개념들이지만, 기독교교육에 있어서는 가장 중요한 것들이라고 보았다.[58] 그의 지적처럼 인간에 대한 성경적 이해는 기독교교육학으로 하여금 근대교육학 이론들과 다른 교육이론과 교육실천을 구성하도록 요구한다. 기독교교육이론과 실천이 성경심리학적 인간론의 토대와 방향에서 가능하다고 본 것은, 바빙크가 교육철학에 대한 깊은 식견을 가졌다는 것을 의미한다.

(2) 성경심리학으로부터 얻게 되는 통찰인 인간의 개별성과 유대성, 다양성과 단일성(전인성)은, 교육에서 학생 개인적 특성과 집단유대에 대한 균형

---

58. H. Bavinck, *Bijbelsche en Religieuze Psychologie*, 74-75.

잡힌 긍정적 접근, 개인적 차이와 재능에 대한 정당한 관심을 요구한다.[59] 더불어 인간을 전인적으로 이해하여 이성의 교육, 의지의 교육 등 분리된 교육보다, 이성과 의지, 영혼과 육체를 관통하는 전인적 퍼스날리티 형성교육을 지향해야 한다는 그의 주장은 탁월하다.[60]

(3) 바빙크는 결론 부분의 교육적 함의와 유용성 논의에서, 성경심리학 저술의 원래 의도와는 달리, 교육심리학적 함의보다 교육철학적 함의를 주로 들었다. 실제로 성경심리학의 내용은 교육심리학의 기능을 제대로 해내지 못하였다. 교육방법이해와 적용의 기초가 되는 인간발달과 학습이론 등에 대한 정보를 제대로, 그리고 충분히 제공하지 못했다. 그 이유는 그가 다룬 자료가 성경에 제한되었기 때문이기도 하고, 또한 그의 시대의 시점에서는 아직 교육심리학의 특화된 발전의 요구에 이르지 못했기 때문이다. 그래서 교육방법의 심리학적 원리와 교육대상의 발달 수준에 대한 세심한 심리학적 설명이 가장 핵심적인 교육도구이면서도, 그의 책에서는 제대로 다루어지지 못했다. 기독교교사들에게 성경심리학적 인간론으로부터 교육활동에 실제적 도움을 제공하려했던 그의 의도는 이러한 한계 때문에 기대에 미치지 못했다. 개혁신학 및 기독교세계관에서의 교육심리학 연구는 이후 네덜란드에서는 바터링크, 미국에서는 야르스마에 의해 시도되었다.[61]

---

59. H. Bavinck, *Bijbelsche en Religieuze Psychologie*, 76-79.
60. H. Bavinck, *Bijbelsche en Religieuze Psychologie*, 80.
61. 조성국, "개혁주의적 관점에서 본 코르넬리우스 야스마의 아동발달이론," 「파이데이아」 7 (1993): 18-35; 조성국, "얀 바터링크(Jan Waterink)의 기독교교육사상," 「성경과 신학」 68 (2013): 55-82.

5) 나가면서

　바빙크는 기독교교육이론과 실천의 기초가 되는 심리학 이론을 제공함으로써 기독교교사가 권위 있고 적실한 방법으로 학생들을 가르칠 수 있도록 하려는 의도로 성경심리학을 구성하였다. 성경심리학은, 기독교인들이 절대적 권위를 인정하는 성경 자료로부터, 인간영혼의 본질과 구조를 밝히고, 그 통찰로부터 일상적인 도움을 주려는 시도였으므로, 근대 학문으로서의 심리학 이론서는 아니다.

　성경심리학이 해명한 인간은, 본질적으로 단일한 존재이다. 그리스세계관에서 유래된 삼원론과 이원론, 그리고 근대 진화론의 설명과 달리, 인간은 개인적으로 살아있는 한 영혼으로서 단일한 퍼스낼리티를 이루고 있고, 집단으로서의 인류는 모두 동일한 본성을 가지고 있다. 육체는 인간이 물질로부터 구성된 연약한 존재라는 사실을 표현하는 말이지만 하나님이 창조하신 작품이다. 영혼은 생명을 가진 존재를 표현하는 말로서 감정과 열망과 자기의식의 실체이다. 영은 하나님으로부터 온, 생명의 원동력, 감정과 이해와 의지의 원천, 고상한 삶의 원천이다. 영혼은 감각세계와 관련된 생명의 주체로, 영은 위로부터 온, 생명의 원동력으로 구별되는 경우도 있으나, 둘은 본체적으로 구별되지 않는, 동일한 것으로 간주되었다. 영혼의 중심기관인 마음은 지성, 감성, 욕망, 의지와 연관된 퍼스낼리티 전체를 통해 스스로를 표현한다. 성경심리학은 인간의 신적 기원과 목적, 특별한 지위와 가치, 인류의 단일성과 본성의 동일성, 개별성과 유대성 등의 통찰을 제공함으로써 기독교교육이론과 교육활동을 차별화하고 탁월하게 한다.

　바빙크의 성경심리학은 개혁신학과 기독교세계관에 따라 성경이 학문작업에 줄 수 있는 통찰의 실제를 보여주었다. 교육을 위한 심리학의 필요성을 인정하여 심리학체계에 따라 인간영혼을 해명하려 하였으나, 그의 시도는 철학적 심리학의 시도였으므로 영혼의 본질과 구조에 집중하였고, 영혼의 기능과 발달, 동기와 심리장애 등의 이해에는 별로 도움을 주지는 못했다. 성경심리학의 통찰을 통해 기독교교육이론과 실천에 중요한 몇 몇 기초적 원리를 밝혀 주었으나, 발달과 학습 등 교육심리학의 주제들을 상세히 다루지는 못하여 기대만큼 실제적인 기여를 하지는 못했다. 이러한 한계는 그의 시대 학문의 한계, 성경자료 제한의 한계에서 온 것이다. 아무래도 그의 주된 기여는 인간에 대한 성경 서술들의 분석과 정리, 그리고 성경, 신학, 기독교 세계관으로 일반학문인 심리학을 구성하려는 기독교적 시도에 있었다고 평가해야 할 것이다.

참고문헌

류해무. 『헤르만 바빙크: 보편성을 추구한 신학자』 (서울: 살림, 2007).

조봉근. "개혁신학자들의 교육사상 비교연구: 헬만 바빙크, 루이스 벌코프, 코넬리우스 반틸을 중심으로." 「개혁논총」 28(2013): 153-185.

조성국. "개혁주의적 관점에서 본 코르넬리우스 야스마의 아동발달이론." 「파이데이아」 7 (1993): 18-35.

조성국. "얀 바터링크(Jan Waterink)의 기독교교육사상." 「성경과 신학」 68 (2013): 55-82.

조성국. "헤르만 바빙크의 생애와 그의 교육 및 교육학에 대한 기초적 논의." 「기독교교육 논총」 42, (2015), 101-131.

Bavinck, H. *Bijbelsche en Religieuze Psychologie* (Kampen: J. H. Kok, 1920).

Bavinck, H. *Verzamelde Opstellen* (Kampen: J. H. Kok, 1921).

Bavinck, H. *Beginselen der Psychologie*. (2de) (Kampen: J. H. Kok, 1923).

Bavinck, H. *Gerformeerde Dogmatiek* (Kampen: J. H. Kok, 1967).

Bavinck, H. *Gereformeerde Dogmatiek*. 박태현 역. 『개혁교의학』 (서울: 부흥과 개혁사, 2011).

Bavinck, H. *Reformed Dogmatics*. 김찬영 장호준 역.『개혁파 교의학』(서울: 새물결 플러스, 2015).

Bavinck, H. *Our Reasonable Faith*. 김영규 역.『하나님의 큰 일』(서울: 기독교문서선교회, 2015).

De Graaff, A. H. & Olthuis, J. H. ed. *Toward a Biblical View of Man: Some Readings* (Toronto: Institute for Christian Studies, 1978).

Jaarsma, C. *The Educational Philosophy of Herman Bavinck*. 정정숙 역.『헤르만 바빙크의 기독교교육철학』(서울: 총신대학교출판부, 1983).

Joh, S. G. *Human Integration as a Fundamental Anthropological Problem in Neo-humanistic Education*. Ph.D. diss, (Potchefstroom Univeristy, 1997).

Van der Meersch, P. & Westerink, H. *Godsdienst Psychologie: in cultuurhistorisch perspectief* (Amsterdam: Boom, 2007).

Van der Zweep, L. *De Paedagogiek van Bavinck* (Kampen: J. H. Kok, 1935).

Van Belzen, J. A. *Psychologie en het Raadsel van de Religie: Beschouwingen bij een eeuw godsdienstpsychologie in Nederland* (Amsterdam: Boom, 2007).

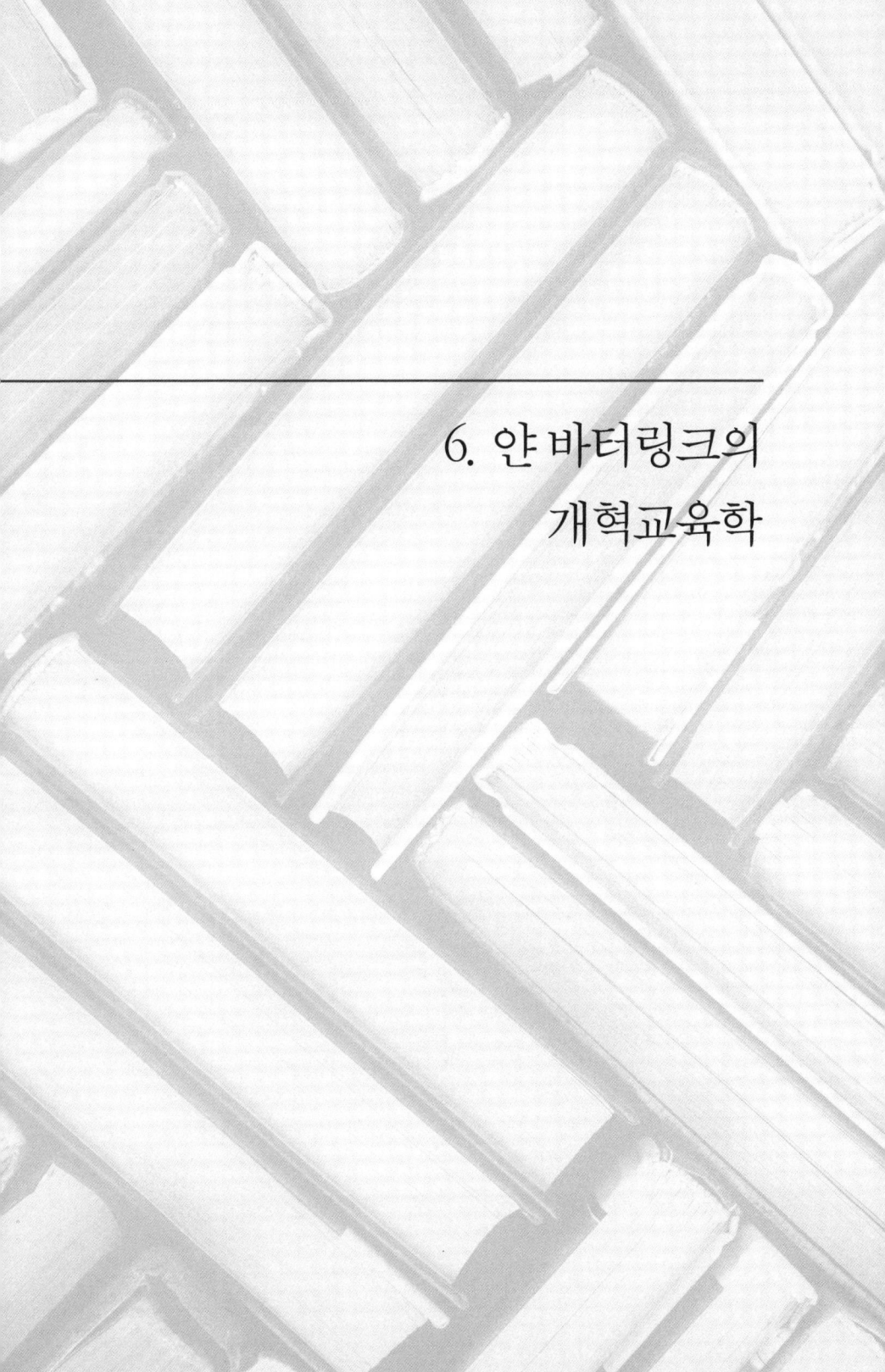

6. 얀 바터링크의
　　개혁교육학

우리나라 기독교교육은 교회의 신앙교육, 그리고 학교에서의 전도활동과 기초적인 종교교육을 의미했다. 그 이유는 한편으로는 선교사들의 기독교교육활동이 처음부터 미션스쿨 및 주일학교교육이었고, 우리나라에 왔던 선교사들은 복음주의 부흥운동에서 고무되어 선교에 헌신한 사람들이었기 때문이다. 정교분리전통이 점차적으로 확립되어 왔고, 현대교육학이 탈종교화되며 기독교교육 연구 활동이 교회신앙교육으로 더욱 축소되어온 미국의 전통도 이에 영향을 주었다.

또 다른 한편으로 우리나라는 역사적으로 볼 때 고대국가 이래로 중앙집권국가가 학교교육체제를 유지해왔고, 일제강점기에는 식민지 정부의 배타적인 학교통제정책이 더 노골적으로 작동하였으며, 해방이후 조차도 오랫동안 권위적인 군사정권의 지배, 반기독교적인 세속사회의 영향으로 기독교공동체가 기독교학교교육을 제대로 실행할 수 있는 기회를 얻지 못했고, 또한 처음부터 탈종교적인 현대교육학의 도입으로 교육학 전반을 반성하는 기독교교육학을 거의 소개받을 수 없었기 때문이다.

한국장로교회는 칼빈의 신학 전통 위에 세워져 있지만, 칼빈의 신학을 견지한 영미 청교도운동 및 장로교회 전통에만 익숙했었다. 동일한 칼빈 신학에서 발전해 온 유럽 개혁교회 전통은 우리에게 해방이후 겨우 인식되기 시작했고, 현재까지도 부분적으로만 소개되고 있으며, 실제로는 한국교회와 신학전통이 다른, 독일신학보다도 덜 알려져 있는 형편이다.

유럽개혁교회의 교육학은 신학의 경우보다 우리에게 더 알려진 것이 적다. 미국 전통과는 달리 네덜란드 개혁교회는, 19세기 이래로 근대국가가 교육 법제화를 통해 학교교육을 획일적으로 통제하려 했던 일반적인 대세에 저항하여, 정치적인 참여를 통해 기독교학교의 법적 정당성을 확립하려고 노력해왔다. 곧 전통적인 기독교공동체의 특성이 세속국가로부터 배제되어야 하는 것이 아니라 국가의 한 부분으로 인정받도록 노력했다.

그리고 신학자, 철학자 및 교육학자들 중에 일부는 교육학의 학문적 반성을 통해 기독교교육학의 독자적 체제를 발전시키기 위해 노력하기도 했다. 이러한 개혁교회 전통은 기독교교육을 교회의 신앙교육 영역으로 환원시키는 대신, 가정과 학교에서도 작동할 수 있게 했고, 이는 종교개혁이후 근대 이전의 흐름을 유지시키면서 발전적으로, 인본적인 근대교육학과 경쟁하는 시도였다.

1990년대 후반 이후 우리나라에서 기독교세계관, 기독교학교운동이 발전해오면서 북미와 오스트레일리아 기독교학교에 대한 이해가 어느 정도 이루어졌고, 장로교계 교육가들 중에는 네덜란드계 개혁교회가 투쟁하면서 발전시킨 기독교학교와 기독교교육학에 대한 관심을 갖는 사람들도 많아지고 있다. 그러나 이와 관련된 우리나라 문헌은 별로 없는 형편이다.

우리나라에서 네덜란드의 개혁신학과 문헌들은 네덜란드에서 공부했던 신학자들의 저서들을 통해 소개 되었다. 문헌들의 경우는 영어로 이미 번역된 네덜란드 신학자들의 책들이 한글로 번역되어 출간된 경우가 대부분이며, 최근에야 바빙크의 네덜란드 문헌이 직접 번역되어 출간된 정도이다. 네덜란드 신학관련 연구논문들도 더러 발표되기는 했으나, 복음주의신학회 학술지인「성경과 신학」에서는 종교개혁과 네덜란드 개혁교회의 초기 신학을 다룬 이승구의 논문[1] 외에는, 흥미롭게도 네덜란드개혁신학을 직접 다룬 논문이 없고, 더우기 신칼빈주의신학을 다룬 논문도 없다.

네덜란드 개혁교회의 교육에 있어서는, 네덜란드에서 유학했던 신학자들

---

[1]. 이승구. "개혁파 정통신학에 대한 멀러 테제에 대한 교의학적 성찰". 「성경과 신학」 43 (2007):, 71-103.

이 카이퍼와 바빙크를 다루면서 간접적으로 소개한 일이 더러 있다. 그리고 몇 몇 기독교교육학자들이 영어로 출간된 문헌들, 예컨대 얀 바터링크의 『기독교교육원론』, 미국 네덜란드계 기독교교육학자 야르스마(C. Jaarsma)의 『헤르만 바빙크의 기독교교육철학』, 캐나다 네덜란드계 기독교교육학자 더 흐라프(A. de Graaf)의 『교육목회학』을 번역 출간한 정도이다.[2]

신칼빈주의 신학자와 철학자의 사상에서 교육의 함의를 추론한 논문으로는 한국복음주의기독교교육학회 학술지 「복음과 교육」에 몇 편 발표되었다. 류기철의 신학자 아브라함 카이퍼의 교육사상의 기초, 한상진의 철학자 도예베르트의 인간교육철학이 있다.[3] 네덜란드어 문헌을 다룬 교육관련 논문으로는 조성국의 네덜란드 기독교학교운동의 선구자인 흐룬 판 프린스터러의 기독교교육사상, 네덜란드 기독교학교교육의 역사, 네덜란드계 기독교교육철학의 연구방법이 있다.[4]

이러한 우리나라의 연구사 배경에서 본 논문은 네덜란드 신칼빈주의 개혁교육학의 대부인 얀 바터링크의 기독교교육사상을 개관함으로써 기독교교육학의 학문적 논의와 개혁교육의 특성에 대한 이해를 확장하려 한다. 바터링크는 네덜란드와 네덜란드계 이민자들 사회 밖에서는 잘 알려지지 않은

---

2. J. Waterink, 『기독교교육원론』, 김성린 김성수 역. (서울: 소망사, 1980b); C. Jaarsma, 『헤르만 바빙크의 기독교교육철학』, 정정숙 역 (서울: 총신대출판부, 1983); A. de Graaf, 『교육목회학』, 신청기 역 (서울: 기독교문서선교회, 1988).
3. 류기철, "아브라함 카이퍼의 기독교 교육사상의 기초". 「복음과 교육」 5 (2009), 32-54; 한상진, "도예베르트의 인간교육철학". 「복음과 교육」 5 (2009), 55-76.
4. 조성국, "흐룬 판 프린스터러의 기독교교육사상". 「복음과 교육」 5 (2009b), 9-31; 조성국, "네덜란드 기독교학교교육운동의 역사가 한국 기독교학교의 과제에 주는 함의". 「기독교교육 논총」 20 (2009), 21-52; 조성국, "네덜란드계 기독교교육철학에서 일반교육이론을 연구하는 방법". 「복음과 교육」 4 (2008), 230-255.

학자이므로 간단하게 그의 생애를 다룬 이후 그의 기독교 교육사상을 정리하고 논의해보려 한다.

1) 얀 바터링크의 생애

얀 바터링크(Jan Waterink)는 1890년 10월 20일 네덜란드 오펄에이설(Overijssel) 북부에 있는 작은 마을 덴 홀스트(Den Hulst)에서 태어났다. 그의 아버지는 개혁교회의 종교교사 및 지방 순회설교자였고, 그의 부모는 "하나님의 나라와 주의 교회를 자신들의 생에 있어서 첫째요, 최상이요, 최고로"[5] 아는 사람들이었다.

바터링크의 아버지는 네덜란드 신칼빈주의운동 지도자인 아브라함 카이퍼의 영향으로 새롭게 형성된 애통(Doleantie)파 시골 교회들을 순회하면서 목회하였다. 얀은, 어린 시절 겨울철 저녁에 동네 어른들이 함께 모여 베를 짜는 동안에도 한 사람이, 카이퍼가 편집한 주간신문 더 헤라우트(De Heraut)를 처음부터 끝까지 읽는 것을 듣곤 했다고 고백한 것처럼, 카이퍼의 영향이 큰 신앙 공동체 내에서 성장했다.[6]

성장하는 동안 민감한 감수성을 가졌던 바터링크는 통학거리가 먼 하르덴베르크(Hardenberg)에 있는 초등학교를 걸어 다니면서, 네덜란드의 시골환경, 특히 자연에 대한 감상에 깊이 빠져들곤 했다. 그는 초등학교시절

---

5. E. Mulder, *Begensel en beroep: Pedagogiek aan de universiteit in Nederland 1900-1940*. Academisch proefschrift. Historisch Seminarium van de Universiteit van Amsterdam, 1989, 192.

6. J. C. Sturm, *Leven en werk van prof. dr. Jan Waterink: een Nederlandse pedagoog, psycholoog en theoloog(1890-1966)* (Kampen: Uitgeversmaatschappij J. H. Kok, 1991), 5-6.

월반하여 졸업할 정도로 학습에서 두각을 드러냈다. 얀은 아버지가 재정지원을 받을 수 있게 된 1904년부터 깜펀(Kampen)에 있는 개혁파 고등학교(Gymnasium)에 등록하여 1909년까지 공부했다.

얀은 목사가 되기는 바라는 아버지의 기대에 따라 1909년 깜펀의 신학대학교에 등록하여 신학을 공부하였고 1912년 졸업하였다. 그는 신학생시절 학생회 회장을 했고, 학생학술지 엘테토(Eltheto) 편집인으로 일하면서 자신의 글을 기고하기도 했다.

얀은 1914년 결혼하였다. 그러나 일생동안 그에게 자녀는 없었다. 1914년 그는 프리스란트(Friesland) 남동부에 있는 아펠스카(Appelscha) 개혁교회의 청빙을 받아 목사로 임직된 후 1917년까지 그 곳에서 목회했다. 그는 목회하는 동안 처음에는 역사신학에, 그리고 점차 민속학과 민족학, 그리고 심리학에 깊은 관심을 보여 이와 관련된 글들을 발표하였다. 오랫동안 그는 자신이 목회하던 지역 사람들의 종교성과 정신세계 이해를 천착하기 위해 시골의 특성, 민속, 종교의 특성과, 시골의 역사, 자연환경, 민족적 특성과의 관계에 깊은 관심을 가졌다.[7]

1914년 11월, 바터링크는 한 세대 이전 카이퍼가 세웠던 신칼빈주의 학문의 요람인 암스테르담 자유(vrije)대학교에 등록하여 대학원 공부를 시작했고, 1917년 주트펀(Zutphen)의 개혁교회로 임지를 옮긴 이후 얼마동안 독일 본(Bonn)대학교에 통학하면서 공부했다. 그는 1920년부터 기독교학교의 교사로서 학생들을 가르치는 일도 병행했으며, 1924년까지 주트펀에서 목회하

---

7. J. C. Sturm, *Leven en werk van prof. dr. Jan Waterink: een Nederlandse pedagoog, psycholoog en theoloog(1890-1966)*, 6; J. Waterink, et. al. *Cultuurgeschiedenis van het Christendom* I-II. (Amsterdam: Elsevier, 1957).

였다.

1919년 얀은 박사학위 졸업논문을 준비할 때 자신의 심리학적이고 민속학적인 관심에 따라 실천신학 주제를 정했다. 『직분영역들의 지위와 방법(Plaats en methode van de ambtelijke vakken)』이라는 박사학위논문에서 그는 교리교육과, 실천적이고 목회적인 직무들을 상세하게 다루었고, 질문응답지를 분석하는 경험적 연구를 시도했다. 1923년 그는 자유대학교에서 최우등으로 졸업했다.

그의 박사학위 논문의 경험적 연구부분은 별개로 교육학 학술지인 「기독교교육을 위한 교육학학술지(Paedagogisch Tijdschrift voor het Christelijk Onderwijs)」에 게재되었고, 이듬해 그는 이 학술지의 편집장이 되었다.[8] 바터링크의 관심은 신학, 민속학, 심리학에서 점차 교육학으로 확장되었다. 1924년 그는 위 학술지에 교육학의 철학적 기초에 대한 논문들을 발표했다. 1924년 그는 암스테르담 개혁교회로 임지를 옮겨 1926년까지 목회했다.

1926년 바터링크는 자유대학교 문학과철학대학의 교육학분야 첫 번째 교수가 되었다. 19세기 전반부터 획일적인 국가교육에 대항하여 기독교학교의 권리투쟁을 벌였고, 결국 1920년에 공립학교와 동일한 국가지원을 받아 교육의 완전한 자유를 얻어내었던 기독교학교연합단체인 개혁학교연대(Gereformeerd Schoolverband, 이전, 개혁학교교육연합)가 기독교학교교육를 위한 교육학의 전문적 필요를 절감하여 자유대학교와 협의한 후 기금을 지원하고 새로운 교수직을 만들었기 때문이다. 이에 따라 바터링크는 새로운 학문분야인 교육학 분야에서, 그리고 신학에서는 교리교육을 강의하기

---

8. J. Mulder, *Begensel en beroep: Pedagogiek aan de universiteit in Nederland 1900-1940*, 196-197.

시작했다.

교수가 된 이후 바터링크는 교육대학으로서의 기능과 기독교교육학의 학문적 연구기능을 제대로 수행할 수 있도록 자유대학교의 교육학 과정을 지속적으로 확장했다. 철학적 접근의 이론교육학 외에도, 실험적 접근으로서 심리학 자료들을 적용하는 실천교육학의 확립을 위해 노력하였다. 그는 교육학과 아동학과 심리기법의 조합을 통해 효과적인 교육방법과 치료방법을 찾으려했다. 그리고 심리학에 대한 연구와 저술에 많은 노력을 기울였다. 그는 자유대학교 심리학과의 설치자이기도 하다.

1927년 심리기법실험실(Psychotechnisch Laboratorium)을 설치하여 심리검사를 시행하였고, 교육관련 종사자들에게 다양한 교육문제에 조언했다. 1931년에는 교육연구소(Paedologisch Instituut)를 설치하여 심각한 교육문제를 가진 아동들을 진단하고 치료하였으며, 임상적 경험과 관련하여 교육과 연구를 시도했다. 바터링크는 이러한 연구를 기초로 아동과 청소년의 심리적 특성을 기술하고, 심리 문제와 교육 문제를 가진 아동들을 진단하고 조언하는 책들을 저술했다.[9]

1930년부터는 자유대학교에 연결된, 교사 재교육과정(MO-opleiding pedagogiek)을 설치하여 전국에 산재한 기독교학교 교사들을 위해 통신과정과 방학과정을 운영했다.[10] 그는 기독교학교연대의 가장 권위 있는 교육학

---

9. J. Waterink, *Puberteit* (Wageningen: N.V. Gebr. Zomer en Keunings Uitgeversmij, 1941); J. Waterink, *Ons Zieleleven* (Wageningen: N.V. Gebr. Zomer en Keunings Uitgeversmij, 1946); J. Waterink, *De psychologie van het kind op de lagere school* ('s Gravenhage: Boekencentrum N.V., 1956).

10. J. C. Sturm, *Leven en werk van prof. dr. Jan Waterink: een Nederlandse pedagoog, psycholoog en theoloog(1890-1966)*, 9.

분야 조언자였다. 그리고 부모교육을 위한 유명한 잡지「어머니(Moeder)」에 다양한 교육주제, 아동심리주제를 다루는 수많은 글들을 기고함으로써 사회적으로 가장 인기 있는 교육전문가가 되었고, 왕실의 교육자문가로서 왕실가족 자녀들의 교육문제에 자문하는 일로도 유명했다.[11] 그는 1925년부터 1964년까지 약 40년간 기독교교육 학술회 및 축제의 인기 있는 주최자, 강연자였고, 교육학과 심리학 전문가로서 다양한 주제로 강연했으며, 교육문제로 찾아오는 수많은 사람들에게 조언했다.[12]

바터링크는 교육관련 기관의 행정가로도 활발하게 활동했다. 자유대학교의 교육학대학과 연구소 직책 외에도, 그는 1936-1937년 자유대학교의 총장으로 일했다. 여러 기독교교육연합체의 회장, 여러 기독교학술지의 편집장, 여러 기독교잡지의 편집장, 가톨릭 일반대학 위원, 국가교육의회(Nederlandsch Paedagogische Congress) 분과위원장으로 활동했다.[13] 그리고 제2차 세계대전 중 그는 자유대학교 교육연구소에서 치료를 명목으로 많은 유대인 아동들을 숨겨 보호함으로써 전쟁이후 크게 존경받았고, 독일협력자 청산위원회의 주요 위원으로 활동했다.[14]

제2차 세계대전 이후에는 비록 엄밀한 학문적 작업을 하기 어려웠고

---

11. J. C. Sturm, *Leven en werk van prof. dr. Jan Waterink: een Nederlandse pedagoog, psycholoog en theoloog(1890-1966)*, 11.
12. J. C. Sturm, *Een goede gereformeerde opvoeding over neo-calvinistische moraalpedagogiek (1880-1950), met speciale aandacht voor de nieuw-gereformeerde jeugdorganisaties*. Doctor academisch proefschrift. Vrije Universiteit, 1988, 56.
13. E. Mulder, *Begensel en beroep: Pedagogiek aan de universiteit in Nederland 1900-1940*, 208-210.
14. J. C. Sturm, *Leven en werk van prof. dr. Jan Waterink: een Nederlandse pedagoog, psycholoog en theoloog(1890-1966)*, 12.

1961년 은퇴하여 명예교수가 되었으나 그 동안에도 『교육이론(Theorie der opvoeding)』(1951), 『교육에 있어서의 하나님의 법(De wet van God in de opvoeding)』(1963), 『퍼스낼리티를 지향한 교육(Opvoeding tot persoonlijkheid)』(1964)과 같은 일반적인 기독교교육이론서들, 그리고 청소년기 아동들을 위한 조언의 책인, 『아동과 청소년들에게 보내는 편지(Brieven aan jonge mensen)』(1951), 성교육에 대한 조언의 책인, 『우리 아이들에게 어떻게 말할까?(Hoe vertellen we het onze kinderen?)』(1957) 등 실제적인 대중적 저서들을 출간할 정도로 왕성한 활동을 했다.

1966년 11월 29일 바터링크는 암스테르담에서 76세의 나이로 임종했다. 신칼빈주의 교육역사학자 스투름은 바터링크의 생애를 정리하면서 그를, "생산적인 학자요, 창의적인 문화창조자요, 영향력 있는 대중교육가요, 믿음직한 아버지요, 유명한 지도자"였다고 평가했다.[15]

2) 바터링크의 기독교교육사상

(1) 개혁주의 세계관

바터링크는, 근대 인본주의 세계관에 반대하여 성경적 세계관을 보호하고 발전시키기 위해 발흥했던 신칼빈주의(Neo-Calvinism) 운동의 후예이며 신칼빈주의 전성기 학자였다. 신칼빈주의운동에는, 19세기 초반과 중반에 활동한 지도자인 역사학자이면서 정치가 흐룬 판 프린스터러, 19세기 후반부터 20세기 첫 사분기까지는 신학자 아브라함 카이퍼와 그를 이은 신학자 헤

---

15. J. C. Sturm, *Leven en werk van prof. dr. Jan Waterink: een Nederlandse pedagoog, psycholoog en theoloog(1890-1966)*, 5.

르만 바빙크가 대표적인 지도자들이었고, 20세기 초반에는 신학자 바빙크의 교육 분야 관심에 이어 바터링크가 20세기 중반까지 신칼빈주의교육학을 대표했다. 따라서 바터링크의 기독교사상은 전체적으로 볼 때 카이퍼와 바빙크의 신칼빈주의의 연속이면서 부분적인 확장의 특성을 보였다.

바터링크는 기독교교육학의 기초를 논하는 첫 부분부터 "기독교교육은 인본주의 교육과 다르다"라는 대립적 선언으로 시작한다.[16] 이 차이는 교육의 기초와 방향에 있어 기독교 세계관과 근대 인본주의 세계관의 차이를 말하는 것으로, 그 차이의 정도는 신칼빈주의자들에게는 "반립" 혹은 "충돌"이라는 말로 표현될 정도로 상호 배타적인 것으로 간주되었다.[17]

신칼빈주의자들이 말하는 근대 인본주의는, 학문에 있어 인간의 합리적 이성에만 집착하는 실증주의, 그리고 정치와 사회생활에서 인간의 자유를 공언하는 인본주의세계관을 뜻하며, 모두는 하나님의 말씀과 규범을 인정하는 대신에 인간 자신 내에 판단의 기준을 두려는, 그래서 종교적으로 인간숭배적인 태도를 취하는 특성을 가지고 있었다. 바터링크가 지목하는 인본주의 세계관의 구체적인 형태는 신학에 있어 자유주의신학, 그리고 철학과 문화에 있어 생기주의(vitalism), 반합리주의, 사회주의와 공산주의, 생철학, 실용주의, 허무주의, 자유주의, 근본주의 등이다.[18] 바터링크는 교육과 학문은 학문작업 이전의 전제인 인생관과 세계관에 따라 출발하여 발전된다고 보았으므로 근대 인본주의 세계관에 따른 교육은 기독교교육과는 처음부터 출발

---

16. J. Waterink, *Basics concepts in Christian pedagogy* (St. Catharines, Ontario: Paideia Press, 1980).
17. J. Waterink, *Basics concepts in Christian pedagogy*, 10,113; E. Mulder, *Begensel en beroep: Pedagogiek aan de universiteit in Nederland 1900-1940*, 211.
18. J. Waterink, *Basics concepts in Christian pedagogy*, 11,18,35,50.

점과 방향이 다르다고 본 것이다.[19]

바터링크가 근대 인본주의 세계관에 대립시킨 개혁주의 세계관, 바터링크의 표현대로 칼빈주의 인생관과 세계관은, 하나님의 말씀의 규범에 근거한 인생관과 세계관을 뜻했다. 바터링크가 암시하는 개혁주의 인생관과 세계관의 주요 신념은 다음 몇 가지로 간단하게 정리될 수 있다.

첫째, 하나님의 말씀이 인간과 세계, 교육과 문화 등 모든 문제에 있어 절대적 원천이며 기준이고, 진리 이해의 빛이다. 그래서 성경은 진리 주장의 근거가 된다. 따라서 하나님의 말씀으로부터 답을 찾아야 하고, 하나님의 말씀의 주장을 견지하는 입장을 가져야 한다.[20]

둘째, 인간 존재와 모든 활동, 특히 교육은 하나님과 관련된 종교적 성격과 방향을 가지고 있다. 따라서 하나님을 반역하는 태도와 삶이 아니라 하나님의 말씀과 규범에 순종하고 하나님을 섬기는 태도와 삶을 지향해야 한다.[21]

셋째, 창조와 타락과 구속은 인간 존재, 교육과 문화를 이해하는 데 있어 기본적인 카테고리이다. 인간과 세계는 하나님의 피조물이고, 타락으로 인간은 죄와 반역과 비참에 이르렀으며 세계도 그 영향을 받게 되었으나, 그리스도를 통한 구속과 성령의 도움으로 인간과 세계는 다시 회복되어 하나님을 섬기는 삶을 살게 되었다.[22]

넷째, 인간은 하나님의 창조를 기초로, 창조의 은사로서의 재능을 발휘하여 문화를 발전시킨다.[23] 교육, 학문, 예술, 사회와 정치 등은 모두 문화 활동

---

19. J. Waterink, *Basics concepts in Christian pedagogy*, 34-35.
20. J. Waterink, *Basics concepts in Christian pedagogy*, 22,50,99-100.
21. J. Waterink, *Basics concepts in Christian pedagogy*, 14,21,85,120.
22. J. Waterink, *Basics concepts in Christian pedagogy*, 21-24,30,51.
23. J. Waterink, *Basics concepts in Christian pedagogy*, 102-103.

이며, 참된 문화는 하나님의 말씀인 성경과, 그 성경의 빛에서 해석된 창조(자연)의 법에 따른 것이다. 일반은총으로, 제한적이지만 창조의 법 이해의 가능성이 있다.[24]

(2) 개혁교육학

바터링크는 이전 신칼빈주의자들처럼 교육학을, 가르치는 방법으로서의 기예(kunst)로 간주하는 대신에 교육학, 곧 교육에 관한 학문으로 보았다.[25] 이전의 신칼빈주의 지도자들이 주로 역사학자, 신학자, 정치가들이었고, 신칼빈주의운동에 참여했던 많은 사람들이 목사와 교사들이었다는 사실을 염두에 둔다면, 그리고 현대학문으로서의 교육학의 독자적 확립이 역사적으로 오래되지 않았다는 점을 염두에 둔다면 이전 신칼빈주의자들이 교육학을 기예로 간주했던 사실을 나무랄 수는 없다.

바터링크가 신칼빈주의학문의 상징인 자유대학교 첫 번째 교육학 교수였다는 점에서 교육학의 정체성과 관련된 학문적 사고는 충분히 기대될 만 했다. 그는 우선 카이퍼의 학문관의 기초에서 교육학의 독립학문성을 반성했다. 카이퍼는 학문을 세 가지, 곧 자연에 대한 학문, 인간에 대한 학문, 그리고 하나님에 대한 학문으로 구분했다. 그리고 인간에 대한 학문을 개인과 집단과 관련된 문제, 신체와 정신에 관련된 문제의 기준에서 세분화했다. 이러한 체제에 따를 때 교육학은 인간의 정신과 관련된 문제를 다룬다는 점에서 일단 철학부에 속했다.[26]

---

24. J. Waterink, *Basics concepts in Christian pedagogy*, 20; E. Mulder, *Begensel en beroep: Pedagogiek aan de universiteit in Nederland 1900-1940*, 214.
25. J. Waterink, *Basics concepts in Christian pedagogy*, 12.
26. E. Mulder, *Begensel en beroep: Pedagogiek aan de universiteit in Nederland 1900-1940*,

바터링크는 종교적인 그리고 도덕적인 가치와 규범이 교육의 목적과 내용의 주요부분이며 교육체계에 결정적인 영향을 준다고 보았다.[27] 이에 비추어 그는 교육학이 규범학문인 철학, 교의학, 윤리학, 논리학, 미학에 근거한다고 보았고, 특히 교의학에 깊은 관심을 기울였다.[28] 그럼에도 불구하고 이러한 학문들과 교육학은 차별화되어야 했다. 교육학이 순전한 철학의 분과(philosophia minor)일 수 없는 것은, 교육학이 이론과 실천(theoria ad praxin)을 동시에 다룬다는 점, 곧 구체적으로 성장해가는 아동과 더불어, 하나님이 주신 특정 목적을 달성하도록, 구체적으로 지도하는 문제를 다룬다는 특성 때문이다. 교육학은 규범 자체가 아니라 "규범에 따라 행하는 것"을 다룬다는 점에서 위에 열거한 다른 규범학문들과 구별되는 독립학문이라는 것이다.[29]

동시에 교육학은 구체적인 개인으로서의 인간과 구체적인 집단으로서의 인간을 다루므로 창조세계에 대한 경험적 성격의 학문인 심리학과 사회학과 관련되어 있다고 보았다. 그래서 이 두 학문은 교육학의 보조학문으로 인정되었다. 바터링크는 발달의 법칙과 같은 창조세계(자연)의 법도 하나님의 법이므로,[30] 일반은총에 따른 작업으로서의 학문 활동의 결과가 왜곡되지 않는다면 하나님의 계시의 법과 모순되지 않는다는 적극적 생각을 가졌다. 물론

217.

27. J. Waterink, *Basics concepts in Christian pedagogy*, 14.
28. E. Mulder, *Begensel en beroep: Pedagogiek aan de universiteit in Nederland 1900-1940*, 218.
29. J. Waterink, *Basics concepts in Christian pedagogy*, 16-17.
30. B. Kruithof, *Zonde en deugd in domineesland: nederlandse protestanten en problemen van opvoeding zeventiende tot twintigste eeuw*. Academisch proefschrift. De Univesiteit van Amsterdam, 1990, 223.

심리학과 사회학은 경험적 학문들로서 교육을 위해 많은 유용한 자료들을 제공하지만 교육학에 특정자료들을 선택하도록 강요할 수는 없다. 그 대신 교육학이 필요한 경우에, 필요한 만큼, 그 학문들로부터 도움을 받는다고 보았다.[31]

이에 비추어 교육학은 심리학과 사회학 자료의 도움을 받으면서 목표가 되는 규범에 따라 인간을 형성하는 작업에 대한 연구 학문이라는 점에서 학문적 독자성을 갖는다. 바터링크는 교육학은 규범학문과 경험학문, 곧 인과론과 목적론의 결합에서 "형성(vorming)"을 다루는 규범적 학문이므로, 학문의 방법에 철학적인 방법인 연역법과 경험적인 방법인 귀납법이 모두 사용된다고 보았다. 그는 "계수와 구성(berekening en konstructie)"이라는 제목의 총장취임연설에서도 "참으로 교육학은 경험적인 방법과 철학적인 방법을 모두 활용하며, 경험과 규범으로 나아가기 위해 지속적으로 작업 한다"고 결론 내렸다.[32]

바터링크는 이러한 학문체계 이해를 기초로, 한편으로는 성경해석과 개혁주의 역사적, 철학적 탐색을 통해 기독교교육의 규범적 연구를 시도했고, 또 다른 한편으로는 아동과 청소년들의 심리적 특성을 이해하고, 학습 문제와 장애를 가진 학생들을 치료하고, 효과적인 교육방법을 개발하기 위해 심리학 연구를 시도했다. 그는 교육학에서 이 두 차원이 모두 필수적이라고 여겼으므로 각각의 경우에 해당하는 여러 저서들을 남겼다.

---

31. J. Waterink, *Basics concepts in Christian pedagogy*, 19.
32. E. Mulder, *Begensel en beroep: Pedagogiek aan de universiteit in Nederland 1900-1940*, 216-217.

(3) 교육적 인간론과 교육목적

바터링크의 교육적 인간론은 전체적으로는 신칼빈주의 신학 전통에서 구조화 되었지만, 동시에 당시의 심리학 통찰을 포함하고 있다. 그의 교육적 인간론은 다음과 같이 정리될 수 있다.

첫째, 인간은 본질적으로 종교적 존재이다. 인간은 하나님이 창조하신 피조물이며, 특히 하나님의 형상으로 간주되었다는 점에서, 본질적으로 그리고 일반적으로 종교적인 존재로 간주된다. 그는 인간을 인간되게 하는 것은 종교적 존재성이라고 말했다.[33] 인간의 존재와 의의는 종교성 곧 하나님과의 관계에 따라 이해되고 성취된다. 그래서 인간은 하나님에 의해 창조되었으나, 죄에 빠졌고, 다시 구속받는 것이 필요한 존재로 이해되어야 한다.

둘째, 인간의 마음 혹은 자기(self)는 종교적이다. 인간존재의 중핵인 나(Ik), 혹은 내면적 자기 혹은 자아(ego)는 본질상 종교적인데, 그 이유는 존재의 중심에 있는 그 자기 안에 하나님과의 종교적인 유대가 있고, 하나님의 형상이 있기 때문이다.[34] 자기는 물질적인 실체가 아니다. 바터링크는 성경에서 사용된 마음, 혹은 종교적 뿌리라는 표현 대신 자기라는 표현을 선호했고, 그 용어가 비성경적인 것은 아니라고 했다.[35] 자기가 본질적으로 종교적이라는 말은 인간이 하나님을 섬기도록 창조되었다는 것을 뜻한다. 인간은 하나님을 섬기지 않으면 피조물이나 자기 자신을 섬기고, 그 경우 주로 자기 자신의 영광을 추구한다. 타락은 자기가 섬김의 대상과 자질을 상실하여 잘못된 대상을 향한 것이다. 그러므로 구속은 중생으로 자기가 변화되어 성령의 인도

---

33. J. Waterink, *Theorie der opvoeding* (Kampen: J. H. Kok N.V., 1958), 60.
34. J. Waterink, *Basics concepts in Christian pedagogy*, 22-23.
35. J. Waterink, *Theorie der opvoeding*, 61.

로 다시 하나님을 섬기는 삶을 지향함을 뜻한다.[36]

셋째, 인간은 다면적 존재이다. 바터링크는 이상주의 철학자들이 종종 인간을 이성적이고 윤리적인 존재로 간주해 온 경향성을 비판했다.[37] 그는 인간의 이성적이고 윤리적인 존재성은 각각 작동하는 인간존재의 독립적인 두 영역이 아니라, 종교적 존재본질에 의해 이끌리고 귀속되는, 서로 유기적으로 연합된 부분들이라고 보았다. 그는 합리적인 차원과 윤리적인 차원 외에도 문화적 차원, 정서와 미적 차원, 사회적 차원, 민족적 차원, 신체적 차원 등을 교육적 인간특성에 포함시켰다.[38]

넷째, 인간은 전인적 존재이다. 바터링크는 현상적인 전인적 인간을, 심리학적 표현인 퍼스낼리티로 표현했다. 퍼스낼리티는 자아를 중심으로 인간의 심리적 자질들 전체가 통합되고 조화롭게 조절되어 총체 상태를 이룬 전인적 인간을 뜻한다. 심리적 자질에는 재능, 자연적 경향성, 야망, 정서, 열정, 의식 등이 포함되며, 이러한 여러 자질들은 자아의 통제기능에 따라 조화로운 계층적 연합을 형성한다. 자아는 종교적 태도, 규범의 영향, 관계의 영향, 다양한 경험 등을 통해 특정 색상을 가진 퍼스낼리티를 드러내는데, 그 색상을 그는 성품(character)이라 보았다.[39] 바터링크는, 개인은 특정 색상인 성품을 가진 하나의 퍼스낼리티이고, 교사는 아동의 총제적인 퍼스낼리티를 다룬다고 보았다.[40]

다섯째, 인간의 삶의 활동은 그리스도 직분이 반영하는, 삼중적 차원의 섬

---

36. J. Waterink, *Basics concepts in Christian pedagogy*, 23-24.
37. J. Waterink, *Theorie der opvoeding*, 60.
38. J. Waterink, *Theorie der opvoeding*, 623-626.
39. J. Waterink, *Basics concepts in Christian pedagogy*, 76-77.
40. J. Waterink, *Basics concepts in Christian pedagogy*, 91.

김으로 표현된다. 종교적인 존재로서 인간은 하나님을 섬기는 삶의 모든 활동에서 선지자, 제사장, 왕적 직무 차원에서 활동한다. 선지자적 직무로서, 하나님과, 하나님의 역사하심과, 창조세계에 대한 지적 활동을 통하여 하나님을 섬긴다. 제사장적 직무로서 하나님께 복종하고, 헌신하며, 하나님이 창조하신 세계 안에서 일하면서 하나님을 섬긴다. 그리고 왕적 직무로서 하나님을 섬기려는 열망으로 창조세계 안에서 통치력을 행사하면서 하나님을 섬긴다.[41]

이상의 교육적 인간상을 기초로 바터링크는, 가정과 교회 등 특정 영역에 국한 되는 것이 아닌, 인간존재와 교육과 사회 전체범위를 포괄하는, 일반적인 기독교교육목적을 작성하려 했다. 교육목적의 구상에서 그는 우선 바빙크가 디모데후서3:17을 근거로, 모든 선한 일에 완벽하게 구비된 하나님의 사람이 되도록 아동을 형성하는 것이라고 정리한 교육목적 진술을 비평적으로 검토했다. 바터링크는 바빙크의 교육목적 진술이 직접 성경에서 나왔고 또 좋은 것이기는 하지만, 교육학적 용어와 교육의 차원 및 사회생활 전체 맥락을 고려하면서 구성된 것이 아니라는 점에서 새롭게 작성되어야 한다고 보았다.[42]

바터링크가 새로 작성한 기독교교육의 일반적인 목적은, "인간을, 하나님이 허락하신 삶의 모든 영역에서, 하나님의 말씀에 따라, 하나님이 자신에게 주신 모든 재능을 하나님의 영광과 동료피조물들의 복지를 위해, 유능하게 그리고 자원하는 마음으로 사용하여 하나님을 섬기는 독립적인 퍼스낼리티

---

41. J. Waterink, *Theorie der opvoeding*, 61.
42. J. Waterink, *Basics concepts in Christian pedagogy*, 37-41.

로 형성하는 것"이었다.[43]

(4) 교육의 모체인 가정교육

카이퍼가 가정이 사회생활에 있어서 원시적 모체 집단이라고 생각했던 것의 연장선에서 바터링크는 교육학의 맥락에서도 가정이 원시적 모체 집단이라고 보았다.[44] 그래서 학교를 비롯한 다른 모든 형태의 교육은 모체인 가정교육에서 파생하여 발전한다고 보았다.

바터링크가 교육에 있어 가정에 특별한 지위를 부여하여 다른 모든 교육기관의 모체로 간주한 이유는, 신학적으로 볼 때 부모와 자녀는 특별한 유대관계, 곧 신학적으로 표현하여 은혜언약관계에 있고, 그 기초에서 하나님이 언약의 자녀를 위한 양육과 훈계를 명백하게 부모에게 명령하셨다고 믿었기 때문이다.[45]

카이퍼와 바빙크 등 신칼빈주의 신학자들은 언약신학을 발전시켰다. 그들에 따르면 성경의 핵심은 언약이고, 특히 교육과 관련하여서는 신명기서로부터 가족공동체가 하나님과의 언약관계의 기초단위집단이며, 그 언약관계가 하나님이 부모에게 자녀에 대한 교육을 명령하신 기초라는 사실을 강조하였다. 신약시대의 새언약에서도 그 의미는 달라지지 않고 연속적이라고 보았다. 언약관계를 기초로 신칼빈주의자들은 근대국가의 주장과 달리 초등학교교육의 주체는 국가가 될 수 없고 부모가 교육의 주체라고 주장했고, 개

---

43. J. Waterink, *Basics concepts in Christian pedagogy*, 41.
44. E. Mulder, *Begensel en beroep: Pedagogiek aan de universiteit in Nederland 1900-1940*, 221.
45. A. de Graaf, *The educational ministry of the church: a perspective* (Nutley: The Craig Press, 1968), 95.

혁교회 공동체 내의 부모들이, 하나님과의 언약관계에 일치하는 교육을 제공하기 위해 자녀들을, 불신앙적 인본주의 세계관을 형성하는 공립학교 대신, 기독교학교에 보내야 한다고 설득하였다. 이 기초가 기독교학교의 합법성을 위한 정치적 투쟁의 이유이고 동력이었다.

이러한 신칼빈주의운동의 흐름에서 바터링크도 부모와 자녀는 동일한 은혜언약관계 안에 있으므로 자녀는 언약의 자녀라는 점을 강조했고, 성경에서 명백하게, 하나님이 부모에게 자녀에 대한 종교적 교육의 사명을 부여하셨다는 것과, 하나님이 부모에게 교육을 위한 권위를 부여하셨다는 점을 강조하였다.[46] 이러한 맥락에서 자녀들에게 부모는 하나님의 권위의 대리자로 간주되었다.[47]

언약의 자녀들도 비록 다른 아이들처럼 본성적으로 타락한 존재이지만 이러한 은혜로운 조처들 때문에 은혜언약의 유대 안에서 계산하기 어려운 큰 특권을 가지고 있다고 보았다. 이는 가정에서의 기독교교육이 죄로 인해 망가진 하나님의 질서를 회복시키는 것을 목표하고 작동한다고 보았기 때문이다.[48]

물론 실제적인 맥락에서도 가정은 교육의 모체로 간주되었다. 바터링크에 따르면 가정은 아동의 퍼스날리티와 성품 형성에 있어 가장 중요한 환경이다.[49] 그 이유는 설사 가정이 퍼스탈리티와 성품 형성을 위해 언제나 이상적인 환경인 것은 아니라고 해도, 아동은 자연적으로 가정에 속하여 성장하면

---

46. J. Waterink, *Basics concepts in Christian pedagogy*, 54,58,60-62.
47. J. Waterink, *Basics concepts in Christian pedagogy*, 61.
48. E. Mulder, *Begensel en beroep: Pedagogiek aan de universiteit in Nederland 1900-1940*, 221-222.
49. J. Waterink, *Basics concepts in Christian pedagogy*, 92-94.

서 자신의 욕구를 표현하고, 자기절제와 통제력을 배우고, 규범에 대한 존중심을 배우고, 양심이 형성되기 때문이다. 그래서 바터링크는 가정은 훈계를 실행하는 가장 유용한 장소로 간주하였고, 부모의 훈계에서 권위는 책임과 사랑의 배경에서 적절하게 발휘될 수 있다고 주장했다.[50]

(5) 발달원리에 따른 전인적인 교육: 가정과 학교와 교회

바터링크는 가정교육에 이어 또 다른 교육기관인 학교교육에 관한 글들도 많이 남겼다. 바터링크는 개혁학교연대의 지원을 받으면서 초기에 초등학교교육에 대한 연구를 시도했고, 수교육과 언어교육에 대한 글을 쓰기도 했다. 예컨대, 수교육의 방법은 아동의 심리와 실제생활에 맞아야 한다는 생각을 견지함으로써 현대교육학의 강조점과 동일한 주장을 했다.[51]

바터링크는 창조세계(자연)의 법칙도 긍정적으로 해석하여 하나님의 법으로 간주했으므로 합법적인 아동교육이라면 아동의 자연적 본성, 곧 발달의 법칙에 일치해야 한다고 보았다. 그리고 아동의 발달은 특정 시기의 단계들을 거쳐 이루어진다고 보았다. 따라서 부모와 교사에 의해 이루어지는 교육의 영향과 동기 부여는 발달법칙에 일치되게 조절되어 이루어져야 한다고 주장했다.[52]

바터링크는 아동의 퍼스낼리티는 지적 영역과 정서적 영역과 의지적 영역으로 분화되어 고려될 수 있고, 이 영역들은 실제에 있어 유기적으로 통일

---

50. J. Waterink, *Basics concepts in Christian pedagogy*, 56-57.
51. E. Mulder, *Begensel en beroep: Pedagogiek aan de universiteit in Nederland 1900-1940*, 223.
52. E. Mulder, *Begensel en beroep: Pedagogiek aan de universiteit in Nederland 1900-1940*, 223-224.

된 하나의 퍼스날리티를 이룬다고 주장함으로써 전인적인 인간관을 주장했다. 그는 이 세 영역이 각각 선지자와 제사장과 왕적 기능과 일치한다고 보았다.[53] 따라서 아동의 퍼스날리티를 고려할 때 발달해야 할 이 모든 영역들은 교육에서 고려되어야 할 기본적 영역으로 간주되었다.

더불어 아동이 생활하면서 수용하고 적응해야 하는 사회적 환경과 문화는 교육에서 적극적으로 고려해야 할 다른 세부 영역들이었다. 바터링크는 교육이 하나님의 법(칙)에 대한 고려뿐만 아니라 현대문화의 구조에 맞게 이루어져야 한다고 보았다. 그래서 기초원리(beginsel)와 문화가 동시에 교육에서 통일성을 이루도록 해야 한다고 주장했다.[54]

바터링크는 그의 저서 『교육이론(Theorie der opvoeding)』에서 교육의 세부영역을 인지(이해)교육, 문화교육, 의지(도덕, 성품)교육, 정서와 미적 교육, 사회교육, 국가교육, 신체교육, 종교교육으로 나누어 상세하게 논의했다.[55] 여기서 세부영역들의 순서는 한편으로는 교육의 비중과 중요성을 반영한다. 교육에서 인지와 문화가 가장 큰 부분으로 간주되었다. 그리고 퍼스날리티와 신체의 세부영역에 있어서는, 인지, 의지, 정서, 신체를 순서대로 배열함으로써 성격상 합리적이고 도덕적인 인간특성에 비중을 두었다. 종교교육은 비록 순서상 마지막에 열거되었지만 교육전체의 최종적인 국면이라는 의미에서 강조되었다. 바터링크는 그의 저서 『기독교교육학의 기본개념(Basic concepts in Christian pedagogy)』에서는 세부영역들을 더 포괄적으

---

53. E. Mulder, *Begensel en beroep: Pedagogiek aan de universiteit in Nederland 1900-1940*, 224-225.
54. E. Mulder, *Begensel en beroep: Pedagogiek aan de universiteit in Nederland 1900-1940*, 224.
55. J. Waterink, *Theorie der opvoeding*.

로 조합하여 퍼스날리티와 성품교육, 문화교육, 종교교육으로 구분하고 각각을 논의했다.[56]

바터링크에 따르면 교육은 일차적으로 가정, 그리고 학교, 그 다음으로 교회에서 일관성 있게 이루어져야 한다. 바터링크는 교육의 모체를 가정에서의 자녀교육(양육)으로 간주했고 교육의 권위는 부모의 권위에 의존되어 있다고 보았으므로, 교육과 관련하여 일차적인 관심은 가정에 두어졌고, 그 연장선에서 학교를 논의했다.[57] 아동의 성장과 퍼스날리티 형성에서 가정은 가장 중요한 기관이며, 학교는 "더 큰 가정"[58]으로 간주된 두 번째로 중요한 기관으로서, 퍼스날리티 및 문화형성을 위해 여러 세부적 교육활동들로 이루어져 있는 하나의 작업(활동)공동체(werkgemeenschappen)로 간주되었다. 그 후 그 교육은 교회로 나아간다.

영역주권이론에 따라 교회는 가정과 성격상 다른 과제를 가진다고 보았고, 교회의 과제는 교육학이 아니라 원리적으로 신학에 의해 논의되어야 했다.[59] 그래서 그는 비록 박사논문에서 교회의 직분과 교육 문제를 다루었지만 이후 기독교교육학 논의에서는 교회교육에 대하여 적극적으로 많이 논의하지 않았다. 아동을 위한 성경과 교리교육은 학교교육의 영역 안에서도 다루질 수 있었다.

교회에서의 교리교육, 설교, 교회활동은 주로 청소년기 이후 성인들을 위한 종교교육적 기능들로 간주되었다. 바터링크는 교육(양육)이라고 말할 때

---

56. J. Waterink, *Basics concepts in Christian pedagogy*.
57. J. Waterink, *Theorie der opvoeding*, 604, 606.
58. E. Mulder, *Begensel en beroep: Pedagogiek aan de universiteit in Nederland 1900-1940*, 224.
59. J. Waterink, *Theorie der opvoeding*, 604.

아동교육을 염두에 두고 있었으므로, 교육과 관련한, 교회의 가장 중요한 임무는, 부모들이 자녀교육의 소명을 이해하고 실천하도록 하는 것, 곧 그리스도의 교회를 향하도록 하는 교육이라고 보았다.[60]

그리스도와 언약관계 안에서 자신의 전체로 기꺼이 하나님을 섬기는 삶을 살도록 하는 것이 종교교육이라고 볼 때, 종교교육은 "교육의 기초이고 원리이며, 모든 교육의 목적이고 완성"[61], 그리고 "모든 교육활동의 면류관"[62] 이므로, 종교교육은 교회에 한정되는 것이 아니었다. 교육 그 자체가 종교교육이며, 그것은 가정과 학교, 그리고 교회에서 일관성 있게 이루어져야 했다.

3) 비평적 평가와 공헌

바터링크의 개혁교육학은 20세기 초반 네덜란드 신칼빈주의 개혁교회 공동체 안에서 뿐만 아니라 네덜란드 사회에 상당한 영향을 주었다. 그리고 개혁교회 공동체에서 기독교교육학의 학문적 체계화와 발전에 상당한 기여를 했다. 그럼에도 불구하고 바터링크는 당시대뿐만 아니라 그 이후에도 개혁교회의 신학자들과 철학자들, 교육학자들에 의해 그의 주장의 여러 부분에서 비판을 받아왔다. 이러한 비판은 주로 개혁주의 신학적 정당성, 개혁주의 기독교학문이론으로서의 철저성과 관련된 것이었다. 주요한 몇 가지 논쟁문제는 다음과 같다.

첫째, 보수적인 개혁신학자들과 기독교학교운동가들은 바터링크가 주장한 아동발달의 법칙에 대한 긍정적 이해와 신념에 의문을 제기했다. 인간의

---

60. J. Waterink, *Theorie der opvoeding*, 606.
61. J. Waterink, *Basics concepts in Christian pedagogy*, 120.
62. J. Waterink, *Theorie der opvoeding*, 608.

전적 부패 교리를 고려할 때, 카이퍼의 일반은총 및 문화에 대한 긍정적인 혹은 포괄적인 이해는 성경적이지 않다는 신학자 스킬더의 비판은, 신학논쟁과 교회분열에서 스킬더에 반대하였던 바터링크의 사상, 곧 발달법칙 및 교육관에도 적용되었다. 발달법칙을 긍정적으로 수용한 바터링크의 아동관과 그에 따른 교육관은 정통적인 칼빈주의 입장을 벗어나려는 진보적 입장을 드러낸 것으로 간주되었기 때문이다.[63] 이것은 은총과 더불어 자연의 영역을 이원화하고, 자연의 가치를 거의 그대로 인정한 스콜라철학을 연상시키기도 했고, 자연의 법을 절대적으로 신뢰하는 근대주의의 기초신념을 연상시키기도 했다.

이의 연장선에서 바터링크가 아동의 발달법칙을 연구하고 서술하는 심리학 저술 작업과, 연구소를 통한 연구 및 치료활동으로 심리학의 발전을 촉진한 것은 인정하지만, 발달의 법칙과 적용문제를 기독교적 관점에서 논의하는, 심리학에 대한 기독교학문적 작업은 거의 해내지는 못했다고 비판받았다. 이러한 이유로 바터링크는 교육학에 있어서 철저한 기독교교육학자라기보다 실천적 혹은 교수법적 적용자로 평가받기도 하고, 일관성이 부족한, 융통성이 많았던 학자라는 비판을 받기도 한다.[64]

둘째, 개혁철학자들은 바터링크가 아리스토텔레스 및 스콜라철학의 구조를 수용하였다고 비판했다. 바터링크는 개혁철학자 도예베르트와 의도적으

---

63. J. C. Sturm, *Een goede gereformeerde opvoeding over neo-calvinistische moralpedagogiek (1880-1950)*, met speciale aandacht voor de nieuw-gereformeerde jeugdorganisaties, 47; J. C. Sturm, *Leven en werk van prof. dr. Jan Waterink: een Nederlandse pedagoog, psycholoog en theoloog(1890-1966)*, 10.
64. J. C. Sturm, *Leven en werk van prof. dr. Jan Waterink: een Nederlandse pedagoog, psycholoog en theoloog(1890-1966)*, 13.

로 서로 무관심했고, 인간관계에 있어서도 폴런호번 및 얀서와 대립적이었다.[65] 당시 바터링크의 영향력이 압도적이었으므로 개혁철학자들이 그의 교육이론에 대한 적극적인 비평을 시도하지 않았던 것도 있지만, 개혁철학자들은 그들이 체계화한 우주법이념의 기독교철학의 입장에서, 교육학에 있어서의 바터링크의 공헌을 인정하려 하지도 않았다.[66]

바터링크의 이원론적 인간론, 합리적이고 도덕적인 존재로서의 인간의 정체성 우위 견지, 인간 퍼스낼리티의 지, 정, 의 구분, 학문에 대한 분류방법, 좀 더 구체적으로 말하면 이데아와 실제를 둘로 구별하고, 이데아와 실제의 통일성에서 목적론과 인과론을 동시에 수용하며, 인생관 및 세계관의 규범원리와 실험적 방법, 두 영역으로 구분하여 교육학체제를 구축하는 것 등은, 비록 카이퍼를 따른 것이기는 하지만 성경적인 관점이 아니라 실제로 스콜라철학 체계를 따른 것으로 비판받았다.[67]

물론, 개혁철학을 체계화하였던 도예베르트에게도 스콜라철학적 흔적이 여전히 남아있기는 했지만, 일반철학과 성경적 관점을 반립으로 보고 이 둘의 종합을 거부하면서, 순전한 성경적 통찰을 체계화해야 한다는 관점에서 철학사에 따라 다양한 철학 이념들을 구조적으로 또 유형적으로 분석했던 폴런호번과 같은 기독교철학자들의 입장에 비추어 볼 때, 바터링크의 학문철학은 개혁주의 학문원리에 철저하지 못한 것으로 간주되었다.

---

65. J. C. Sturm, *Leven en werk van prof. dr. Jan Waterink: een Nederlandse pedagoog, psycholoog en theoloog(1890-1966)*, 12.
66. J. C. Sturm, *Een goede gereformeerde opvoeding over neo-calvinistische moraalpedagogiek (1880-1950), met speciale aandacht voor de nieuw-gereformeerde jeugdorganisaties*, 57.
67. E. Mulder, *Begensel en beroep: Pedagogiek aan de universiteit in Nederland 1900-1940*, 212-218; A. de Graaf, *The educational ministry of the church: a perspective*, 95,110-111.

셋째, 개혁교육학자들은 바터링크가 교육을 가정과 양육에 현저하게 축소시켰다고 비판했다. 예컨대, 더 흐라프는 바터링크의 교육이론을 분석하면서 교육과 관련한, 부모와 자녀의 특별한 관계를 인정하지만, 은혜언약관계는 가정 외의 다른 관계집단에도 역시 적용될 수 있으므로 언약이 가정에 한정될 수 없고, 교육적 권위도 부모로부터 파생하거나 확장되는 것이 아니라 그 다른 관계에서도 하나님이 주신 것이라고 주장했다.[68] 더 흐라프는 교육에 관하여 하나님이 성경에 직접 명령한 것이 중요한 것임에 분명하지만 그 이유로 다른 형태의 교육이 배제되어야 하는 것은 아니라고 지적했다. 또 더 흐라프는 도예베르트의 우주법 이념의 실재론의 관점에서, 바터링크가 종교와 신앙을 구별하여 다루지 못하였다고 비판하고, 모든 교육이 종교적인 교육이지만 교회교육은 신앙적 국면의 교육이어야 한다고 주장했다.

이러한 비평적 지적에도 불구하고, 바터링크의 교육이론은, 기독교교육학의 관점 및 역사에서, 그리고 이 연구의 시점과 정황인 한국의 기독교교육학의 맥락에서 다음의 의미 있는 통찰을 준다고 본다.

첫째, 바터링크는 자기시대 개혁주의 세계관에 근거하여 기독교교육에 대한 학문적 정체성과 체제 구성을 시도했고, 교육의 효율성을 제고할 수 있는 실제적 방안을 위해 근대적 경험연구를 적극적으로 활용했다는 점에서, 비록 철저한 개혁교육학에 미치지 못했다고 해도, 기독교교육학을 적실하게 했고 또 기독교교육의 연구 지평을 넓혔다고 할 수 있다.

현대적 경험연구들이 하나님의 창조세계법칙에 대한 탐구임에도 불구하고 관찰과 실험과 해석에 있어 한계가 있는 것이어서 완전한 이해가 어렵지만, 그럼에도 불구하고 발견된 법칙은 효과적인 교육을 위한 잠정적인 도구

---

68. A. de Graaf, *The educational ministry of the church: a perspective*, 95-103.

임에는 분명하므로, 전체적인 거부와 부정보다는 적극적인 탐색과 논의를 통해 활용할 수 있는 방안을 찾는 것은 교육에 있어 필연적이다. 바터링크의 교육의 의의는 그가 교육학 체계를 완벽하게 기술해내었기 때문이 아니라 성경적 관점에서 현대학문형식으로 개혁주의 교육학을 정립하려 했고, 적극적으로 경험과학적인 연구결과들의 기초에서 교육의 적실성과 효율성을 추구하려했다는 데서 찾아야 할 것이다.

둘째, 바터링크가 성경에 기록된, 가정에서의 부모와 자녀의 관계, 부모의 권위 등에 교육의 기초와 원리를 과도하게 축소시켰다는 비판도 받지만, 역설적이지만 학교교육이 과도하게 독점적이고, 종교교육이 교회교육에 과도하게 축소된 우리 상황에서 볼 때, 바터링크가 가정교육의 절대적 이유와, 부모들이 자녀들의 기독교학교교육과 관련하여 어떠한 과제를 가지고 있는지를 강조한 것들은, 가정교육과 기독교학교교육의 근거와 과제를 각성하게 한다. 기독교교육은 성격상 종교적인 교육이고, 가정과 학교와 교회에서 일관성 있게 실행되어야 하기 때문이다. 이에 비추어 그의 주장은 기독교교육의 기회 및 균형을 위해 오늘날 기독교공동체에 부족한 부분이 무엇인지 잘 드러낸다는 점에서 우리에게 재조명의 의의가 충분하다.

4) 나가면서

지금까지 우리나라에 자세하게 소개되지 않았던 네덜란드의 선구적인 개혁주의 교육학자 바터링크의 생애, 그의 기독교교육사상을 정리하고 논의해보았다. 바터링크는 신칼빈주의 공동체 안에서 개혁주의 세계관을 기초로 개혁교육학의 규범적 논의와 현대의 경험적 관찰 연구를 통합하여 현대학문으로서의 기독교교육학을 발전시키려 했다.

그는 언약관계에 있는 자녀들을, 그리스도의 삼중직분에 따라 하나님을 섬기는 사람으로 양육하는 데 있어, 부모에게 주어진 위치와 권위를 교육의 기초로 삼았고, 퍼스낼리티와 성품 형성을 위해 발달법칙에 따른 전인적 교육을 주장하였다. 종교교육은 모든 종류의 교육의 기초이며 원리로 간주되었다.

그의 교육사상은 개혁주의 교육학의 모델로 자리매김 했으나, 개혁주의 신학적 기초와 학문이론의 관점에서 철저성이 부족한 것으로, 그리고 교육을 가정교육으로 과도하게 축소시켰다는 비판을 받아 왔다. 그러나 그의 기독교교육사상은 당시대적 맥락과 한계성을 고려하여 평가받는 것이 정당하다. 오히려 우리 기독교교육과 기독교교육학의 현실을 고려할 때, 그가 강조했던 교육이론은 우리의 부족한 부분과 과제를 명확하게 인식하게 하는 데 도움을 준다.

참고문헌

류기철. "아브라함 카이퍼의 기독교 교육사상의 기초". 「복음과 교육」 5 (2009), 32-54.
이승구. "개혁파 정통신학에 대한 멀러 테제에 대한 교의학적 성찰". 「성경과 신학」 43 (2007), 71-103.
조성국. "네덜란드계 기독교교육철학에서 일반교육이론을 연구하는 방법". 「복음과 교육」 4, (2008), 230-255.
조성국. "네덜란드 기독교학교교육운동의 역사가 한국 기독교학교의 과제에 주는 함의". 「기독교교육 논총」 20 (2009), 21-52.
조성국. "흐룬 판 프린스터러의 기독교교육사상". 「복음과 교육」 5 (2009b), 9-31.
한상진. "도예베르트의 인간교육철학". 「복음과 교육」 5 (2009), 55-76.
De Graaf, A. *The educational ministry of the church: a perspective* (Nutley: The Craig Press, 1968).
De Graaf, A. 『교육목회학』. 신청기 역 (서울: 기독교문서선교회, 1988).

De Graaf, R. ed. *Bijzonder onderwijs: Christelijk geloof in de dagelijkse praktijk van basis- en voortgezet onderwijs* (Zoetermeer: Uitgeverij Boekencentrum, 2006).

Jaarsma, C. 『헤르만 바빙크의 기독교교육철학』. 정정숙 역 (서울: 총신대학출판부, 1983).

Kruithof, B. *Zonde en deugd in domineesland: nederlandse protestanten en problemen van opvoeding zeventiende tot twintigste eeuw*. Academisch proefschrift (De Univesiteit van Amsterdam, 1990).

Mulder, E. *Begensel en beroep: Pedagogiek aan de universiteit in Nederland 1900-1940*. Academisch proefschrift. (Historisch Seminarium van de Universiteit van Amsterdam, 1989).

Sturm, J. C. *Een goede gereformeerde opvoeding over neo-calvinistische moraalpedagogiek (1880-1950), met speciale aandacht voor de nieuw-gereformeerde jeugdorganisaties*. Doctor academisch proefschrift. (Vrije Universiteit, 1988).

Sturm, J. C. *Leven en werk van prof. dr. Jan Waterink: een Nederlandse pedagoog, psycholoog en theoloog(1890-1966)* (Kampen: Uitgeversmaatschappij J. H. Kok, 1991).

Waterink, J. *Puberteit* (Wageningen: N.V. Gebr. Zomer en Keunings Uitgeversmij, 1941).

Waterink, J. *Ons Zieleleven* (Wageningen: N.V. Gebr. Zomer en Keunings Uitgeversmij, 1946).

Waterink, J. *De psychologie van het kind op de lagere school* ('s Gravenhage: Boekencentrum N.V., 1956).

Waterink, J. et. al. *Cultuurgeschiedenis van het Christendom I-II* (Amsterdam: Elsevier, 1957).

Waterink, J. *Theorie der opvoeding* (Kampen: J. H. Kok N.V., 1958).

Waterink, J. *De wet van God in de opvoeding* (Kampen: J. H. Kok N.V., 1963).

Waterink, J. *Basics concepts in Christian pedagogy* (St. Catharines, Ontario: Paideia Press, 1980).

Waterink, J. 『기독교교육원론』. 김성린 김성수 역 (서울: 소망사, 1980b).

7. 코르넬리우스 야르스마의 아동과 청소년 발달이론

아동과 청소년의 발달에 대한 연구는 20세기 내내 심리학과 교육학의 중요한 연구의 주제가 되어 왔다. 그래서 다양한 학파들의 수많은 학자들이 인간의 전체적인 발달이나 그 발달의 부분적인 측면들에 대한 이론들을 발표해 왔다. 인지적 발달, 도덕적 발달, 정서적 발달 등에 있어서 기억할 만한 이름들 외에도,[1] 사고와 언어의 사용 능력, 대화, 정보처리 등의 측면에서 연구된 발달이론들도 있다.[2]

그러나 이러한 이론들이 비록 여러 관점에서의 관찰과 연구를 통한 결과들이기는 하지만, 전체적인 정당한 인간이해에 기초해 있지 못한 경우가 많았기 때문에, 그 연구 결과들을 종합한 전체적 발달에서는 서로 조화되지 못하거나, 혹은 어떤 부분에 대한 지나친 과장 때문에 이러한 연구들이 인간발달에 대한, 유익하며 사실적이고도 원리적인 정보를 제공하고 있음에도 불구하고 적절하지 못한 경우도 없지 않았다. 그래서 그러한 연구의 결과들은 자주 전체로서의 인간에 대한 그릇된 결론을 산출하였다.

그 이유는 이러한 이론들 중 많은 것들이, 인간은 하나님의 형상이며, 독특한 영적 존재라는 사실을 인정하지 않고 있기 때문이다. 물론 발달이론들 중 어떤 것은 인간의 제 측면들 중 하나로서 종교적 측면의 발달이나 종교개념이해의 발달을 규명하려한 이론들도 있다. 그러나 이러한 경우들도 주로 인지적 발달이나 도덕적 발달, 혹은 정서적 발달을 종교성에 적용하여 확장

---

1. 예컨대 Piaget, Kohlberg, Erikson 등
2. R. M. Thomas, 『아동발달의 제이론』, 백운학 역 (서울: 교육과학사, 1987). 이 책의 연구자는 발달에 대한 이론자들로서, Hider, Gesell, Havighurst, Lewin, Werner, Wilson, Freud, Erikson, Piaget, Vygotsky, Brown, Kohlberg, Skinner, Bijou, Baer, Bandura, Sears, Kandler, Maslow, Montessori, Durkin, Kephart, Koppitz 등 많은 이름과 이론들을 열거하였다.

하거나,[3] 발달이론들을 인간의 신념이나 보편적 의미의 신앙이라는 개념을 토대로 통합하거나 조화시키려한 노력들이었다.[4] 이러한 경우 신앙의 개념 자체에 대한 부적합한 이해로 말미암아 인간 자체에 대한 이해나 발달의 목표, 그리고 인간의 전체성에 대한 이해에 있어서 적절하지 못하다는 평가를 받기도 했다.

　이러한 경향이 지배적인 연구사에서 개혁주의 관점에서의 인간관을 기초로 아동과 청소년의 발달을 이론화한 야르스마(Cornelius Jaarsma)의 노력은 높게 평가받을만하다. 학문세계에서 개혁주의 신앙과 학문이 지닌 언어의 한계성과,[5] 학자의 소수성, 혹은 신앙적 전제를 과학적 학문에 도입한다는 이유에 대한 부정적 태도 등으로 인하여 적절하게 취급되지 못하고 있는 것이 사실이지만, 그럼에도 불구하고 기독교공동체 내에서는 그 이론이 하나님의 말씀인 진리에 기초하려 한다는 점에서 어느 이론보다도 강점을 지니고 있다. 아동과 청소년의 발달은 심리학과 교육학의 주제이지만, 인간이해는 신학적이고 철학적인 전제이해의 영역이므로, 비기독교 심리학자들은 소위 과학적이라는 전제를 내세워 이러한 개혁주의 이론들을 과소평가할지 모른다. 그러나 인간이 본질적으로 종교적 존재임을 바르게 이해하게 된다면 소위 과학적이라고 하는 것도 하나의 종교적 전제가 되고 있다는 사실을 발

---

3. Ronald Goldman이 Piaget의 이론으로 아동의 종교개념이해의 발달을 묘사한 것이나, 종교를 도덕적 측면과 유사하게 여겨 Kohlberg의 이론을 곧 바로 적용하여 이해하려는 흐름, 그리고 인간의 종교적 감성에 중점을 두고 종교를 심리학적 측면에서 이해하려고 했던 William James 이후의 종교심리학 또는 정신분석학의 설명 등.
4. James W. Fowler는 세계관과 같은 개념을 지닌 신앙의 발달을 규명하기 위해 Piaget, Kohlberg, Erikson의 이론을 통합하였다. 필자의 졸고 "발달심리학의 신앙 발달적용에 대한 연구", 「미스바」 제10집 참고.
5. 네덜란드어나 아프리칸스로 쓰인 글들이 많기 때문이다.

견하게 될 것이다.

야르스마는 개혁주의 교육학과 심리학 분야에서 중요한 학자들 중 한 사람이다. 더 흐라프(Arnold De Graaff)는 그의 논문에서 대표적인 개혁주의 교육학자 두 사람을 들었는데, 그 두 사람은 네덜란드의 바터링크(Jan Waterink)와 미국의 야르스마였다.[6] 특히 야르스마는 기독교교육의 방법론적 측면에서 심리학적 바탕을 다지고 성경적 입장에서 고유한 퍼스낼리티 개념을 전개하였으므로,[7] 기독교교육을 위한 기초로서의 인간이해와 아동과 청소년 발달이해를 위해 그의 이론을 연구해보는 일은 의미가 있다고 본다. 그는 기본적으로 교육심리학적 접근을 통해 인간발달을 논하고 있으므로 그의 이론은 아동과 청소년 발달이론이라고 할 수 있다.

1) 인간이해를 위한 개혁주의 방법

야르스마는 독특한 존재로서의 인간을 이해하려는 시도에 있어서 비기독교적인 이론들이 범할 수밖에 없는 전제와 실수들을 먼저 제시했다. 그는 그 실수들이란 과학의 한계성뿐만 아니라 인간의 종교성에서 비롯되는 전제적 성격을 지닌 것이라고 주장했다.

인식론적 측면에서 볼 때 과학적 방법이란 사실상 가치와 당위에 대하여 답하지 못한다. 그럼에도 불구하고 비기독교학자들의 학문 활동 내에 이러한 전제들이 내재하여 있기 때문에,[8] 그 전제에 반대되는 설명인 하나님의

---

6. Arnold De Graaff, *The Educational Ministry of the Church* (Nutley: The Craig Press, 1969), 94-107.
7. 김용섭, "Cornelius Jaarsma에 있어서의 학습의 기본개념", 「고신대학교논문집」 제9집 (고신대학, 1982), 94.
8. Cornelius Jaarsma, *Human Development, Learning & Teaching* (Grand Rapids: Wm.. B.

계시의 설명에 주의하지 않는다는 것이다. 그래서 결국 비기독교적 이론들은 편파성이라는 결정적인 실수를 범하게 된다고 그는 주장한 것이다.

야르스마는 그 편파성을 두 가지 방식으로 설명하였다. 첫째로는 비기독교적 이론들의 전반적인 성향은 기독교계시를 인정하지 않기 때문에 이론에서 하나님을 위한 여지를 남기지 않거나 혹은 이것을 완전히 배제한 우주론에 편파적으로 치우쳐 있다는 것이고, 둘째로는 이러한 이론들이 제시하는 진리들이 항상 부분적인 진리라는 점에서 치우쳐 있기 때문에 인간의 전체성에 대한 정당한 지식에 이르지 못한다는 것이다.[9] 그는 이러한 이유로 비기독교적 이론들이 결국 왜곡된 진리를 주장하게 된다는 것이다.

그러므로 인간이란 무엇인가? 혹은 아동과 청소년이란 무엇인가? 등의 질문에 대한 대답을 얻기 위해서 학문으로서의 심리학적 관찰 이전에 하나님께서 말씀하시는 바에 주의를 기울여야 하는데, 그 이유는 하나님의 말씀은 인간의 생각과 행위에 대한 규범적인 진리이기 때문이라고 한다. 그래서 그는 학문연구에 있어서 하나님의 말씀이라는 정당한 전제를 적극적으로 사용하여야 한다고 주장하였다.

그리고 야르스마는 아동과 청소년을 정당하게 이해하기 위해 성경적 진술을 존중해야 할 이유에 대하여 기독교 신학적인 설명을 제시하였다. 첫째로 그는, 인간은 그 존재자체에서 오는 한계성이 있다고 한다. 부분에 대한 적절한 이해를 위해 언제나 전체에 대한 균형 잡힌 이해가 필요하지만, 인간은 그 존재에 있어서 이 세상 안에 위치해 있고, 또한 이 세상의 일부분이 되고 있

Eerdmans, 1961), 36. 여기서 야르스마는 내재론적이라는 말을 사용하였는데, 그 의미는 초월적인 하나님을 배제한 이 세상 내적인 이해를 의미하고 있다.

9. Cornelius Jaarsma, *Human Development, Learning & Teaching*, 37.

기 때문에, 인간전체에 대한 적절한 조망이 불가능하다고 보았다. 둘째로 그는 인간이 비록 모든 피조물들 중 가장 월등한 존재이기는 하지만, 타락이후 인간의 영적이며 정신적인 시야는 희미해졌기 때문에 정당하고 진실한 진리이해가 불가능해져 버렸다고 한다. 특히 인간은 자기 자신에 대한 진리에 있어서는 그 부정적 정도가 더욱 심각하므로, 외적인 관찰이나 내적인 성찰만으로는 완전한 인간이해에 도달할 수 없다고 보았다. 그러므로 야르스마는 "비기독교적 심리학자들과 교육가들은 인간의 본질에 대한 올바른 관점을 가질 수 없으므로 또한 아동을 적절하게 이해할 수 없다"고 단정하였다.[10]

사실상 인간은 이 세상 안에서의 존재이므로 자신의 존재 전체를 관통하는 초월적인 이해를 자신의 자력적인 노력으로 가질 수 없는 유한한 존재이다. 전 포괄적인 지식은 오직 하나님만이 가지고 있는 것이다. 동시에 죄로 인한 부패로 인하여 더욱 제한된 단면적인 지식을 가지고 있을 뿐이며, 특히 그 지식이 지니는 의미에는 더더욱 도달하지 못하는 것이 사실이다.

그러나 야르스마는, 성경이 인간의 퍼스날리티와 이 세상에 존재하는 모든 것에 대하여 상세하고도 학문적인 설명을 제시하는 책이라고 고집하지는 않았다. 그의 성경관은 다음의 말로 잘 표현된다. "그러나 성경은 우리들로 하여금 특정한 단편적 지식들을 하나의 의미 있는 전체에 맞추도록 하는 올바른 구조 내지는 관점을 제공하고 있다."[11] 그는 성경이 퍼스날리티 이론과, 학문에 있어서 올바른 구조 내지 관점을 제공한다고 보았다. 성경을 통하여 진리의 전체적인 연관성을 파악할 수 있게 되고, 그 전체의 의미를 올바르게 파악할 수 있다는 주장인 것이다. 그는 이러한 관점에서부터 기독교인 학자

---

10. Cornelius Jaarsma, *Human Development, Learning & Teaching*, 39.
11. Cornelius Jaarsma, *Human Development, Learning & Teaching*, 38.

들은 비기독교적 이론들을 적절하게 평가하여 실재에 대한 바른 지식을 가질 수 있다고 주장하였다.

따라서 기독교적 연구방법론의 첫째 과제는 비기독교적 이론들에 내제되어 있는 정당하지 못한 전제들을 비판하는 작업일 것이며, 그 다음으로는 성경적인 기초를 통하여 학문 이전의 올바른 관점, 곧 학문이나 과학적 작업이 제시할 수 없는 정당한 관점과 의미를 찾아 적극적으로 진술하는 것이 될 것이다.

2) 아동과 청소년에 대한 '수평적 이해'[12]

(1) 인간의 종교적 근원

야르스마의 인간관은 근본적으로 개혁신학에 그 기초를 두고 있다. 아동과 청소년에 대한 외적인 관찰이나 조사활동이 인간에 대한 수평적 이해, 곧 아동과 청소년의 본질적이고 구조적인 단면을 제공하기는 어렵다. 그래서 야르스마는 성경의 진술을 기초로 종교적인 근원에서 주어진 아동과 청소년의 특성과 본질에서부터 아동과 청소년이란 무엇인가에 대한 문제에 답하려고 하였다.[13]

개혁신학에서 일반적으로 받아들여지는 인간에 대한 종교적 이해는 창세기 처음의 3장에 잘 표현되어 있다. 그 내용을 요약적으로 제시해본다면, 곧 인간은 하나님의 형상으로 창조된 생령으로서, 본질적으로 하나님과, 사랑

---

12. 여기서 수평적 이해라는 말은 발달을 염두에 두지 아니한, 본질적이며 구조적인 측면에 관심을 가진다는 의미로 필자가 사용할 것이다.
13. Cornelius Jaarsma, "Teaching According to the Ways of Child Life", in *Fundamentals in Christian Education* (Grand Rapids: Wm. B. Eerdmans, 1953), 280ff.

에 의한 전인적인 성격의 반응을 기초로, 인격적인 교제를 나눌 수 있도록 창조되었다. 그리고 하나님은 인간에게 생물과 무생물을 포함하여 세상의 모든 피조물을 다스리고, 개발하며, 운용하는 사명을 부여하셨다. 물론 이 사명의 수행능력도 하나님과의 교제에 의존해 있었다. 그러나 인간은 하나님과의 교제 안에서 하나님을 사랑하기 보다는 죄를 범하여 자기 충족성을 앞세운 마귀의 포로가 되어 필요를 충족하기 위한 적응의 저급한 수준으로 타락하였다. 그 결과 인간은 생(명)의 중심을 하나님에게서 옮겨 자기 자신에 맞추게 되었다. 그러나 하나님은 그리스도를 통하여 인간과 근원적으로 회복된 교제를 가지기 위해 주권적인 은혜를 베푸시고, 인간을 완전히 새로운 존재로 만드셔서, 이러한 부패의 흐름에 반대하게 하셨다. 결과적으로 인류는 종교적으로 두 부류로 나누어져 있는 것이다.

야르스마는 인간의 본성에 속하는 종교적인 성격을 인간이해와 교육의 핵심으로 삼았다. 그가 진술한 교육의 기본원리는 그 종교성에 중점을 둔 그의 이론특성을 잘 보여주고 있다.

"첫째, 우리의 보편적인 기원은 일차적으로 영(the spirit), 자기(the self), 나(I)에 의해 이해되어야 한다. 둘째, 인간은 그 본성에 있어서 근본적으로 종교적이다. 셋째, 인간의 사명은 그 범위에 있어서 종교적이다. 넷째, 인간의 가장 깊은 필요(need)는 성격상 종교적이다. 다섯째, 아동의 종교적 필요는 교육의 초점이다. 여섯째, 아동의 종교적 필요를 충족시킬 때, 우리는 교수학습에 있어서 통일성과 통합을 발견하게 된다. 일곱째, 아동을 성숙하도록 양육하는 일에 있어서 최상의 가치에 속하는 것은 사랑의 우월성이다. 마지막으로 사랑은 기독교교육의 구조에 있어서 기초가 된다."[14] 이러한 원리에서

---

14. Cornelius Jaarsma, "Teaching According to the Ways of Child Life", 286-289.

그는 인간의 본질, 성격, 범위, 핵심 등을 포함한 전체가 종교적이라는 사실을 분명하게 제시하였다.

야르스마는 인간의 본성적 종교성을 기초로 인간의 수평적, 구조적 이해를 위해 신학적인 맥락에서는 바빙크(H. Bavinck)와 후케마(A. A. Hoekema), 심리학적 맥락에서는 바터링크(Jan Waterink), 카이퍼(A. Kuyper), 판델호스트(L. van der Horst)와 베인하르덴(H. R. Wyngaarden) 등의 개혁주의 학자들의 사상을 수용하면서 자신의 방식으로 종합하여 규명하였다.

그는 자기(the self), 개체적 인간(the person), 그리고 퍼스날리티의 개념을 설명한 이후, 성경적 이해에서 제시되는 특성들을 모아 정리하였다. 먼저 그는 자기(the self)란, 나(I) 혹은 주체자이며, 의식에서는 분명하게 존재하면서도, 감각기관을 통하여서 관찰될 수 없지만 인식되는, 외적인 세계보다도 더욱 확실하고 실재적인 존재로서, 성경의 영혼과 같은 것이라고 한다. 영혼은 개별적이고도 유일하여, 다른 존재와 구별되는 특성을 지니면서도 교제를 통하여 어울려 살아가야할 필요를 가지고 있는 하나님의 창조물인데, 이 특성은 자기(the self)라는 개념과 동일하다고 그는 주장했다. 그는 인간 자기는 하나님의 피조물로서 인간존재의 모든 측면에 방향과 생동력을 제공하는 원천이면서, 동시에 지식과 경험과 행동의 모든 것들이 바로 그 곳에서 체계화되는 초점이라고 정의하였다.[15] 따라서 그는 자기와 나와 주체자(subject), 그리고 성경적인 용어이면서 성령과는 구별되는 인간의 영(the spirit)은 같은 실재에 대한 다양한 표현으로서, 인간의 가장 근원적이면서 핵심적인, 그리고 모든 삶의 표현들의 원인이 되는 존재의 중심을 의미한다

---

15. Cornelius Jaarsman, *Human Development, Learning & Teaching*, 23.

고 보았던 것이다.

개체적 인간(person)은 개인적인 특성들, 혹은 그 특성들의 총체적인 주체를 의미하는 말로 받아들여진다. 그는 개체적 인간과 자기와의 관계를 다음과 같이 설명하였다.

"자기는 이 세상에서 행동할 때 두 가지 서로 구별되면서도 분리될 수 없는 방식으로 자신을 드러낸다. 그래서 자기는 자신을 영혼(the soul)의 생명(life)에서는 심리적으로, 그리고 신체적인 생명에 있어서는 신체적으로 자신을 나타낸다. 이 표현의 밀접한 통일성을 보여주기 위해 우리는 종종 영혼-신체적으로 움직인다고 말한다. 따라서 개체적 인간이란 자기의 단일한 영혼-신체적인 생명(life)을 뜻한다."[16] 따라서 개체적인 인간이란 관찰할 수 없는 자기가, 세상에서의 생(명)에서 표현되는 영혼-신체적인 통일체라는 말이다.

퍼스날리티는 개체적인 인간이 타인에게 영향을 주고, 타인에 의해 인식되는 바, 그 인격적인 성질들의 총체로 인정되었다. 그래서 그는 퍼스날리티는 "개인을 타인들과의 관계 속에서 묘사하는 특성들의 독특한 그룹"[17]이라고 정의하였다. 따라서 퍼스날리티의 특성들은 개체적 인간의 확장, 혹은 개체적 인간의 여러 차원들로 설명될 수 있다. 그는 퍼스날리티를 신체적 차원, 정서적 차원, 사회적 차원, 지적 차원으로 구분하여 설명하되, 그 전체는 분리될 수 없는 하나의 총체로서, 하나의 단일한 형태(a single pattern)을 이루고 있다고 주장했다.

---

16. Cornelius Jaarsman, *Human Development, Learning & Teaching*, 23.
17. Cornelius Jaarsman, *Human Development, Learning & Teaching*, 24.

(2) 개체적 인간(person)

야르스마는 단순한 구조화가 아니라 점진적인 구체화에 초점을 맞추어 인간이해의 핵심적인 것들을 설명하면서, 개체적 인간의 본질적인 측면들을 성경의 진술들을 근거로 하여 3가지 그룹으로 나누어 상술하였다. 그 3가지의 그룹은 성경의 창조사건에서의 함의, 마음이라는 용어의 용법과 의미, 그리고 개체적 인간을 지적하는 다양한 용어들이 함축하고 있는 자료들을 말한다.

먼저 그는 창조사건에서 인간에 대한 5가지의 의미를 제시하였는데 그 내용을 요약적으로 설명하면 다음과 같다. 첫째로 하나님은 인간을, 인간보다 선재하는 창조물질로 만들었다. 그 창조물질은 무생물적 재료들과 식물적인 생명, 동물적인 생명과 그 구조와 기능까지도 포함하는 것이었다. 그에게 있어서 특이한 것 하나는, 동물에게도 영혼(soul)이 있다는 설명이다. 따라서 인간은 자기보다 선재한 것들의 특성을 포함하고 있다는 것이다.[18]

둘째로 인간에게 생명을 주는 본질은 하나님의 생기 혹은 영이라는 사실이다. 하나님이 생기를 불어넣으신 것은 인간의 형태를 생령(살아있는 영혼)

---

18. Cornelius Jaarsman, *Human Development, Learning & Teaching*, 41. 야르스마에게 있어서 soul이라는 용어가 의미하는 바는 단순하지 않다. 그가 사용하는 바에 따르면 인간을 이구분할 경우에는 영과 심리적 측면을 포함하는 개념으로, 삼구분할 경우에는 단지 심리적인 것만을 지적하는 개념으로 사용된다. 그래서 필자는 이 용어를 성경의 표현대로 영혼이라는 말로 표현하였다. soul은 psyche의 측면을 주로 지적하고 있기 때문에 그는 동물도 영혼(soul)을 가지고 있다고 보았다. 필자는 심(心) 혹은 심리(心理)라는 용어가 한자의 心의 의미, 또는 영어의 heart와 용어상 혼동을 초래한다고 보기 때문에 psyche도 영혼으로 표현할 것이다. 혼이라고 표현할 수도 있겠지만, 성경에서는 혼이 영과 구분되지 않는 것이 일반적이며, 용어 자체의 본래적 의미가 심리적인 측면을 지적하는 심리학적 용어라기보다 신학적 용어이기 때문에 또 하나의 종교적 표현인 혼을 차용하기보다 필자는 부자연스러워도 영혼이라는 용어로 번역하였다.

으로 창조하신 것을 보여주고 있기 때문에, 생기 혹은 영은 생명을 주는 본질 혹은 생명력이라고 인정된다. 따라서 인간은 하나님으로부터 수직적 존재로서의 영과, 피조물들과의 수평적 존재로서의 지상적 형태가 유기적인 총체를 형성한 것이다.

셋째로 인간은 하나의 살아있는 유기적 통일체이다. 인간에게 있어서 영혼과 육신, 혹은 영과 영혼과 육체는 서로 분리될 수 없는 유기적 통일체 안에서의 다른 기능적 구조들이라는 것이다. 그는 이 구조를 도표화하여 구분하되, 그 구분의 복잡성과 통일성을 강조하였다.[19] 그는 인간에 대한 이러한 사상들을 바빙크(H. Bavinck)로부터 도움을 받았지만, 심리학연구에 더욱 적합한 것으로서 바터링크(J. Waterink)로부터 도움을 받았다고 한다.[20]

야르스마는 인간을 3가지 기능적 구조로 설명하였다. 먼저 영(pneuma)은 자기를 의미하는 자의식의 중심으로서, 인간에게 생명을 주며, 인간유기체 전체를 지도하는 역할을 수행하면서 영혼과 육체에 영향력을 행사한다. 그리고 영혼(psyche 혹은 soul)은 사고작용, 감정, 의지, 인식작용과 같은 정신적 과정과 기능을 행사한다. 특히 정서적인 차원은 영혼의 가장 두드러진 특징이다. 그에 따르면 인간에게 있어서 정서적인 차원과 신체적인 차원은

---

19. Cornelius Jaarsman, *Human Development, Learning & Teaching*, 43. 그리고 *Fundamentals in Christian Education*, p299의 도표. 이 두 가지의 도표에는 조금의 차이점이 있다. 후자의 도표에는 통일성도 함께 표현되어 있다.

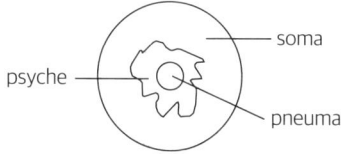

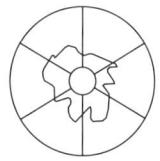

Fundamentals in Christian Education(1053)   Human Development, Learning & Teaching(1961)

20. Cornelius Jaarsma, *Fundamentals in Christian Education*, 42.

명확하게 구분될 수 없는 복잡성을 지니고 있다. 또 신체(soma)는 인간의 신체적 구조와 기능을 의미하는 외적인 영역을 의미하는 말이다. 이처럼 구분된 영과 영혼과 신체는 영을 중심으로 하나의 통일성을 이루고 있는 유기체의 구성인 것이다.[21]

넷째로 인간은 하나님의 모양으로 창조된 하나님의 형상으로서, 본질적인 종교성을 가지고 있다. 그리고 그 종교성은 인류라는 유기적인 통일성 안에서 집단적인 성격을 지닌 것이고, 인격적 하나님과 특별한 관계를 가지기도 하고, 죄가 전가되기도 한다. 또한 하나님의 형상으로서의 인간은 자유로운 존재로서 자신의 존재를 충족시키고 표현하며 실현하는 일에 있어서도 종교적 성격의 책임을 져야하는 것으로 인정된다.

다섯째 인간은 하나님 아래에서 다른 모든 피조물들을 다스리는 지배권을 부여받은 주권자이므로 환경에 단순히 적응하는 수준이 아니라 환경을 다스리는 행위를 통하여 하나님께 영광을 돌리는 창조의 면류관이다.[22]

그리고 야르스마는 개체적 인간이해를 위한 자료의 두 번째 그룹인 성경적 진술을 통해 나타난 마음의 용법과 의미에 주목하였다. 그는 마음이란 인간의 본질로서, 감정의 중심이고, 의지의 좌소이며, 사고와 기억의 좌소이고, 죄의 좌소이며, 중생한 생명의 좌소이고, 영적 새로움과 믿음과 덕의 실천을 포함한 신앙의 좌소라고 했다. 그래서 마음은 인간의 일차적이며 지도적인 중심으로서, 곧 영과 연관된다. 그는 후케마(A. A. Hoekema)의 설명을 이러한 설명의 근거로 제시하였다.[23]

---

21. Cornelius Jaarsma, *Fundamentals in Christian Education*, 295-307.
22. Cornelius Jaarsma, *Human Development, Learning & Teaching*, 40-45.
23. Cornelius Jaarsma, *Human Development, Learning & Teaching*, 10.

마지막으로 그는 성경의 진술에서 나타나는 개체적 인간에 대한 다양한 개념들에 주의를 기울였다. 그 개념들에는 피, 마음의 눈, 하나님의 성전인 몸, 지체들, 마음과 목숨과 뜻 등이 포함된다. 야르스마는 이러한 용어들이 함의하는 의미를 7가지의 특성들로 나누어 설명하였다. 그 특성들을 내용적으로 요약한다면, 인간의 중심은 영이므로, 영을 중심으로 모든 부분들이 통일성을 지닌다. 영과 영혼-신체적인 생명은 분명하게 구분될 수 있다고 보며, 악의 좌소는 존재의 중심인 영에 있고, 영혼-신체적인 기능들은 성격상 중립적인 것으로 인정된다. 인간은 본성적으로 종교적이고, 인간의 무의식조차 자기의 한 표현이며, 생래적으로 자기의 생명력 안에서 모든 것이 유기적인 통일성을 이루고 있다. 그리고 인간은 주변의 자연세계에 적응하여 신체적, 영혼의 생명을 통하여 자기를 성취하고 실현해 간다. 그러나 이러한 경우에서도 인간은 단순히 적응하는 것이 아니라 상호작용하며, 지배력을 행사하여 변화시켜가면서 하나님의 형상인 자신을 성취해간다는 것이다.[24]

상기한 진술들이 외적으로는 신학적, 철학적 설명의 인간관을 제시하는 것 같다. 그러나 실은 성경을 인간이해의 절대적인 기초로 삼는 그의 방법론 때문에 신학적으로 보였을 뿐이며, 그의 장점은 이 신학적 인간이해를 심리학적으로 진술한 것이라고 할 수 있다.

(3) 퍼스날리티

야르스마는 퍼스날리티란, "개인을 타인과의 관계 속에서 묘사하는 특성들의 독특한 그룹"[25]이라고 이미 정의한 바 있다. 이 정의에 근거하여 그는

---

24. Cornelius Jaarsma, *Human Development, Learning & Teaching*, 46-48.
25. Cornelius Jaarsma, *Human Development, Learning & Teaching*, 48.

유아들은 개체적인 인간이기는 하지만 아직 퍼스낼리티를 가지고 있다고 말하기는 어렵다고 했다. 왜냐하면 그는 유아는 스스로 사회적 의미에서의 개인들로 특징 지우는 특질들을 획득하고 발전시켜 퍼스낼리티가 되어가야 한다고 보았기 때문이다.

그는 퍼스낼리티를 4가지 차원으로 구분하였다. 그 차원들도 개체적 인간에 대한 수평적 도표에서와 유사하게, 중심인 영을 돌면서 확대되는 원으로 그려졌다. 그리고 그 차례에 있어서도 영에 가장 가까운 곳에서부터 지적인 차원, 사회-정서적 차원, 생리학적 차원으로 이루어져 있다.[26] 그는 하나의 행동에서도 이 4가지의 차원 모두가 분리될 수 없는 하나의 실체를 이루고서 표현된다고 보았다. 따라서 퍼스낼리티는 대단히 포괄적인 개념으로서, 영과 영혼과 신체로 구성된 개체적 인간과, 그 인간의 사회적 표현의 다양한 제 차원들을 모두 포함하고 있는 셈이다. 동시에 그 개념은 대단히 구체적인 성격을 지니게 되는데, 그 이유는 퍼스낼리티야말로 다른 사람들에게 관찰되는 바의 개인이기 때문이다. 따라서 퍼스낼리티는 구체적으로 행동하고 있는 개인이 외적으로 나타나는 현상을 말하고 있는 것이다.

야르스마는 퍼스낼리티의 포괄성과 구체성을 암시하는 용어를 만들었다. 그는 생명에서의 총체적인 개인을 의미하는 "총체적 생명의 개인(whole-person-in-life)"[27]이라는 용어를 사용하였는데, 그 용어는 세속심리학에서

26.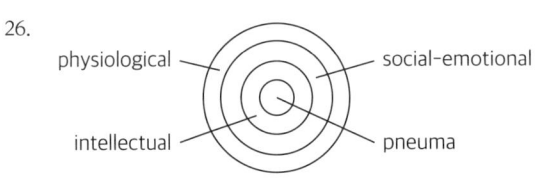

27. Cornelius Jaarsma, *Human Development, Learning & Teaching*, 50.

외적 행동으로 인간의 퍼스날리티를 이해하고 그 행동에서 획득된 자질들로 환경에의 적응과 내적인 평형을 이루는 문제를 핵심으로 여기는 소위 "총체적 행동의 개인(whole-person-in-action)"[28]과 대립하여 퍼스날리티를 구별하기 위함이었다. 야르스마는 세속심리학과는 달리, 개체적인 인간과 퍼스날리티, 그리고 퍼스날리티와 행동이 동일한 것이 아니라고 주장하였던 것이다. 그는 행동을 단지 생물학적 성격이 아니라 영적인 의미의 생명에서 나오는 것이라고 단정하였다. 그래서 구체적 통일체인 퍼스날리티가 하나님이 창조하신 생명력인 자기 혹은 영에 그 궁극적인 출발점을 두고 있다는 의미에서 '총체적 생명의 개인'이라고 했다.

따라서 개체적인 인간은 영혼-신체적으로 작용하는 작용적인 자기이며, 퍼스날리티의 3가지 차원을 통하여 생명으로 자신을 표현한다는 것이다. 한 개인이 의식적으로 수용된 목적에 따라, 생명의 차원들을 통해 외부와 상호 교통하게 될 때, 그 개인은 하나의 퍼스날리티인 것이다. 그러므로 그가 생명 안에서의 관계가 잘 정립되어 있을 때 그 퍼스날리티는 건강하고, 그 관계를 통하여 개인은 의식적으로 선택한 지도방향을 따라 퍼스날리티의 차원들을 형성한다고 본 것이다.

3) 아동과 청소년에 대한 수직적 이해(발달이론)

(1) 퍼스날리티 발달 원리

야르스마는 발달이라는 개념을, 성장과 학습과의 관계 안에서 먼저 정의하였다. 그에 따르면 성장은 신체와 영혼 측면에서 "더욱 풍부한 방식으로

---

28. Cornelius Jaarsma, *Human Development, Learning & Teaching*, 50.

다양한 기능을 수행할 수 있도록 하는 능력의 증대"[29]이며, 학습은 읽기습득이나 역사지식 획득과 같은 '특별한 습득'[30]을 뜻한다. 그리고 발달은 "성장하는 유기체 안에서 학습이 이루어질 때 성취되는 전반적인 성숙의 과정"[31]으로 정의되었다. 따라서 발달의 과정은 성장과 학습 모두 포함하고 있는 것이다. 그는 하나님께서 모든 유기체와 더불어 인간에게도 발달의 형식을 정해두셨다고 한다. 그래서 유기체에 잠재되어 있던 발달형식이 풀려 나타나는 것을 발달이라고 본 것이다. 그리고 발달은 항상 전체 퍼스낼리티에, 획일적인 것이 아니라 차이가 있기는 해도, 작은 발달현상조차 전체의 퍼스낼리티에 영향을 미친다고 한다. 또 정해진 시기의 발달을 위한 잠재력은 전체 퍼스낼리티에 의존해 있으며 발달은 중단되지 않고 일생동안 계속된다고 했다.

야르스마는 발달과정에 있어서 내적인 요소와 외적인 요소를 포함하는, 결정적인 세 가지 요인을 제시하였다. 그 첫째는 임신이후 이미 하나의 형식에 따라 지속적으로 나타나려는 아동의 내적인 성장의 힘과 발달의 잠재력이다. 그는 이것을 '발달적 충동(the developmental urge)'[32]이라고 말했다. 또 이것을 그는 절실드(Jersild)의 표현을 빌어 '적극적인 진보적 추진력(positive forward impetus)'[33]이라고 말하기도 했다. 발달적 충동은 하나님께서 명하신 형식에 따라, 하나님의 형상으로 창조된 인간이 성숙, 곧 독립적인 활동을 향하여 발달하도록 만드는 잠재적인 충동이다. 그러나 특이한 것은 이 발달적 충동은 단지 신체기관의 성장이나 확대를 재촉하는 단순한 힘

---

29. Cornelius Jaarsma, *Human Development, Learning & Teaching*, 63.
30. Cornelius Jaarsma, *Human Development, Learning & Teaching*, 63.
31. Cornelius Jaarsma, *Human Development, Learning & Teaching*, 63.
32. Cornelius Jaarsma, *Human Development, Learning & Teaching*, 71.
33. Cornelius Jaarsma, *Human Development, Learning & Teaching*, 71.

이 아니라 생리적인 구조들을 통합하고 조정해가면서 인간이 성숙하게 하는 목적론적 성격을 지니고 있다는 점이다. 그는 발달적 충동의 성장을 재촉하면서도 목적 있는 방향으로 나아가게 하는 힘을 염두에 두고 '생래적인 동기부여원리(the principle of indigenous motivation)'[34]이라는 용어를 사용하기도 했다. 더 나아가 발달적 충동이 과소평가되거나 무의식차원에 넘겨버릴 수 없는 것은 그것이 영에서 비롯되기 때문이라는데 있다. 그래서 그는 적극적이면서 진보적인 발달충동의 추진력은 영혼-신체적인 구조와의 통일성 속에서 나타나는 영의 표현이라고 말했다.[35]

두 번째의 요인은 개체적인 인간이 성숙하여 잘 형성된 퍼스날리티가 되는 자기성취의 발달목표이다. 그는 발달적 충동이 개체적 인간으로 하여금 생명의 여러 차원에서 자신이 성숙한 퍼스날리티, 곧 독립적인 퍼스날리티를 형성하도록 재촉한다고 보았다. 그 목표는 여러 관점에서 설명되었는데, 한편으로는 종교적 존재로서의 인간이 지니고 있는 이성활동, 도덕성, 사회성, 미적 감수성, 자유, 책임의 특별한 자질들이 가능한 한 풍부하게 표현되는 것이 목표가 된다. 또 다른 관점에서는 개체적 인간이 하나님의 형상을 지닌 자로서 지식을 알고 전하는 선지자직과, 청지기로서 모든 소유를 통하여 사랑으로 봉사하는 제사장직과, 하나님의 대리통치자로서 모든 피조물과 자신을 다스리는 왕직의 3중직 직무를 잘 수행하는 것이 목표가 된다. 또 다른 관점에서는 신자로서의 개체적 인간이 그리스도 안에서 진리의 말씀에 자의식적으로 헌신하고 순종하여 자신의 모든 기능과 생명의 모든 차원을 진리의 말씀에 복속시키는 것으로 표현되고 있다.

---

34. Cornelius Jaarsma, *Human Development, Learning & Teaching*, 71.
35. Cornelius Jaarsma, *Human Development, Learning & Teaching*, 72.

세 번째의 요인은 퍼스낼리티 발달의 과업을 의미하는 교육이다. 퍼스낼리티의 발달에 있어서 야르스마는 외적인 환경적 요인인 교육을 포함시켰다. 그는 교육은 진리를 따라서 인간이 형성되고 또한 형성하는 과정, 곧 인간의 생래적인 발달적 충동과 그 인간을 위해 처방된 발달적 목표사이의 발달적 과제라고 했다. 그래서 그는 교육은 발달적 충동을 기초하여 발달적 목표를 성취하는 일에 몰두하여야 한다고 주장하였다.[36]

이러한 기초적인 요인들을 제시한 이후, 야르스마는 발달에서 특징적으로 나타나는 원리들을 정리하였다. 그가 정리한 발달원리를 요약적으로 정리하면 다음과 같다.

첫째는, 발달에 있어서 유전과 환경과 영의 생명력, 이 세 요소가 상호작용한다는 점이다. 그는 일반적으로 심리학에서 중요하게 거론되는 생래적인 유전과 외적 영향력인 환경 외에, 기독교적 성격의 인간이해에서 나온 영의 생명력을 더하였다. 뿐만 아니라 영의 생명력이야말로 인간 스스로를 형성해가는 주체로서, 유전과 환경을 퍼스낼리티 형성의 요인으로 삼는다고 했다.

둘째는, 퍼스낼리티 형성에 있어서 유전과 환경과 영의 생명력은 생명에 있어서 통일성을 지닌다.[37] 그는 이러한 통일성을 강조하기 위해 '총체적 생명의 아동/청소년(whole-child-in-life)'이라는 말을 사용하였다.

셋째는, 필요(felt need)는 개체적 인간이 퍼스낼리티를 형성하도록 행동하게 하는 원천이다. 그는 필요가 아동으로 하여금 행동하게 만든다고 보았던 것이다. 그에 따르면 필요는 "하나님의 형상으로 창조된 인간의 충족성

---

36. Cornelius Jaarsma, *Human Development, Learning & Teaching*, 73.
37. 야르스마는 이중적인 통일성을 가진다고 말한다. 그 하나는 인간 자체의 통일성이고, 다른 하나는 생의 통일성이다.

요구에 부족할 때 발생하는 인간 내부의 긴장상태"[38]이다. 여기에는 애정, 어른의 승인, 동료의 승인, 독립성, 자존의식, 종교적 헌신 의식 등의 일차적 필요와, 삶의 양태에서 오는 문화적 측면의 지식적 요구나 교제의 요구와 같은 이차적 필요가 있다. 그는 종교적 헌신을 가장 중요한 필요라고 주장하였다.

넷째는, 필요에 의해 유발된 행동은 개체적 인간으로 하여금 방향을 탐색하도록 한다. 개체적 인간의 필요는 환경과의 작용을 통하여 충족된다. 따라서 유기적 단일체인 인간의 필요가 적극적인 진보적 추진력을 유발하면 그 사람은 하나님의 형상으로 살아있는 존재에 부응하는 충족의 목표를 지향하게 된다는 것이다.

다섯째는, 필요에 의한 방향 탐색은 유기적 단일체의 방향 탐색이므로 그 사람의 방향 탐색은 필요를 만족시킬 수 있는 목표 안에서 충족되고, 목표충족을 위해 행동하도록 의지를 불러일으키는 동기화가 이루어진다. 그리고 그에 따르면 필요를 충족시키는 일에 있어서 많은 목표들이 제시될 수 있지만 결국 그 목표들은 하나님의 형상으로서의 퍼스날리티 형성이라는 최종적 목표에 도달하기 위한 발달적 목표들로서, 서로 연결되어 있는 수로나 운하와 같은 것이라고 한다.[39]

여섯째는, 목표의 달성에 이르는 효율성은 학생의 준비성에 의존해 있다. 준비성이란 새로운 학습이 효율적으로 이루어질 수 있도록 하는 아동과 청소년의 발달수준을 의미한다. 따라서 아동과 청소년의 발달수준은 주어진 목표달성에 큰 영향을 미친다고 할 수 있다.[40]

---

38. Cornelius Jaarsma, *Human Development, Learning & Teaching*, 81.
39. channeling, canalization
40. Cornelius Jaarsma, *Human Development, Learning & Teaching*, 76-86.

요약해본다면 결국 야르스마는 영의 생명력이 유전과 환경적 요인들과 상호작용하면서 유기적 통일체로서의 개체적 인간으로 하여금 발달의 과정을 거쳐 자기성취의 퍼스날리티를 형성하게 한다는 것을 주장한 셈이다. 발달과정에 있어서 발달의 내적인 힘은 필요의 충족을 통하여 운하처럼 연결된 목표들을 성취하면서 최종적인 목표인 성숙한 퍼스날리티를 형성해 간다는 것이다.

(2) 발달 단계와 특성

야르스마는 발달단계묘사에 있어서 베인하르덴(H. R. Wyngaarden)[41]의 3단계이론을 그대로 수용하고 있다. 베인하르덴은 인간의 생애를, 생후로부터 18-19세에 세상과 자신에 대하여 초기의 이해를 가지게 되는 단계를 제1단계, 그 이후부터 약 45세경까지 삶의 안정, 분별, 수용을 특징으로 하는 능동적인 단계를 제2단계, 그리고 차이가 있기는 하지만 45-50세부터 마지막까지의 성숙한 관점을 지니는 단계를 제3단계로 구분하였다.

야르스마는 베인하르덴의 3단계중 제1단계에만 관심을 기울였다. 그리고 그 제1단계를 다시 학령전기, 아동기, 청소년기로 구분하였고, 처음의 학령전기를 전기유아기(乳兒期, neonate), 후기유아기(幼兒期, infancy), 초기 아동기로 구분하였다. 그리고 퍼스날리티의 3가지, 곧 생리학적 생명(life), 사회-정서적인 생명, 지적인 생명의 측면에서 각 단계의 특성들을 기술하였다. 그리고 편의를 위해 그는 두 번째의 차원인 사회-정서적 차원을 구분하여 진술하였다.

---

41. 네덜란드 자유대학교의 심리학자, 그의 주저이면서 야르스마에게 지대한 영향을 미친 책은 『성숙의 주요문제』(*Hoofdproblemen der Volwassenheid*)이다.

야르스마가 묘사한 단계 안에서의 아동과 청소년의 특성들을 요약적으로 정리하면 다음과 같다.

(a) 생리적 발달

야르스마는 생리학적 차원에서의 발달을 성장, 발달, 학습과의 상호관계성 안에서 이해해야 한다고 보고 각각의 의미를 다시 정리하기를, 성장은 조직의 확장을 의미하고, 발달은 성장하는 조직의 상호 조정된 활용을 의미하며, 학습은 특별한 기능을 획득하는 것을 의미한다고 했다. 따라서 발달은 성장에 의존해 있고, 학습은 성장과 발달에 의존해 있다는 것이다.

그는 발달적인 충동이 성숙을 향하여 생리학적인 발달에서 힘을 발휘할 때, 다소의 개인차가 있기는 하지만, 개개 아동의 내, 외적 환경에의 의존정도에 따른, 어느 정도의 비율은 있다고 보았다. 그리고 신체적인 발달이 계속되는 동안 일반적으로 일어나는 과정은, 먼저 분화되지 아니한 통일체가 분화되고, 그 이후에 새로운 통합을 이루어가는 형식을 가진다고 주장했다.

각 단계의 발달적 특성을 요약하면 다음과 같다.

초기유아기는 임신으로부터 시작된다. 이 시기에는 내분비선이 발달에 있어서 중요한 역할을 하면서 구조가 성장하기 시작하고 성숙을 위한 준비가 갖추어지게 된다. 생후 2주간에는 새로운 기능과 환경에 적응하는 기간으로서, 통제되지 못하는 동작이 그 주된 특성이다. 이 시기동안 어머니의 돌봄이, 유아에게 가장 기초적인 필요가 되는 수용감을 충족하게 한다.

후기유아기의 첫 1년 동안 유아에게 있어서, 분화와 통합의 과정이 뚜렷하게 나타나면서 점차 동작이 목적에 따라 통제되고, 의미 없이 옹알거리는 언어가 나타난다. 2년차부터 유아는 걷고, 말하고, 배설을 통제한다. 이 기간 동안 유아의 기본적 필요는, 성인이나 또래의 승인을 통해 충족된다. 그리고 이

기간 동안 유아의 발달은 준비성, 방해요인, 좌절수준 등에 의해 크게 영향을 받는다.

초기아동기는 유아기이후 약 3년간의 기간이다. 이 기간 동안 아동에게 있어서는, 성장을 위한 분출력과 활동성(run about)이 중요한 특징이 된다. 신체의 조직이나 체중이 급속하게 늘어나 아동은 종일 활동할 수 있는 왕성한 힘을 가진다. 그리고 기본적인 필요인 독립과 자기존중의 필요가 충족되어야 한다. 보육원이나 유치원은 이 기간 동안 학교교육을 준비하고, 퍼스날리티가 발달하는 일에 있어서 중요한 역할을 한다.

아동기는 생리학적 발달이 비교적 균일한 비율로 발달하는 단계이다. 신체 각 부위의 관점에서 보면 키나 체중이 어느 정도 균등하다. 그러나 퍼스날리티의 다른 차원들은 균일하지 않다. 이 기간 동안 신체적 발달이 사회-정서적 발달을 위한 기회가 될 수 있도록 배려하는 것이 필요하고, 아동의 좌절수준에 항상 유의하여야 한다.

청소년기는 제2의 성장력 분출기로서, 이 기간 동안 급속하게 생리학적 성장이 이루어지고, 생식의 기능도 활발해 진다. 신체적 발달이 다른 차원의 발달보다 빠르기 때문에 성인의 수준을 요구받지만, 전체적 발달은 이에 보조를 맞추지 못하므로 혼란이 일어난다. 그리고 신체의 발달에는 개인차가 심하고, 내분비선의 활동이 활발하다. 이 기간 중 충족되어야 할 기본적인 필요와 과제는 자기존중감과 책임감이다.

생리학적 차원의 전반적인 요점은 성장과 발달이 지속되되, 급속한 성장 이후 다소 안정되는 상태가 반복된다는 것이다. 야르스마는 생리적 차원의 발달에 있어서 개인차의 특성에 주의를 기울일 것을 요청하였다.[42]

---

42. Cornelius Jaarsma, *Human Development, Learning & Teaching*, 107.

(b) 정서적 발달

야르스마는 정서적 차원을 사회적 차원과 함께 취급하여 둘 사이의 밀접한 관계를 강조하였다. 그러나 그는 편의상 이 둘을 각각 따로 취급하였다. 그리고 그는 정서적 발달은, 영향을 미치는 문화적 특성이나 감정표현규범의 차이, 그리고 과학적 연구방법사용의 어려움 등으로 인하여 다른 측면보다 진술에 있어서 어려움이 많다고 전제하였다.

그는 정서를 감정상태(feeling-tone)이라고 보았다. 그리고 감정이란 외적 사건의 인식에 대하여 특정한 개인적 성질이나 연관성을 부여하는 인간의 상태라고 정의하였다.[43] 그에 따르면 감정은 대단히 주관적이어서 다양하지만 정서적인 생명(life)은 전체 아동발달의 통합적 국면이며, 전체 퍼스날리티의 동력이 된다. 그리고 영혼은 신체와 긴밀한 연관관계속에서 영의 생명력을 중심으로 통합되어 있다. 그리고 그 전반적인 연관성 때문에 외적인 어떤 단일한 표현양식과도 동일시될 수 없다. 또 좌절수준은 바로 이 감정에 의해 결정되는 것이다.

이러한 기초에서 정서적 발달을 정당하게 이해하기 위해 4가지 단서를 덧붙였다. 그 단서를 정리해 본다면, 첫째 정서적 생명은 퍼스날리티 전체의 통합적인 한 부분이다. 둘째 안정감이 정서의 기본적인 필요(need)이다. 셋째 정서적 발달은 개인에게 일정하게 진행되지 않는다. 넷째 정서적 성숙에는 학생들 사이에 뚜렷한 다양성이 있다.

그는 정서적 발달단계를 수직적인 방식으로 분명하게 진술하기는 어렵다는 사실을 인정하면서 각 단계의 특성들을 간단하게 정리하였는데, 그 내용을 요약적으로 정리하면 다음과 같다.

---

43. Cornelius Jaarsma, *Human Development, Learning & Teaching*, 111.

유아기의 정서적 발달은 생리학적 발달과 깊은 연관성을 지니고 있다. 그리고 가장 기본적인 필요는 안정감인데, 이 필요는 깊고도 항존적인 사랑에 의해 충족된다.

초기 아동기에도 정서적 발달은 신체적 발달과의 연관성 안에서 이루어지고, 구강, 배설, 생식기 만지는 것 등에 대한 부모나 성인의 태도가 여기에 중요한 영향을 미친다. 이 경우 성인의 강압성은 아동에게 정서적 좌절이나 죄책감을 경험하게 만든다. 그리고 이 단계의 과제는 아동이 항진적(sthenic) 감정을 지닐 수 있도록 돕는 것이다.

아동기에 있어서 정서적 발달은 어느 정도 잠복기에 해당하지만, 자유나 창의적 활동이 정서적 발달에 중요하다. 동료의 승인추구와 부모로부터의 독립추구 성향을 볼 수 있으므로 집단 안에서의 경험이 정서 발달에 중요한 영향을 미친다. 그리고 독립적이면서도 자발적인 행동을 통하여 창의성이 발달한다.

청소년기에 정서적 발달은 가장 특별한 성격을 지닌다. 신체의 급속한 변화와 성장에서 정서적 차원에서 경험되는 두드러진 특성은 열등감이다. 그리고 자기이상형이 될 수 있는 어떠한 퍼스날리티 모델이 목표가 된다. 따라서 그러한 퍼스날리티를 가진 인물과 동일시하려는 성향을 나타내 보인다. 그리고 종교적 측면에서는 영적인 헌신이 중요한 특성으로 부각된다. 이 단계에서도 안정감이 가장 중요한 기본적 필요이다.

야르스마는 사랑과 공포와 분노가 인간의 정서적 차원에 있어서 가장 중요한 3가지의 군집을 형성하는 것으로 보았고, 그 중에서도 사랑은 가장 성숙한 정서의 표현이며, 분노와 공포를 해결하는 것이라고 주장하였다.[44]

---

44. Cornelius Jaarsma, *Human Development, Learning & Teaching*, 109-131.

(c) 사회적 발달

야르스마는 인간의 사회성은 동물의 군거성과는 달리 영적인, 곧 종교적인 성격에서 유래된 것이라고 한다. 그가 정리한 사회적 발달단계에서의 특성들을 정리해보면 다음과 같다.

유아기 동안, 유아의 주의력은 어머니로부터 가까운 성인들과 아이들을 향하여 확대된다. 이러한 초기의 사회적 관계에서 유아는 사랑의 안정감을 경험한다. 이 단계 동안 부모가 주의해야 할 것은, 유아에 대한 지나친 관용이나 변덕스러운 억압행동이다. 그리고 유아의 자기표현과 주장을 돕고, 효율적으로 훈련하는 것이 필요하다. 또 유아는 성인과 집단의 승인을 통하여 합법성의 감정과 수용감을 가져야 한다.

초기아동기에서는 놀이가 활동에서 가장 중요한 특성이다. 놀이를 통하여 또래 집단에 참여하여 사회적 관계를 확대시켜 나가게 된다. 그래서 또래집단에서의 수용감은 자기의 지위를 높여준다.

아동기에 아동은 학교에 가면서 새로운 전기를 맞게 된다. 아동은 확대된 또래집단과 새로운 시설에서의 기회들을 통한 도전으로 새로운 관심들을 갖게 된다. 이 새로운 관심은 그 집단 활동을 통하여 계발되는 것이므로 집단의 역동성이 사회성발달에 있어서 가장 중요한 핵심이 된다. 아동의 정서를 좌절수준에까지 이르도록 강요하거나, 또는 아동의 좌절수준을 너무 낮추어 대하는 교사의 태도는 사회성발달에 있어서 부정적인 요소가 된다. 그리고 사회적 계층의 조건과 학교에서의 준비성이 긴밀한 관계를 가지면서 사회성이 발달하는데, 특히 아동이 소속한 사회적 계층은 아동의 이상과 목적과 관심에 지대한 영향력을 행사한다.

청소년기에 두드러진 특성은 동료의 승인이다. 부모나 가족에게서 독립하려는 성향이 더욱 동료의 승인과 존중을 요청하는 것이다. 그래서 이 기간

동안 자기존중감과 집단 존중감이 밀접한 연관성을 가진 또래집단이 형성되고, 집단에 대한 대단한 충성심이 생겨나게 되는 것이다. 이 단계의 과제는 교사가 올바른 규범과 도덕적 이유를 설명하고 바르게 제시하는 일이다.

야르스마는 사회적 발달에 있어서 전체적으로 나타나는 특성은 집단 안에서의 수용성과 승인이라고 한다. 그리고 그 과제는 바람직한 협동 활동을 통하여 퍼스낼리티를 형성하도록 힘쓰는 것이라고 한다.

(d) 지적 발달

야르스마에 따르면, 인간은 이중적인 통일성을 가지고 있다. 여기서 이중적 통일성이란 영혼-신체적 구조에서 개체적 인간이 형성하고 있는 통일성과, 퍼스낼리티 차원의 구조에서 지니는 퍼스낼리티 통일성을 두고 하는 말이다. 그는 인간의 인지적 차원도 퍼스낼리티의 한 차원이면서 동시에 각 차원들과 연관성속에서 통일을 이루고 있기 때문에 감각적 기능에 의존해 있고, 사회-정서적 경험에 의해 조건화되며, 무의식적 충동과 힘의 영향도 받게 되는 것이라고 한다. 뿐만 아니라 인지작용도 도덕적이고 종교적인 존재로서의 인간행동이므로 인간의 종교적 중심과 연결되어 있다.

야르스마는 지적인 발달을 취급함에 있어서 단계적인 특성진술의 방식보다는 일반적인 특성을 진술하는 방식을 선택하였다. 그는 지능이란, 한 주체자가 이해를 목적으로 어떠한 대상을 향하여 주의력을 집중해 그 대상상황의 논리적인 일관성을 파악하는 개체적 인간의 소질이라고 정의하였다.[45] 그리고 특이한 것은 그가 지능에 유전과 환경 외에도 하나님의 은사와, 자의식적이든 무의식적이든 간에 개인이 채택한 결정인 선택 요소도 함께 취급해

---

45. Cornelius Jaarsma, *Human Development, Learning & Teaching*, 144.

야 한다고 본 것이다.

야르스마는 지능검사에 있어서 일반적인 도구인 I.Q.나 정신연령을 측정하기 위한 M.A.를 구분하여 취급해야 한다고 보았다. 그 이유는 그가 지능발달이 비록 18세경에 중단되기는 하지만, 지적인 성숙은 그 이후에도 계속된다고 보았기 때문이다. 그리고 지능검사의 점수는 유익하기는 하지만 그 검사가 다양한 측면에서의 우열을 평준화하므로 아동에게 개별적으로 주어진 특별한 재능을 정당하게 평가하지 못할 위험성을 지닌다고 보았다. 그리고 지능에 있어서의 성차에 대하여는 환경적 요인의 역할 때문이라고 주장하였다.

야르스마는 지식의 대상이란 하나님이 창조하신 만물과 질서 있는 우주라고 했다. 세상의 모든 것이 하나님의 창조의 결과이기 때문에 지식의 탐구에 있어서 하나님 자신의 해석인 특별계시를 중시하는 일은 당연하다고 주장하였다. 뿐만 아니라 지식의 대상에 있어서 단지 사실에 대한 지식만 아니라 그 지식의 가치적 측면도 중시하여 전체의 지식이 하나님을 사랑하는 전인적인 행동으로 표현되어야 한다고 했다.

지적인 발달단계에 있어서 야르스마는 크게 두 부분으로 나누어 일반적인 특성을 진술하였는데 그 특성들을 요약적으로 정리하면 다음과 같다.

그 첫 부분은 학령전기이다. 유아기와 초기아동기를 포함하는 이 기간 동안 아동은 감각기관의 기능을 통하여 사물을 분별하고 그 정체를 파악하게 된다. 시각과 촉각과 미각과 후각과 청각의 발달은 아동의 인지적 기능의 발달에 기초가 되는 자료들을 제공해준다. 그리고 이 기간 동안 주의력의 범위와 지속시간이 확장되고 언어사용능력도 향상된다. 처음에는 옹알거리는 것이 상투적 어구나 단어를 사용하게 되며, 학령 직전에는 2,500-5,000정도의 단어를 이해할 수 있게 된다. 물론 구어적 어휘와 문서적 어휘가 일치하는 것은 아니다. 또한 놀이집단을 통하여 아동의 의사전달과 조작능력은 활발하게 발달하게 된다.

두 번째의 부분은 학령기이다. 이 기간은 아동기와 청소년기를 포함한 기간이다. 학교는 지식을 위한 특별한 목적에서 아동의 지적 발달을 위해 노력한다. 야르스마는 이 기간 동안의 지적 발달 특성에 대하여는 별로 취급하지 않는다. 대신에 교육학자로서 지적 발달을 위한 학교교육의 역할이라는 관점에서 몇 가지의 제언을 하고 있다. 그래서 그가 제시한 학교교육의 목적이란, 학생들에게 진리를 바르게 이해하도록 돕고, 아동이 효과적인 의사전달을 통하여 진리를 표현하도록 도우며, 지식의 체계를 통하여 지식을 유용하게 활용하도록 돕는 것이라고 보았다.

결론적으로 정리한다면, 퍼스날리티의 각 차원들은 야르스마의 인간이해에서 명확하게 나타나는 통일성 안에서 서로 긴밀하게 연관된 부분들이며, 그 중핵은 영이다. 그래서 영을 중심하여 개체적 인간이 성숙한 퍼스날리티를 형성하기 위해 목적 있게 진행하는 것이다. 그래서 야르스마는 그 원리를 통일체라는 말과 역동성이라는 말로 표현하였다.[46]

4) 야르스마의 발달이론에 대한 평가

야르스마의 아동과 청소년 발달에 대한 기독교심리학 연구는 기독교 교육학과 심리학 영역에서 개척자적 위치의 시도가 되었다. 김용섭의 지적처럼, 야르스마의 주저인 Human Development, Learning & Teaching은 영국과 미국에서 볼모지였던 기독교심리학의 첫 출판으로서 찬사를 받을만하

---

46. Cornelius Jaarsma, "The Learning Process", in J. E. Hakes ed., *An Introduction to Evangelical Christian Education* (Chicago: Moody Press, 1978), 72.

다.[47] 그리고 인간발달에 대한 이론을 개혁주의 인간론을 토대로 개진한 것은 그의 큰 공헌에 속한다. 인간의 본질과 수평적 인간이해 내의 통일성은 왜 아동발달이론들이 자주 잘못된 인간본질이해 내지 인간의 한 측면에 대한 과대평가나 전체와의 조화결여가 초래되었는지를 잘 보여주었다.

사실 아동과 청소년 발달이라는 심리학적 영역을 신학적이며 철학적인 설명으로 접근하는 일은 쉬운 일이 아니다. 특히 그 사용되는 용어들이나 그 용어가 함축하는 의미의 범위에 있어서는 더욱 그러하다. 그리고 성경의 용어와 철학에서의 용어가 설사 동일한 말이라고 하더라도 그 함축의미가 항상 일치하는 것은 아니다. 여기에 심리학적 용어까지 함께 혼합되어 출현한다면 더욱 혼란을 가중시킬 수 있는 것이다.

실제로 야르스마가 사용한 성경적 용어들인 영이나, 마음, 그리고 철학적 용어인 자기나 나(I), 또한 심리학적 용어인 퍼스날리티나 발달적 충동이나 필요라는 용어는 각기 다른 학문적 배경을 가진 것들이므로 많은 혼란을 야기할 수 있다. 그럼에도 불구하고 야르스마가 성경적인 개념들을 통한 인간의 본질이해와, 심리학적인 퍼스날리티이론을, 논리적인 일관성을 유지하면서 체계화시켜 형성한 아동과 청소년 발달이론은 그의 큰 장점이다. 물론 동시에 이것은 오해나 비판의 표적이 될 수도 있었다.

그 한 가지 예로서, 영을 중심한 인간전체의 통일성은 잘 묘사된 것으로 평가받고 있지만, 그가 퍼스날리티 형성을 향한 발달의 원인으로 중요하게 제시한 '발달적 충동'은 개혁주의 인간이해에 의문을 제기할만한 오류라고

---

47. Kim Yong Sub, *Contours of a Scriptural Approach to Education in the Republic of Korea*, (doctoral dissertation), Potchefstroom, 1980, 269f.

비판을 받고 있는 것이다.⁴⁸ 왜냐하면 하나님의 형상인 개체적 인간의 중심인 영의 생명력이, 과연 적극적인 진보적 추진력이라고 좋게 평가된 발달적 충동과 동일시될 수 있는가를 의심하는 것이다. 야르스마가 비록 발달적 충동을 영의 생명력에 귀속시키기는 했지만, 퍼스날리티 형성의 적극적이고도 결정적인 원천이 되는 그 발달적 충동에 대하여, 개혁주의 학자들 중에는, 죄인인 인간에게 이처럼 선한 의미의 충동성이 실재하는 것인가에 대하여 의심하는 사람들이 있다. 더 흐라프(Arnold De Graaf)는 이 점에 대하여 야르스마가 미국에서 널리 받아들여지고 있던 자연주의적 자기발달의 잠재력을 긍정적으로 수용한 결과, 곧 상호배타적인 인간관들을 종합하려는 시도에서 비롯된 결과라고 평가하고, 이것은 성경적 인간본질이해와 결코 조화를 이룰 수 없는 근본적인 오류라고 비판하였다.⁴⁹

그 뿐만 아니라 사실 야르스마가 행동을 설명하기 위해 제시한 필요와, 발달 충동의 내재적인 잠재적 힘과의 관계가 명확하지 못한 약점도 있다. 그 결과 발달의 원인과 원동력에 대한 이해가 명확하지 못한 것이 사실이다.

그러나 야르스마를 비판하는 학자들에게도 약점은 있다. 왜냐하면 그들이 야르스마가 말한 '발달 충동'을 영과의 연관성을 통하여 비판하기는 하지만, 발달 충동이 의미하는 바인, 인간의 발달에서 확인할 수 있는 어느 정도의 내재적인 성장의 힘에 대하여 그들조차도 거의 설명하지 못하였다. 인간의 신체적 발달만 아니라 지적발달과 사회-정서적인 발달조차도 인간에게 내재한 어느 정도의 성장 잠재력을 예상 하는 것은 일반적이다. 영을 소유하고 있지

---

48. Kim Yong Sub, *Contours of a Scriptural Approach to Education in the Republic of Korea*, 271.
49. Arnold De Graaff, *The Educational Ministry of the Church* (Nutley: The Craig Press, 1968), 107.

못한 식물과 동물조차도 외적인 성장을 위한 잠재력을 소유하고 있다는 것을 확인할 수 있다. 그리고 영을 지니고 있지 않지만 동물도 활발하게 활동하고 있는 것이다. 따라서 그들의 활동을 영이 없다고 하여 설명할 수 없는 것은 아닌 것이다. 즉 선과 악의 본성에 따라 발달 충동을 판단할 것이 아니라는 것이다. 영의 내재로 인하여 신체의 모든 측면은 살아있고 성장해가는 것은 인간에게 있어서 사실이다. 그러나 영과 유기체의 발달에 대하여 성경은 상세하게 말하고 있는 것 같지 않다. 영이 구체적으로 신체의 발달에 대하여 어떠한 힘을 제공하는지, 왜 다른 차원들보다 신체적 발달이 훨씬 앞지르는 경우가 있는 것인지에 대한 충분한 설명을 얻을 수는 없다. 그러므로 야르스마는 성장과 발달의 동력으로서 발달 충동을 가정하고, 그 충동성은 인간통일성에 의해 영의 생명력에서 비롯된 것이라고 생각한 것이라고 할 수 있을 것이다.

필자는 발달적 충동에 대하여 개혁주의 학자들이 오해할 소지가 있는, 곧 그것이 선한 의미의 적극적인 진보적 추진력을 통해 성숙한 퍼스날리티를 형성한다는, 본성적으로 내재하는 선의 성격을 지닌 것으로 생각하기 보다는, 식물과 동물에게서도 발견할 수 있는 바인, 유기체가 어느 정도의 수준에 이르기까지 유전적 요소를 일깨워 환경과의 관계 속에서 성장을 지속되게 하는 힘으로 본다면, 야르스마가 말한 발달 충동에 대하여 그렇게 부정적으로 볼 필요는 없다고 본다. 인간은 종교적인 존재이기는 하지만, 유기체의 성장과 발달을 계속하게 하는, 유기체 내적인, 종교적인 측면이나 윤리적인 측면에서의 판단이 필요하지 않는, 내적인 성장력과 대립될 것은 없다고 본다.

종교적인 본성을 지닌 영은 하나님과의 관계성과 방향에 있어서 본질적으로 종교적 선택을 한다. 그러나 영이 하나님을 지향하든지 아니면 자신을 지향하든지 간에 그 유기체의, 특히 신체적인 차원의 발달에는 별로 달라질 것이 없다. 따라서 야르스마가 말한 종교성을 올바르게 이해한다면, 단지 신학적 철학적 입장에서의 인간본질에 대한 수평적인 이해를 통하여, 퍼스날리티의 발달을 논하는 수직적 이해의 내면적 힘인 발달적 충동성을 비기독교적인 요소로 비난해버린 더 흐라프의 견해에 무조건 동의할 수는 없는 것이다. 물론 발달적 충동을 미화하여 적극적인 진보적 추진력으로서 퍼스날리티 전체의 발달을 가능하게 하는, 그래서 선하게 보이는 잠재적인 힘이라고 설명한 야르스마의 견해에도 완전히 동조할 수는 없다. 아마도 그는 발달적 충동이 영의 생명력에서 비롯된다는 이유로, 선하게 보려했던 오류를 범한 것 같다. 필자는 발달에 있어서 유전을 일깨워 어느 정도까지 성장하게 하는 것은 영을 갖지 않은 동식물에게도 가능한 것으로서 유기체에 부여된 형식이라고 이해하고자 한다.

오히려 필자는 야르스마가 인간을, 영을 중심하여 마치 계급적인 순서처럼 나열하면서 구분한 차원들로 설명하는 것이 과연 개혁주의 인간론과 조화되는지 의문을 제기하고 싶다. 왜냐하면 이러한 방식은 서양의 지적인 전통에 깊은 영향을 받았다는 인상을 주기 때문이다. 개혁주의 인간관은 인간의 영혼과 육을 구분하지만 수직적 계층구조가 아니라 함께 연합된 역동적 의미의 전체성을 강조한다.

그리고 야르스마가 영과 영혼의 측면을 뚜렷하게 구분하고 있지만, 개혁주의 입장에서 그 구분이 얼마나 지지를 받을 수 있을 것인지 의심스럽다. 왜냐하면 야르스마의 경우 영이란 지적 이해와 감정과 구분되어 완전히 초월적이고도 이데아적인 무엇으로 생각될 수 있기 때문이다. 영혼과 구분된 영이라면 사후에 영의 세계에서는 감정적 경험이 없다는 생각이 가능한데, 이것은 성경적 지지를 받기 어려운 부분이 될 것이다. 성경적 견해에서는 영혼과 육의 구분은 일반적인 것이지만, 살아있는 동안 이 두 요소는 역동적으로 통합되어 있다. 그리고 사후에는 영혼과 육이 분리된다. 그러나 영은 성격상 정도의 차이가 있을지 모르나 정서적 차원이나 사회적 차원이나 지적인 차원을 모두 가지고 하늘나라에 있게 되는 것이다. 따라서 영과 영혼을 완전히 구분하는 일이 가능한 것인지 의문스러운 것이다. 따라서 필자는 야르스마의 수직적인 계층구조의 인간이해는 진정한 개혁주의 견해라기보다는 서양의 지적 전통에서 비롯된 것이라고 지적하는 것이다.

마지막으로 지적할 것은 야르스마의 발달이론은 인간학에서는 강점을 가지지만, 발달자체의 관찰과 연구에는 미흡하다는 인상을 지울 수 없다. 비록 네덜란드 개혁주의 입장에 서 있던 심리학자들의 견해를 존중하기는 하였으나 인간에 대한 신학적 철학적 이해에 못지않게, 사회-정서적 발달, 지적인 발달, 신체적인 발달을 충분히 묘사하였다고 보기는 어렵다. 그러므로 아동과 청소년의 발달에 대한 전체적인 진술을 위해서라면 의학과 심리학의 많은 연구결과들을 개혁주의 입장에서 비평적으로 수용하여야 할 것이다. 물론 그의 견해가 1960년대 초에 체계화된 것이라는 사실을 염두에 둔다면 이해되지 못할 것은 아니지만, 발달 자체에 대한 단계적인 특성들은 많이 보완되어야 한다고 본다.

참고문헌

김용섭. "Cornelius Jaarsma에 있어서의 학습의 기본개념", 「고신대학교논문집」 제9집, 1982.

김용섭. "교육에 있어서의 가르치는 자와 배우는 자", 「고신대학교논문집」 제10집, 1982.

김용섭. "퍼스날리티의 본질", 「고신대학교 논문집」 제5집. 1977.

조성국. "발달심리학의 신앙발달적용에 대한 연구", 「미스바」 제10집, 고신대학, 1985.

DeGraaff, A., *The Educational Ministry of the Church* (Nutley: The Craig Press, 1968).

Jaarsma, C., *Human Development, Learning & Teaching* (Grand Rapids: Wm. B. Eerdmans, 1961).

Jaarsma, C., *Fundamentals in Christian Education* (Grand Rapids: Wm. B. Eerdmans, 1953).

Jaarsma, C., "The Learning Process", in J. E. Hakes ed., *An Introduction to Evangelical Christian Education* (Chicago: Moody Press, 1978).

Kim, Yong Sub, *Contours of a Scriptural Approach to Education in the Republic of Korea*, (doctoral dissertation), Potchefstroom, 1980.

Thoman, R. M., 『아동발달의 제이론』, 백운학 역 (서울: 교육과학사, 1987).

8. 현대 기독교학교교육론

기독교세계관과 관련하여 삶의 모든 영역 중에서도 학교교육은 기독교세계관 운동의 처음부터 특별한 주목을 받아왔다. 기독교학교설립과 운영의 실험을 통하여 기독교 세계관에 근거한 교육은 끊임없이 논의되면서 발전해왔다. 그리고 개혁주의 기독교대학교의 여러 학과들 중 교육학 분야에서는 기독교세계관을 학문적으로 발전시킨 학문이론과 방법을 통해, 한편으로는 인본주의 교육을 비판하고, 또 다른 한편으로는 적극적으로 기독교교육학이론을 정립하려는 노력이 있어왔다.

이 장에서는 20세기 중반 이후 최근까지, 세속화된 현대국가의 공교육 이념이 지닌 세계관적 함의에 대응하여, 기독교교육학자들이 기독교세계관에 기초한 기독교학교교육의 의미와 독특성을 해명하고 기독교적 모델을 제안해 온 작업들의 요점을 개략적으로 서술해보려 한다.

1) 공립학교교육의 중립성주장과 기독교세계관

인류역사의 시초부터 교육은 있어왔지만, 국가제도와 행정에 따라 모든 국민의 자녀들에게 의무적으로 실행되는 현대 학교교육의 기원은 불과 200여년 정도의 역사를 가지고 있다. 물론 국가가 시민 혹은 국민들을 위해 보편교육을 실행해야 한다는 주장은 더 거슬러 올라갈 수 있다. 종교개혁시대 루터와 칼빈의 교육사상에서도 어렵지 않게 일반교육에 대한 주장을 찾을 수 있다. 그러나 절대국가 혹은 민족국가의 이념구현을 염두에 두고, 또한 합리적 이성에 근거한 지식에 계시적 지위를 부여하고, 인간의 자유에 대한 의식이 강화되면서 형성된 현대학교교육은, 그 근본적인 세계관에 있어 종교개혁자들의 기독교세계관과는 정반대에 있는 인본주의였다.

18세기 공립학교교육의 정착 이래로 오늘날에 이르기까지 공립학교는 인본주의 세계관형성에 직접 기여하는 교육기관이 되어왔다. 인본주의 세계관을 공유해온 지난 3세기 동안 서양 및 서양의 영향을 받고 있는 모든 곳에서, 일반시민들 뿐만 아니라 일반 그리스도인들조차, 국공립학교는 교회나 절 등의 종교기관이 아닌 국가가 민주적인 법률을 통해 교육을 실행하기 때문에, 그리고 다양한 종교들의 다양한 주장들과 무관하게 근본적으로 중립적인 사실 지식을 가르치기 때문에 중립적이라는 생각을 가져 왔다. 따라서 학교는 정치, 종교, 사상, 경제 등등으로부터 독립된 중립지대이며 학교의 활동은 중립적 활동이고 또 그렇게 되어야 한다는 신념을 피력하곤 한다.[1]

그러나 인문사회과학의 발달에 따라 현대의 세계관 자체에 대한 의문이 제기되면서 학문적 지식의 중립성은 오늘날 더 이상 주장하기 어려운 지경에 이르렀다. 그와 맥을 같이하여 지난 세기 학교교육은 민족주의, 사회주의 및 자본주의 이데올로기, 학교교육의 정치 경제적 영향 등으로 이념논쟁의 거대한 회오리 중심에 서 있었다. 교육문제에 대하여 전문적인 통찰을 시도하면 교육활동 자체가 결코 중립적일 수 없다는 쉬운 결론에 도달하고야 만다.

그럼에도 불구하고 학교교육의 중립성에 대한 소박한 고집의 근거는 인본주의 세계관을 공유하고 있는 사람들에게 종교적으로 신봉되는 신화이다. 그 결과 존 프린트(John Vriend)가 잘 표현했듯이 인본주의자들에게 있어서 학교는 '중립적 토대(neutral ground)'에서 더 나아가 '종교적 토대(sacred ground)'가 되어 교육에 대한 인본주의적 이상을 끝없이 쏟아내고 있다.[2]

인간 활동인 교육은 결코 중립적일 수 없다. 모든 인간의 활동과 문화가 세계관에 의해 한정되고 지향되고 해석되는 것처럼, 현대의 인본주의 교육

---

1. Richard J. Edlin, *The cause of Christian education*, 3rd ed. (Adelaide: Openbook Publishers, 1999), 41.
2. John Vriend and others, *To prod the "Slumbering Giant": a Christian response to the crisis in the classroom* (Toronto: Wedge Publishing Foundation, 1972), 1.

과 학교는 인본주의 세계관에 의해 한정되고 지향되고 해석된다. 인본주의 세계관은 기독교 세계관의 관점에서 극명하게 대비되면서, 중립성의 신념 아래 감추고 있는 그 본래의 종교적 성향을 드러낸다. 인본주의 세계관은 기독교 세계관에 대한 반립이다. 인본주의 세계관은 반립의 종교적 성향을 가지고 있기 때문에 기독교 세계관을 밀어낸다. 결국 인본주의 세계관형성에 기여하는 현대학교교육은 학생들의 내면에서 기독교에 대한 조직적인 반감을 형성할 수밖에 없다.[3]

기독교세계관을 이론화하였던 기독교철학자들은 인본주의 세계관이 지닌 종교성을 잘 분석해내었다. 그들이 분석한 인본주의의 종교적 동인은 합리적 이성과 인간의 자유의 배타적 절대화성향과 갈등이었다. 인본주의에서 인간의 합리적 이성은 하나님의 계시와 신앙으로부터 독립하여 종교적으로 중립지대에 서고, 점차 창조세계과 학문의 통합원리로 간주되고, 절대적 자율성을 주장함으로써 계시를 대체하게 된다. 결과적으로 이성의 자율성을 신봉하는 인본주의는 창조세계의 통합을 가능하게 하는 하나님의 말씀을 몰아내고, 타락의 근본적인 영향력을 부정하며, 지식의 근본인 하나님 경외를 부정하고 대체하여 지식자체를 하나님의 자리에 놓는다.[4] 이성이 하나님과 계시를 대체한 것이다.

합리적 이성은 계시와 분리된 후 경험적 기초에서 기능하는 과학(학문)을 세상에 대한 참된 지식으로 간주하게 하는 방향으로 발전하였다. 인본주의 부류들인 합리주의와 실증주의에서 합리적 이성은 과학과 학문의 영역에서

---

3. Richard J. Edlin, *The cause of Christian education*, 42.
4. Stuard Fowler, *Issues in the philosophy of education* (Potchefstroom: Institute for Reformational Studies, 1980), 13.

종교적 중립성과 자율성을 인정받기에 이른다. 과학적 지식은 가치판단과 무관하게 가장 의미 있는 것으로 간주된다.

이러한 세계관적 기초에서 교육과정은 과학(학문)적 지식의 내용에 모든 것이 집중되는 내용중심형태가 된다. 이러한 접근의 교육은 인간형성에 있어서 인간의 합리적, 인지적, 논리-분석적 능력과 자질의 향상에 관심을 집중시킨다. 세계관이 이론화된 철학사상에 있어서, 교육과 관련하여 이러한 접근들은 이상주의, 실재주의, 실증주의 등으로 표현되었고, 교육 분야의 이론으로는 본질주의, 항존주의, 행동주의 등의 접근으로 표현되었다.

이러한 접근의 인본주의 교육은 계시에 의존한 신앙으로만 이해될 수 있는 삼위 하나님의 존재, 창조와 타락과 구속의 사실과 의미, 하나님의 규범 등을 교육내용의 영역에서 밀어내어 사적 신념의 영역으로 내팽개침으로써 학교교육내용의 담론에서 제외시켜버린다. 결과적으로 인간과 세계이해에서 가장 중요한 내용들을 사회적이고 공적인 영역에서 부정하여, 하나님창조의 세계이해에서부터 자연발생적 혹은 이성창조의 세계이해로 그 영역이해를 전환하기 때문에, 결과적으로 인본주의 종교 확립에 기여하고, 교육적 형성의 결과 결국 반기독교적 세계관을 형성하게 한다. 흥미롭게도 이러한 접근의 인본주의는 기독교에 대하여 중립적이라고 주장하지만, 스스로 인본주의적 가치를 형성시키는 점이 지니는 종교성 곧 인본주의조차 종교적 신념의 결과라는 사실을 의식하지 못한다. 인본주의자들에게 있어서 인본주의의 종교적 성격은 기독교 세계관과의 대조 없이 쉽게 확인되기 어렵다.

인본주의의 다른 정반대 면은 자율적 인간의 자유이다. 합리적 이성의 법칙성에 구속되기를 원하지 않는 자율적 인간의 자유에 대한 요구는, 중세기 이원론에서 은혜의 자리를 대체한 인본주의 동인이다. 18세기 인본주의에서 볼테르와 루소를 통하여 표현되었고, 그 패러다임의 사회적 영향은 프랑스혁명정신으로 표현되었다.[5] 자율적 인간의 자유에 대한 신앙은, 합리주의의 정 반대조류로서, 반합리주의를 형성하면서 발전하였다. 20세기에 반합리주의는 실존주의, 실용주의, 신인간주의, 혹은 포괄적으로 후기현대주의 등을 통하여 표현되었다. 인본주의의 이 측면에서는 합리주의에서 과소평가되었던 인간의 자연적 본성과 감성과 잠재적 능력이 강조된다. 인간은 자율적 존재이고, 절대적인 자유를 본성으로 소유한 존재로서, 하나님의 자리에 오르게 된다.

이러한 세계관적 기초에서 교육은 학생의 잠재력과 자유를 존중하는 아동(학생)중심적 형태가 된다. 이러한 접근의 교육들은 인간의 정서적 측면, 그리고 지적 측면을 제외한 기타 다른 자질과 차원들의 중요성에 더 관심을 집중시킨다. 세계관이 이론화된 철학사상에 있어서, 교육과 관련하여 이 접근들은 실용주의, 실존주의 등으로 표현되었고, 그리고 교육이론으로는 진보주의, 재건주의, 인간주의, 낭만적 학교비판이론, 대안교육이론, 열린교육 등으로 표현되었다.

이러한 접근의 세계관형성 및 인간형성인 교육에서는 어떠한 선험적이고 절대적인 규범도 인정되지 않는다. 인간의 생래적인 본성과 잠재능력과 정서가 규범을 결정하는 기준이며, 다른 모든 것에 의미를 부여하는 주체가 된다. 따라서 이러한 성격의 인본주의 교육에서 형성되는 세계관에서는, 인간 자신이 하나님의 자리를 대체한다. 창조세계에 의미를 부여하고 규범을 부여하시는 하나님이 부정되고, 인간 자신이 부여하는 주관적 의미가 가치 있을 뿐이며, 어떠한 다른 대상도 규범을 강요할 수 없다고 주장하고, 오직 자율적 존재가 됨으로써 완성되는 인간성을 확립하려 한다. 이러한 접근에서

---

5. Stuard Fowler, *Issues in the philosophy of education*, 29.

는 자율적 인간이야말로 교육적 형성의 목표가 된다. 여기서는 삼위 하나님의 존재가 부정되고, 타락의 상태가 긍정되고, 그리스도를 통한 구속의 필요성도 부정된다. 하나님이 부여하시는 규범과 의미는 아무런 의미가 없다. 따라서 이러한 교육은 기독교 세계관과 비교될 때 하나님을 향한 부정적 방향의 종교적 태도형성에 기여함에 분명하다.

인본주의 세계관은 이처럼 절대화된 합리적 이성의 자율성과, 절대화된 자율적 인간의 자유가, 동전의 양면처럼 서로를 대체하여 갈등한다. 시계의 추가 한편에서 다른 한편으로 반복하여 이동하는 것처럼 합리적 이성의 자율성 주장과 자율적 인간의 자유에 대한 신념이 교차된다. 세계관 형성에 기여하는 학교교육도 인본주의 세계관의 양극처럼 주권적인 내용중심과 주권적인 아동(학생)중심으로, 다른 표현으로 말하면 지적 능력중심과 비지적 차원중심으로 상호 대립되거나 대체된다. 물론 이 두 극점을 통합하려는 시도가 이루어지지만 한 차원에 중심을 두는 이러한 접근들은 만족스러운 통합을 이룰 수 없다. 그래서 서로 조화되지 못한 채 병립하거나, 아니면 한 차원이 강조되고 다른 차원들이 환원되는 결과를 피할 수 없다.[6]

20세기 교육은 이 두 가지 접근의 갈등과 상호교차를 잘 보여주었다. 전통적 내용중심-지식중심 교육에서 20세기 초반 학생(아동)중심의 진보주의 교육으로, 다시금 반동으로 형성된 학문중심교육과정에서 다시금 인간주의 교육으로, 다시금 경쟁적인 지식정보교육에 이어 인간화 중심의 대안교육으

---

6. Joh Song-Guk, *Human integration as a fundamental anthropological problem in Neo-Humanistic education*, Ph.D. thesis, Potchefstroom University, 1997, 1; J. Steyn, *Die nielogies-analitiese aspekte van menswees by enkele Neo-Humanities opvoedkundige denkers*, M.Ed. dissertation, PU for CHE, 1989, 2-4; Herman Dooyeweerd, In *the twilight of Western thought* (Nutly: The Craig Press, 1980), 6.

로 발전하였다. 이러한 변화가 비록 통합의 필요성 인식과 균형에 이전보다 더 가까워져 가는 것은 사실이지만, 이 두 가지 접근의 세계관인 그 종교적 방향성은 변화된 것도 없고, 개선된 것도 없다. 변화와 개선이 불가능한 것은 이 두 가지 접근 모두가 결국 인본주의 세계관의 기초에서 나온 것이며, 학교교육은 그 세계관의 확립과 형성에 기여하고 있기 때문이다.

국가주도의 학교교육이 확립된 이후 인본주의 학문을 주도하였던 교육학자들은 기독교적 세계관을 학교에서 배제하는 일에 큰 성공을 거두었다. 미국공립학교교육의 기초를 놓았다고 평가받는 호레이스 만(Horace Mann)이 분명하면서도 간접적인 방법으로 인본주의적 기초를 확립하였다면, 20세기 현대학교교육에 큰 영향력을 행사하였던 듀이(John Dewey)는 노골적으로 학교교육에서 반기독교적 신념을 확립하는데 공헌한 대표적 교육학자였다. 듀이는 기독교에 대한 반감을 공공연하게 표현하였다. 그가 회장으로 있었던 미국인본주의협회가 발표한 인본주의자선언(1933)에는, 현대사상에는 하나님도 없고 인간 외에 어떤 것에 대한 믿음의 여지도 없다고 밝혔다.[7]

더 나아가 다른 책에서 그는 "기도를 들으시는 하나님에 대한 믿음은 증명되지도 않는 구식 신앙이다. 하나님도 없고 영혼도 없다. 따라서 전통적 종교에 대한 지지의 필요도 없다. 교리나 신경도 배제되었으므로 변치 않는 진리란 이미 죽어 매장되었다. 고정된 자연법칙이나 절대적인 도덕률이라는 것도 없다."[8]고 주장하였다. 그는 자신의 교육사상의 핵심에서 그리고 현대 공립학교교육의 방향에 지도적 영향력을 행사한 다양한 활동에서 대단히 강한 무신론적 인본주의 세계관을 드러내었다.

---

7. Richard J. Edlin, *The cause of Christian education*, 43.
8. Richard J. Edlin, *The cause of Christian education*, 43-44. 재인용.

인본주의 세계관은 현대 민주국가의 헌법과 교육법 정신이기도 하다. 최근까지도 미국법정은 공립학교교육에서 기독교적 관점을 형성하지 못하도록 확인의 일침을 놓았다. 1990년 12월 17일 미국법정은 공립학교의 5학년 교사에게 학생들을 위해 구비된 교실참고자료 239권 중에서 그림성경책과 예수님이야기라는 두 권의 책을 제거하도록 명령하고, 개인독서(silent reading) 시간에 교사가 성경을 보여주거나 조용히 혼자서 읽는 것도 금지한 교장의 행동을 정당하다고 옹호하였다.[9] 흥미롭게도 그리스신화나 인디안 종교나 석가모니의 생애에 관한 책들에 대하여 그와 같은 반감을 갖지 않는다. 인본주의 교육의 특성은 유독 기독교에 관하여서만 종교적 성격의 강한 반감을 표시한다는 점이다. 인본적 민주주의 헌법과 교육법의 영향을 받는 모든 나라의 공립학교교육에도 위와 같은 내면적 태도는 쉽게 확인된다.

기독교공동체는 이처럼 기독교 세계관을 부정하고, 그 대신 인본주의 세계관과 인간 형성에 기여하는 학교교육을 종교적으로 중립적이라고 보지 않는다. 오히려 강한 반기독교적 종교, 하나님을 향한 정반대의 배교라고 본다. 따라서 기독교공동체는 현대학교의 인본주의적 기초와 인본주의 세계관 형성의 본질을 분석하여 지적하고, 그 대신 기독교 세계관에 기초한 교육을 통하여 통전적 그리스도인을 형성할 수 있는 기독교학교의 설립과 운영이 하나님께 향한 종교적 소명이라 여긴다.

2) 기독교학교의 교육신조

인본주의 세계관에 대처하여, 기독교 세계관의 기초에서 실행되고, 적극적으로 기독교 세계관을 형성하는 기독교학교의 성격과 비전은 좀 더 학문

---

9. Richard J. Edlin, *The cause of Christian education*, 46-47.

적인 논의인 기독교교육철학에서 논의될 수 있겠지만, 더 단순한 형태인 기독교학교의 교육신조를 통하여 잘 표현되고 있다. 기독교교육신조란 기독교 세계관에 근거하여 기독교신앙공동체가 교육과 관련된 근본적인 문제들에 대한 철학, 전제, 그리고 비전을 표현하는 고백적 진술이다. 마치 교회가 기독교신앙의 근본교리를 신경을 통하여 표현하고 고백하는 것처럼, 교육신조는 기독교학교와 기독교공동체가 교육의 영역에 있어서 그들의 신앙을 표현하고 고백하는 진술이다.

교육신조는 성경과 기독교신앙의 핵심적 진술, 문화적 사명으로서의 기독교학교의 목적, 하나님의 창조로서의 성경적 세계관, 창조세계의 발전으로서의 성경적 역사관, 기독교적 증거와 활동의 장으로서의 성경적 사회관, 교육과정의 지도이념과 원리 등을 고백적 표현으로 진술하고 있다.

에들린(Richard J. Edlin)은 성경에 비추어 교육적 맥락에서 인정되어야 할 원리들을 다음과 같이 범주화하였다.[10]

(1) 일반적 신앙

삼위하나님, 무오한 하나님의 계시인 성경, 창조세계에 대한 하나님의 주권, 하나님의 섭리, 하나님의 형상인 인간, 인간의 보편적 타락, 그리스도 안에서의 은혜, 구속자 그리스도, 구원에 있어서의 성령의 역사, 그리스도의 몸으로서의 교회

(2) 교육에서 고백되는 그리스도

① 인간의 삶과 과제, ② 하나님의 말씀, ③ 죄, ④ 그리스도의 구속, ⑤ 부모의 특별한 과제, ⑥ 학교의 특별한 과제, ⑦ 기독교학교공동체, ⑧ 교육의 맥락에서 그리스도를 주로 고백하는 것.

---

10. Richard J. Edlin, *The cause of Christian education*, 83-88.

그러면 제임스 올트하위스(James H. Olthuis)와 버나드 질스트라(Bernard Zylstra)가 단순한 형태로 작성한 한 교육신조를 살펴보자.[11] 이 교육신조는 필자가 다소 부드럽게 번역한 것이다.

기초조항

교육의 모든 문제들에 대한 최상의 기준은 신구약 성경으로 우리에게 알려진 기록된 하나님의 말씀이며, 그 성경말씀이 우리의 눈을 열어 창조의 구조와 방향인 하나님의 말씀을 알게 하고 우리로 하여금 예수 그리스도를 성육한 말씀으로 고백하게 한다.

교육신경의 부분이 되는 주요사항은 다음과 같다.

① 삶: 인간의 삶은 전체가 종교이다. 삶은 하나님께 대한 섬김이 아니면 우상을 향한 섬김이다. 따라서 교육이란 결코 중립적일 수 없고 주 하나님에 대하여 순종하는 방향이 아니면 불순종하는 방향으로 전개될 수밖에 없다.

② 창조: 하나님은 그 분의 말씀으로 다양한 방식으로 존재하는 세상을 창조하시고 또한 그 분의 말씀으로 창조세계를 유지하신다. 창조의 의미는 그리스도 안에서 하나님과 인간의 언약적 교제에 초점 맞추어져 있다. 아담의 타락에서 인류는 하나님과의 교제를 단절하였다. 이 근본적 불순종이 죄이다.

③ 성경: 기록된 하나님의 말씀인 성경은 우리에게 하나님, 창조세계를 구조화하고 있는 하나님의 말씀, 하나님의 종인 인간, 구속자이신 그리스도에 대하여 가르치고 있다.

---

11. James H. Olthuis & Bernard Zylstra, An Educational Creed, in John Vriend et. al. ed., *To Prod the "Slumbering Giant"* (Toronto: Wedge Publishing Foundation, 1972), 167-170.

④ 그리스도: 성육신한 말씀이신 그리스도는 교육을 포함하여 삶의 전체를 죄의 세력으로부터 구속하시고 새롭게 하신다. 죄 때문에 창조세계의 화해와 새로움은 하나님께서 모든 것을 완성하시게 될 마지막 날까지 완성되지 않을 것이다.

⑤ 지식: 하나님, 하나님의 말씀, 그리고 창조의 지식은 인간의 마음에 역사하시는 성령의 사역이다. 성령님은 우리로 하여금 진리를 보게 하시고 우리를 지도하여 하나님의 말씀에 따라 교육받게 하신다.

⑥ 교사직분: 그리스도의 몸은 특히 학생들로 하여금 하나님의 세상과 세상의 역사를 더 깊이 이해할 수 있도록 지도함으로써 세상을 정복하고 개발하도록 요청하고 있다. 학교에서 가르치는 직임을 실행함으로써 학생들이 성경적 신앙에 기초한 책임성 있는 성숙에 도달되어야 하고, 그 결과 학생들이 자신들의 삶에서 주님을 기쁘시게 하는 방식으로 자신에게 부여된 특별한 책임과 소명을 담당할 수 있어야 한다.

⑦ 학문: 이론적 사유에 대한 공동적 노력 또한 주님에 대한 순종의 문제이다. 연구는 창조세계의 구조에 대한 체계적인 설명을 위하여 시도되어야만 한다. 연구를 통하여 인간의 지식은 더 깊어질 수 있고 인간의 삶의 활동들 또한 더욱 의미 있게 정리될 수 있다.

⑧ 개혁: 창조세계의 구조는 하나이고 모든 사람들에게 유효한 것이기 때문에 성경적인 규범에서 벗어난 교육과 학문도 역시 교육이고 학문이다. 그러므로 그들의 연구의 결과와 광범위한 관점들이 비록 왜곡되고 단편적인 것이기는 하지만 그리스도를 믿음으로 헌신하지 않는 교사나 학자들도 창조세계의 이해에 가치 있는 공헌을 할 수 있다. 그러나 불신앙은 전체에 영향을 미치는 영적 시야를 뜻하는 것이므로 교육의 방향에 깊은 영향을 미치고 또 그 방향을 왜곡시킨다. 이러한 이유 때문에 기독교교육의 성경적 방법은 그

리스도를 믿지 않는 사람들의 교육과 학문을 조화시키기 위해 부가하기 보다는 오히려 개혁해야만 한다.

⑨ 자유와 책임: 적실한 규범에 맞게 실행된 교육과 연구는 그 일을 수행하도록 부름 받은 사람의 자유롭고 책임성 있는 활동이 된다. 교육기관의 교사는 주님께 적절한 감독기관의 보호와 지도를 받아 직접 그리고 공동적으로 교육사역을 실행해야 할 책임을 지고 있다. 교사와 학자의 책임성 있는 자유는 정부나, 기업체나, 개체교회나, 다른 사회구조의 어떠한 억압이나 통제로부터도 보호되어야 한다.

⑩ 교육과정: 교육과정은 학교환경에서 교사, 학생, 그리고 과목과 자료들을 연결하여 통합시키는 체제이다. 부모들이 자기 자녀를 위한 교육의 영적 방향을 결정하는데 책임이 있는 반면, 기독교 공동체 안에 있는 교사들의 집단은 교육과정의 내용들을 세분화시켜 실행하는 직임을 가지고 있다.

⑪ 학교의 학생: 하나님의 형상인 학생은 창조세계의 발전과 하나님 나라의 도래에 있어서 자신의 소명을 위해 준비하는 교육의 과정에서 책임성 있는 성숙에 도달하도록 지도받아야 하는 전인적 존재이다. 교육의 환경에서의 기독교적 관점의 학생 이해는 전통적인 교육과정 중심의 접근을 거부한다. 왜냐하면 전통적인 교과과정 중심의 접근은 학생의 개인성에 대하여 거의 주의를 기울이지 않고 단지 정보에 대한 지적 흡수자의 위치로 학생을 환원하는 경향을 가지고 있기 때문이다.

동시에 교육은 창조세계의 구조들 안에서 이루어지기 때문에 기독교교육관은 아동중심의 접근도 거부한다. 왜냐하면 아동(학생)중심적 접근은 창조세계가 마치 질서나 법칙이 없는 혼란 상태인 것처럼 간주하고, 또 인간이 창조세계의 법칙과 의의의 개발자이기보다 오히려 창조자인 듯 선언하고 있기 때문이다.

교과중심 교육관에서는 교사의 권위가 그 자체로서 목적이 되고, 학생중심 교육관에서는 학생의 자유가 축소되지 않는다. 그러나 성경적 교육관에서는 하나님으로부터 부여받은 교사직임의 권위는 자유와 책임 있는 양육을 위해 존재한다.

교육의 기본초점은 교사나, 교육과정 혹은 교과나, 학생에게 있지 않다. 학교의 교사들은 모두 함께, 전체를 통합시키는 교육과정을 통하여 하나님 나라의 우주적인 본질에 일치하는 맥락에서 학생들이 창조세계에 대해 알게 되도록 지도해야 한다. 이러한 관점에서 볼 때 학교에서 학생들이 현 사회의 도덕성과 지배적인 태도에 맞추도록 교육받지 않아야 한다. 그 대신 학생들은 인간 역사에 있어서 하나님의 나라와 통치의 규범 지어진 차원들로서의 삶의 다양한 분야를 유지시키는 그 규범들을 이해하도록 지도받아야 한다. 학교는 학생들로 하여금 사회에서 자신의 위치를 하나님의 종들인 대리자들로 살아갈 때 인생이 의미 있다는 것을 이해하도록 지도하는데서 자리매김 해야 한다.

이처럼 기독교 세계관을 교육과 관련하여 단순화한 교육신조는 기독교공동체, 교사, 직원, 부모, 학생이 공유해야할 기독교교육의 전제와 비전의 표준을 제공함으로써 기독교학교의 성격과 방향을 지도한다. 학교교육에서 운영자로서의 그리스도인 구성, 예배시간, 성경과목의 유무로 기독교교육을 보장하는 것이 아니라 교육의 전체 맥락과 구조에서 기독교 세계관의 기초를 확인하고, 형성적 활동인 교육을 통하여 적극적으로 기독교 세계관을 형성해갈 때 근본적 교육개혁이 이루어진다고 하겠다.

3) 기독교학교의 교육과정

교육역사를 살펴보면 교육과정은 교육에 대한 철학 더 근본적으로는 세계관에 의해 다른 형식들과 다른 강조점들을 보여 왔다. 인본주의 세계관의 기초에서 개별 특정측면을 절대화하면서 이론화된 교과중심교육과정, 학생중심교육과정, 학문중심교육과정, 인간중심교육과정, 교육과정에 대한 사회과학적 접근으로서의 재개념주의적 해석 등의 교육과정이론들에 대하여, 기독교 세계관에 근거한 교육은 앞선 교육과정의 어느 하나를 선택하는 일이 아니라 제 교육과정에 통전적 비판과 균형 잡힌 접근을 요구한다. 인본주의 교육의 다양한 접근들을 평이한 방식으로 범주화한 판 브룸멜런(Harro van Brummelen)의 구분을 받아들여 인본주의 교육과정의 문제점을 간단히 지적해보면 다음과 같다.[12]

첫째, 기독교 세계관에서 볼 때 교육과정을 교과지식학습으로만 이해하는 것은 불충분하다. 교과지식학습이 마치 탈종교적인 것처럼 간주되고 지식학습이 학교교육에서 절대가치로 수용되는 것은 인간지성의 능력을 과신하는 합리주의적 세계관의 결과이기 때문이다. 교과지식의 학습 자체가 교육의 목적이 될 수 없다. 창조세계와 문화에서 발견되는 구조 혹은 법칙들 자체에 대한 학습은 하나님 이해와 하나님을 섬기기 위한 수단이 되어야 하기 때문이다.

둘째, 기독교 세계관에서 볼 때 교육과정에 대한 과정적 접근도 충분하지 못하다. 이 접근에서는 학생의 지적학습과정 자체, 달리 표현하면 문제에 대한 합리적 처리과정 자체가 절대화되면서 현상 그 자체, 창조의 법 그 자체, 더 나아가 진리의 존재가 과소평가되고, 그것들이 본질적으로 가진 의의가

---

12. Harro van Brummelen, The curriculum: developing a Christian view of life, in S. Fowler and others, *Christian schooling: education for freedom* (Potchefstroom: PU for CHE, 1990), 177-180.

부정되며, 그 대신 개별 인간의 내면적 자기 가치부여 혹은 의미부여가 더 중요해지는 상대주의에 빠질 수 있기 때문이다.

셋째, 기독교 세계관에서 볼 때 교육과정에 대한 사회적 적실성의 관점도 불충분하다. 학교교육에서 교육과정을 형성하는 지식에 대한 가치부여와 선별과 해석에서 사회적 적실성이 주된 역할을 수행해 왔으나 그 사회는 결코 중립적일 수 없어서 지난 세기에도 민족주의, 사회주의, 자본주의 이데올로기, 경제지상의 자본주의 이념들이 성경적 지침과 하나님 나라의 시민됨을 부정해왔기 때문이다.

기독교 세계관의 통전적 성격은 교육과정에 있어서 위의 인본주의적 접근들과 다른 접근을 요청한다. 교육과정을 교육내용으로 이해하는 관점에서 먼저 기독교 세계관이 어떠한 교육과정의 모델을 구성하게 하는지 살펴보자. 기독교 세계관은 종교활동과 성경과목수업에 한정되지 않는다. 창조세계와 그 창조세계의 원리와 법들을 발견하고, 적용하고, 발전시키고, 개발하면서 형성되는 문화의 내용들이 종교적 중립지대가 될 수 없기 때문이다. 왜냐하면 그 모든 것은 하나님의 창조와 섭리의 결과이며, 또한 발견된 원리와 법들이 결국 하나님의 창조의 구조를 보여주기 때문이다. 더욱이 창조의 법칙들(구조)은 인간의 교육과 삶에 있어서 하나님을 섬기는 종교적 방향과 무관하게 존재하지 않는다. 따라서 기독교 세계관은 학교교과들과 그 교과의 내용들, 그리고 그 교과활동을 총괄하는 교육과정의 전반을 지도하고, 방향을 결정하고, 해석하는 일에 영향력을 행사해야 한다.

기독교 세계관에 근거한 교육과정의 모델구성은, 진리를 아는 일에 있어서 가장 의미 있는 기준이며 동시에 통합원리인 하나님의 말씀에 대한 이해를 기초로 창조세계와 문화에 대한 기독교철학적 실재론의 효율적인 도구를 활용할 수 있다.¹³ 기독교 학교교육과정의 두 가지 모델을 간단히 소개할 수 있다.

먼저 조금 단순한 모델인 조지 나이트(George R. Knight)의 모형을 들 수 있다. 그는 성경의 역할에 주목하면서 성경과 종교를 다른 과목들과 나란히 병행하는 한 과목으로 분리하되 우선적인 과목으로 인정하는 모델이나, 성경과 종교만으로 구성된 교육과정 모델의 부적절함을 지적하면서, 성경이 모든 과목의 기초이면서 동시에 모든 과목에 영향을 미치고, 또 다른 과목들도 서로 통전성을 갖는 삼각형모델을 제시하였다.¹⁴

이 모델은 교육과정에 있어서 성경의 역할을 좀더 확대하여 성경이 제시하는 인식의 틀인 세계관의 발전을 충분히 보여주지 못한 점과, 다른 교과들의 구성 원리를 기독교적 실재론에서 좀 더 심도 있게 세분화하지 못한 약점이 있다. 이런 의미에서 스틴스마(Geraldine Steensma)와 판 브룸멜런(Harro van Brummelen)의 모델이 더 발전적이라고 할 수 있다. 스틴스마와 판 브룸멜런은 앎의 통전원리를 제공하는 하나님의 말씀인 성경을 가장 중핵으로 하여, 성경에서 구성된 기독교세계관, 그리고 성경연구의 세심한 연구를 중심으로, 사회과학과 자연과학과 미학의 기초분야로 발전하면서, 실제적으로 언어숙달(읽기, 수사법, 스펠링, 쓰기, 구어의사소통숙지), 계산능력 발달, 과학적 탐구력 배양, 신체운동숙달, 기술과 예술적 표현능력으로 구체화되는 상호통전적인 원형모델을 제시하였다.¹⁵

---

13. John van Dyk, Building a curriculum with the Kingdom vision, in John Vriend et. al. ed., *To Prod the "Slumbering Giant"* (Toronto: Wedge Publishing Foundation, 1972), 111.
14. George R. Knight, 『철학과 기독교교육』, 박영철 역 (대전: 침례신학대학출판부, 1980), 214-217.
15. Richard J. Edlin, *The cause of Christian education*, 143.

기독교 교육과정의 모델이 창조실재의 통전성을 보여주어야 한다는 점이 무엇보다 강조되어야 한다. 기독교 세계관은 교육과정 모델에서 단편적 지식, 엄격하게 구분된 과목, 학문지식과 기술과의 단절을 인정하지 않는다. 비록 특정 국면에 대한 추상적 탐구의 필요에 따라 과목들이 구별될 수 있지만 실재는 다양한 국면과 기능이 함께 통전적인 방식으로 존재하기 때문이다. 따라서 이러한 교육은 수업에 있어서 한 주제에 대한 현상의 다양한 국면을 함께 고려하는 통전적 탐구 방법을 통해 적절하게 실행될 수 있다.

기독교 세계관에서 볼 때, 교육활동의 전반을 의미하기도 하는 교육과정은 더욱 복합적이고 통전적인 성격을 가진 것으로 이해된다. 기독교 세계관은 학생의 내면에 이루어지는 학습의 통전성, 하나님의 형상인 학생의 전인성, 그리고 삶의 통전성을 보여주고 있기 때문이다. 기독교적 관점에서 볼 때 우리가 무엇을 '안다는 것'(knowing)은 인본주의적 관점처럼 단일하거나 독립적인 것이 아니다. 하나님은 진리를 알도록 인간에게 합리적 정신을 주셨을 뿐만 아니라, 합리적 정신의 한계와 인간의 유한성과 죄의 영향 때문에 특별계시인 성경을 주셨고, 또 성령으로 인간의 마음의 눈을 밝히심으로써 참된 앎에 이르게 하신다. 성령의 역사를 통하여 이루어지는 마음의 변화와, 계시(성경)에 대한 믿음은 합리적인 사고활동을 지도하여 확실한 지식과 확신을 동반하는 참된 앎에 이르게 한다. 따라서 성경을 배제하는 이성 중심 교육, 마음을 배제하는 인지 중심 교육, 기독교 세계관을 대체하는 인본주의 교육과정은 참된 앎에 이르게 하지 못한다.

성경적 관점에서 종교적 존재인 하나님의 형상인 인간존재와, 그의 삶, 그리고 그의 앎이란 성격상 통전적이다.[16] 성경은 정신, 마음, 행위의 통전성을

---

16. 조성국, 『기독교인간학: 하나님의 형상인 전인적 인간』 (부산: 고신대학교부설 기독교교육연

보여준다. 따라서 교육과정에서 일어나는 앎의 활동에서 학생의 내면에서 일어나는 인식적 작용과, 하나님에 대한 응답으로서의 마음의 활동과, 행동으로 표현되는 삶이 개별적으로, 혹은 각각 독립적으로 구분될 수 있는 것처럼 간주되어서는 안 된다. 참된 앎은 사실에 대한 지식에서 헌신된 섬김으로 나아가야 하고, 더 나아가 헌신된 행동으로 표현되어야 한다. 여기에는 사고와 언어와 정서와 행위가 함께 통합되지 않으면 안 된다. 따라서 이러한 참된 앎은 성경공부에서 뿐 아니라 창조세계와 인간 문화에 대한 앎의 모든 영역의 활동을 통하여서도 적용되어야 한다. 왜냐하면 삶 그 자체도 종교적 활동으로서 통전적이기 때문이다. 따라서 참된 앎은 필연적으로 하나님의 능력과 경이에 대하여 찬양하는 결과로 이어져야 하고 책임 있는 행동으로 표현되어야 한다. 이러한 맥락에서 판 브룸멜런은 다음과 같이 정리하고 있다.

"첫째, 우리의 삶의 방식은 우리의 마음과 정신과 행위 모두가 이 세상의 양식에 따르는 것이 아니라 성경에 건전한 뿌리를 내리고 있을 때에만 통전적일 수 있다. 우리의 교육은 이러한 통전적 방식에 따른 전인적 인간에 대하여 말해야만 한다. 둘째, 지식은 헌신과 섬김과 응답과 통합되고, 우리가 그 모든 것을 우리를 향한 하나님의 계시의 기초 위에 둘 때에만 참된 지식일 수 있다. 마지막으로 기독교교육은 두 가지의 상보적인 측면이 있다. 그것은 하나님의 섭리와 놀라운 역사와 은혜를 드러내어야 하는 것과, 하나님 앞에서 살아가는 의로운 길, 신실과 사랑과 순종의 길을 끈덕지게 설득해야만 한다는 것이다."[17]

이와 같은 이해를 기초로 기독교 세계관에 따른 교육활동인 교육과정은

구소, 2000), 32-35.
17. Harro van Brummelen, *The curriculum: developing a Christian view of life*, 174.

교육목적에 있어서 하나님을 향한 종교적 함의를 포함하지 않으면 안 된다. 일찍이 바터링크(Jan Waterink)는 일반적 교육의 목표를 "하나님이 두신 삶의 모든 영역에서 하나님의 말씀에 따라서 하나님을 섬기고, 하나님이 주신 재능을 하나님의 영광과 동료 피조물의 복지를 위해 유능하고도 자발적으로 활용하는 독립적 인격으로서의 인간형성"[18]이라고 정리하였다. 기독교대학 교육의 목표에 있어서 헐스트(John B. Hulst)는 "하나님의 나라의 비전을 가지고 자신의 분야에서 자격을 구비하고, 현대사회에 대한 식견을 갖추고서, 기꺼이 봉사하려는 의지를 가진 그리스도인"[19] 양성을 제시하였다. 스쿠만(P. G. Schoeman)은 교육의 목표를 "그리스도 안에서의 성인됨"이라 표현하고 그 성인됨이란 규범적 개념으로서의 성숙이라고 표현하였다.[20]

비교적 최근에 기독교 학교의 교육과정 개발을 두고 판 브룸멜런은 "학생으로 하여금 예수 그리스도의 책임감 있는 제자가 되고, 또 되어가게 하는 것"[21]이라는 원칙하에 교육과정과 관련한 목표를 다음의 네 가지로 진술하였다. 첫째, 교육과정은 삶에 대한 기독교적 비전의 기초, 체계, 함의를 펼쳐낸 것이다. 둘째, 교육과정은 하나님의 경이로운 창조세계의 통일성과 다양성을 선포하고, 학생으로 하여금 동료 피조물에 대한 봉사를 통하여 하나님께 사랑과 신실한 섬김을 위해 하나님이 부여하신 모든 재능을 활용하도록 하는, 개념적 발전과 능력을 육성하는 것이다. 셋째, 교육과정은 학생들로 하여금

---

18. Jan Waterink, *Basic concepts in Christian pedagogy* (Ontario: Paideia Press, 1980), 41.
19. John B. Hulst, "기독교대학이란 무엇인가?" (김성수 외 편, 『기독교대학과 학문자료집(1)』 (부산: 고신대학교, 1995), 196-197.
20. P. G. Schoeman, *Historical and fundamental education* (Pretoria: De Jager-HAUM, 1985), 143, 146.
21. Harro van Brummelen, *The curriculum: developing a Christian view of life*, 180-181.

기독교 세계관으로부터 삶의 의미를 경험하게 하고, 성경적 관점에서 개인적 결단과 공동체적 결단에 이를 수 있게 해야 한다. 넷째, 교육과정은 학생들로 하여금 하나님과 이웃을 기꺼이 섬기는 기독교적 삶의 양식에 헌신하도록 돕는 것이어야 한다.

결과적으로 이와 같은 목표를 달성시킬 수 있는 교육과정의 실제적인 운용은 실재의 다양한 국면을 함께 고려하고, 동시에 하나님의 규범을 따르는 통전적인 방식으로 실행될 수밖에 없다. 그 통전적인 사례들을 판 브룸멜런이 제시한 예를 참고하여 간단하게 소개해보면 다음과 같다.[22]

국제기독교학교연맹의 수학교과서가 기독교 세계관적 접근으로서 통전적인 접근으로 제시하는 예를 보면, 먼저 피타고라스가 수(number)가 우주를 지배한다는 신념을 근거로 어떻게 종교적 세계관을 드러내는지 보여주고, 또 오늘날 우리 사회의 여러 분야에서 다양한 방식으로 수를 우상화하는 예들을 보여준다. 그리고 수학에서 이루어진 모든 발전에서 드러나고 있는 하나님의 손길의 증거에 학생들이 주목하게 하고, 공동체의 신앙적 헌신이 수학을 탐구하는 일과 수학을 활용하는 일에 어떻게 영향을 줄 수 있는지 보여주면서 수학이 하나님을 섬기는 일에 어떻게 활용되어야 하는지 보여준다. 결론적으로 수학과 하나님의 창조세계의 수적 국면의 탐구를 통하여 하나님의 선하신 창조를 더 잘 이해하고 창조주를 영화롭게 하며, 인류의 궁극적인 소망이 과학, 응용수학, 공학이 아니라는 것을 알게 한다.

과학탐구에 있어서도 과학이 하나님의 창조의 한 측면이라는 사실을 알게 하고, 과학현상에 대한 탐구를 통하여 하나님의 창조질서에 통찰력을 갖게 하며, 과학의 적절성과 응용문제를 성경적 관점에서 탐구한다. 따라서 과

---

22. Harro van Brummelen, *The curriculum: developing a Christian view of life*, 182-188.

학과 과학적 방법론의 탐구에서 끝나지 않고, 과학과 공학이 경제, 사회, 미, 정치, 종교에 미치는 영향을 함께 검토함으로써 사회에서 과학과 공학의 정당한 위치, 과학의 응용에 있어서 그리스도인의 책임을 통전적으로 파악하게 한다. 결과적으로 학생들이 과학을 통하여 하나님과 하나님의 경이로운 창조에 대하여 깨닫고, 과학과 공학을 통하여 하나님께 헌신하는 삶을 경험하고 발전시키도록 한다.

경제 분야도 하나님의 창조세계의 한 국면으로서 하나님께 책임 있게 응답해야 할 분야이다. 학생들은 주식매입, 회사운영, 자본운용, 시장, 경제 및 경영원리, 회계방법 등을 통하여 이윤을 창출하는 방법에 대하여 학습하되, 한정된 자원 운영에 대한 하나님의 규범, 경제를 통하여 이웃을 섬기는 방법, 돈의 우상숭배가 아니라 지혜로운 청지기로서 경제활동을 통하여 하나님을 섬기게 한다. 결과적으로 경제활동을 통하여 하나님을 사랑하고, 개인적으로 그리고 공동적으로 경제를 통하여 사랑의 계명을 실천해야 할 책임을 알게 함으로써 기독교 세계관에 따른 학습이 되게 한다.

4) 기독교학교의 교수-학습활동과 교육행정

기독교 세계관은 교수-학습의 원리와 방법에도 영향을 줄 수밖에 없다. 기독교 세계관에 근거한 인간이해와 삶의 종교적 통전성은 책임성 있는 응답에 이르는 통전적 교수-학습을 통하여 이루어질 수 있기 때문이다. 기독교적 세계관에 근거한 가르침의 이해를 판 다이크(John van Dyk)의 설명에 근거하여 살펴보자.

그는 교사의 활동을 의미하는 교수(teaching)를 지도(guiding)와 드러냄(unfolding)과 능력부여(enabling)의 세 가지 기능으로 이루어진 복합차원의 형성적 활동이라고 정의하였다.²³ 그에 따르면 가르침이란 첫째, 제자도에 이르도록 학생들을 지도하는 것이라고 보고, 이를 위하여 하나님의 말씀과 그 분의 실재하심을 듣고, 청지기로써 사랑으로 행동을 통해 응답하고, 결국 화목과 평화를 위해 치유하는 과제를 수행하도록 지도해야 한다고 보았다. 기독교적 가르침의 두 번째 기능은 드러냄인데, 드러냄이란 학생들이 아직까지 알지 못하거나 행동할 수 없는 것들을 열어 보이는 것을 뜻한다. 여기서는 하나님의 창조질서의 의미, 타락의 근본적 함의, 구속의 기대와 가능성 등을 이해하도록 보여준다. 그리고 마지막으로 능력부여란 이 세상에서 효율적인 제자도를 수행할 수 있는 능력과 의지를 갖게 하는 것이다.

이러한 기능들을 통합적으로 이루어낼 수 있는 효과적인 교수전략 중 하나는 협동학습 혹은 협력학습의 형태이다. 집단 안에서 학생들이 주도적으로 참여하여 서로의 학습을 돕고, 각 자가 의미 있게 그 수업에 기여하고, 그 학습에 대한 책임을 수행하게 함으로써 함께 공동체의식을 형성할 수 있게 하는 이 방법은 기독교적 가르침의 특성을 잘 드러내어준다. 교사는 가르침의 원리와 방법에서 기독교 세계관의 반영이 무엇인지 고려한다.

또한 기독교 세계관은 학생의 주도적 활동을 의미하는 학습(learning)에 있어서도 지도적인 영향을 주어야 한다. 하나님의 형상이면서 마음에서부터 전인적으로 하나님 앞에서 살아가야 할 책임 있는 인간, 그리고 개별적인 존재로서 다양한 은사와 소명을 가진 존재로서의 학생이해는, 의미 있는 학습의 원리와 방법을 탐구하고 고안하는 일에서 지도적인 역할을 한다. 이러한 개별적 특성, 성숙의 정도, 삶의 다양한 경험은 필연적으로 학습에 있어서 개

---

23. John van Dyk, The practice of teaching Christianly, in S. Fowler and others, *Christian schooling: education for freedom* (Potchefstroom: PU for CHE, 1990), 156.

인적 능력과 방법의 차이를 고려하도록 한다.

기독교적 학습은 교리주입식이나 방임적인 자아결단에 맡겨두는 것이 아니라, 하나님의 형상인 학습자가 하나님께 책임 있게 순종하는데 나아가도록 구성되어야 한다. 이를 위하여 판 브룸멜런은 기독교 세계관에 근거한 인간이해를 기초로 학생을 예수 그리스도의 책임성 있는 제자로 성장하도록 지도하는 학습으로서의 성경적 학습모델을 네 단계, 곧 무대설정(setting the stage), 드러냄(disclosure), 재구성(reformulation), 초월(transcendence)의 단계로 설명하였다.[24]

첫 단계인 무대설정이란 학습이 학생에게 개인적으로 의미 있는 것이 되도록, 학생들이 자신의 경험적 지식을 활용하여 그 탐구주제나 문제를 상상하고 추론해보도록 하는 직관적 단계를 말한다. 이 단계에서 교사는 문제를 제기하고, 학생의 경험적 지식을 끌어내고, 동기를 부여하고, 생각하게 만든다. 그리고 학생은 경험적 지식을 떠올리고, 상호관계에 대하여 탐구하고 임시적인 결론을 추론한다.

둘째 단계인 드러냄이란 학생들의 경험적 지식 위에, 세심하고도 잘 조직된 학습을 통하여 그 주제를 밝히 드러내는 단계이다. 이 단계에서 교사는 제시하고, 설명하고, 분석하고, 밝히고, 보여준다. 그리고 학생은 정보를 수집하고, 통합하고, 개념화시키고, 이론을 구성해본다.

세 번째 단계인 재구성은 학생들이 새롭게 밝혀진 내용과 개념들을 자신의 개념체제에 잘 통합하게 되는 단계이다. 이 단계에서 교사는 질문하고, 강화하고, 실습활동을 하고, 지도하고, 점검한다. 그리고 학생은 재구성하여 설

---

24. Harro van Brummelen, Imaging God in learning, in S. Fowler and others, *Christian schooling: education for freedom* (Potchefstroom: PU for CHE, 1990), 145-151.

명하고, 개념과 이론을 구체적 상황에 적용하고, 간단한 문제를 해결하고, 조작해본다.

그리고 마지막 단계인 초월이란 그 재구성의 단계를 넘어 반성적 행동으로 나아가는 단계이다. 이 단계에서 교사는 선택의 기회를 제공하고, 자극하고, 격려하고, 평가한다. 그리고 학생은 개인적인 결과물을 산출하고, 선택과 헌신에 이르고, 당면한 문제를 해결하고, 새로운 것을 창안한다. 이 단계는 의미 있는 학습의 가장 중요하고 통전적인 부분이다.

이 네 단계는 순회하면서 심화되는 의미 있는 학습모델이다. 동시에 첫 번째와 두 번째 단계는 능동적 생산을 강조하고, 세 번째와 네 번째의 단계는 반성적인 관찰을 강조한다. 또 첫 번째와 네 번째는 구체적인 경험을 강조하고, 두 번째와 세 번째는 추상적인 개념화를 강조함으로써 전체적으로 통전적인 학습이 이루어지도록 의도하고 있다.

기독교 세계관은 학교의 조직과 교육행정에도 영향력을 발휘할 수밖에 없다. 기독교 세계관에 따르면 하나님은 인간을 개별적인 존재인 동시에 공동체적 정체성 안에서 창조하셨다. 각 공동체는 그 공동체의 독특한 성격과 기능에 적합하면서도 다른 공동체들과 적절한 관계를 유지하는 구조이어야 하나님의 법에 일치하게 된다.

학교는 모든 구성원이 교수-학습 관계라는 특성과 기능에 적합한 구조를 형성하고 있는 독특한 공동체이다. 이 공동체 안에서 형성되는 관계의 특성에서 기독교 세계관은, 인본주의 세계관에서 형성된 권력을 중심한 권위주의적이고 계급적인, 혹은 갈등적인 조직을 형성하지 않는다. 그 대신 그리스도의 몸으로서의 공동체 조직, 그 안에서 특정인에게 권력이 과도하게 집중되는 것이 아니라, 특정 기능을 수행하는 데 필요한 직분의 한정된 권위들로 배분되고, 그 각각이 책임성 있게 고유한 기능을 수행하며, 모두 함께 하나의 몸으로서 다른 직분들과의 공동헌신을 통하여 그 공동체 전체의 목적을 수행하도록 구성될 수밖에 없다. 따라서 학교 공동체의 각 직분은 그 직분을 수행하는데 적합한 권위와 책임을 수행하고, 또 다른 직분들의 권위와 책임을 존중하면서 협력하는 방법으로 조직된다.

학교공동체를 구성하는 이사회는 그 공동체의 감독기능에서, 행정담당자는 원활하고 효율적인 운영에서, 교장은 교수-학습에 대한 감독기능에서, 교사는 가르치는 일에서, 학생은 학습하는 일에서, 그리고 부모는 양육의 일에서 고유한 권위행사의 자유와 책임을 행사하여야 한다.[25] 그 어떠한 직분이 다른 직분으로 하여금 제 기능을 발휘하지 못하도록 억압하는 것은 적절하지 못하다. 물론 각 직분이 고립적인 것처럼 간주되어서도 안 된다. 모든 직분이 서로 의존해있으면서 고유의 직분을 권위 있게 행사하는 학교공동체가 건강한 공동체이다.

따라서 교사의 권위는 학생으로 하여금 학생의 학습하는 직분을 잘 수행할 수 있도록 행사될 때 정당화된다. 교사는 학생으로 하여금 학습활동을 잘 할 수 있도록 자신의 직분이 허용하는 권위를 잘 활용해야할 책임을 갖는다.

동시에 교육의 비형식적 환경인 사회에서도 정부, 교회, 가정, 기업, 연구소 등 여러 공동체들은 교육과 관련하여 학교의 고유기능을 침범하지 않으면서도 교육기능의 정상적이고도 효율적인 기능수행을 지원하는 방식으로, 그리고 각각의 부차적인 교육기능의 독특한 역할을 수행해야 한다. 예컨대 학교의 교육기능과 목표가 교회나 가정의 교육기능과 목표와 동일하지 않다. 학교가 기독교 세계관의 기초에서 창조세계와 문화의 법칙을 교수-학습

---

25. S. Fowler and others, *Christian schooling: education for freedom* (Potchefstroom: PU for CHE, 1990), 114.

함으로써 지적 차원의 의의를 중심으로 전인적인 인간성장을 이루려 한다면, 정부는 정의가 유지되고 권장되게 하는 방식으로 학교를 비롯한 사회의 다양한 영역에서의 교육적 기능을 지원한다. 그리고 교회는 기독교신앙의 체계적인 학습을 통하여 확신에 이르게 하는 방식으로 전인적인 인간변화에 기여하는 교육적 기능을 수행한다.

정부가 절대 권력으로 학교의 모든 기능을 통제하는 것은 부적절하다. 그 대신 학교가 하나님의 법에 일치하는 교육적 기능을 잘 수행할 수 있도록 지원해야 할 책임이 있고, 그 일을 위해 한정적이면서도 정당한 권력을 행사할 수 있다. 정부는 교육을 위한 재정적인 지원을 통하여, 그리고 부당하고 비교육적인 환경에 대한 통제를 통하여, 학교가 교육영역에서 고유한 기능을 수행할 수 있도록 지원해야 한다. 지역교회도 학교가 하나님의 법이 요구하는 방향으로 고유한 교육기능을 수행하도록 격려하고, 지원하고, 특히 기독교세계관이 부정되는 인본주의적 환경에 둘러싸인 오늘날, 기독교 세계관을 형성하는 기독교학교를 위해 간접적인 방식이지만 다양한 방법의 능동적인 지원을 해야만 한다.

5) 마무리하면서

세계관과 무관하게, 그리고 세계관을 형성하는 일에 기여하지 않는 중립적 교육이란 없다. 교육이란 필연적으로 그 사회가 뿌리내리고 있는 세계관에서 방향이 정해지고, 또 내면적으로 그 사회의 세계관을 형성하는 의도적 작업이다. 교육의 역사에서 획기적인 발전이라 말할 수 있는 제도화된 국공립학교교육은 시대적 대세였던 인본주의의 한 얼굴인 모더니즘의 영향과 절대적 성격의 국가 이익 및 목적구현의 결과였다. 인본주의 국가교육의 결과로서 국공립교육을 통한 인본주의 세계관 형성은 지난 200여 년 동안 엄청난 성공을 거두었고, 마지막까지 그 행진을 계속하고 있다. 국공립학교교육의 확립과 전횡은 기독교공동체에게는 상상하기 어려운 위협이었다. 만일 성령께서 도우시지 않았다면 하나님의 교회는 심각하게 약화되었을 것이다.

시대적 패러다임이었던 인본주의 세계관 안에서 많은 그리스도인들은 자신들이 반응하는 방식인 인본주의의 위험성을 알아차리지 못했다. 신학과 교회라는 영역에서 그 문제점들이 논의되었지만, 인본주의는 인본주의의 종교성을 감춘 채 중립성을 선전하였고, 하나님을 향하여 반응하는 태도인 종교를 신학과 교회와 사적인 영역으로 내몰았다.

그러나 하나님 중심의 통전적 사고와 삶의 체계로서의 종교의 의미를 잘 간파하였던 칼빈의 신학사상을 재발견하면서, 인본주의가 얼마나 배교적인 성격을 가진 것인지 확신하게 된 기독교 공동체 중 특히 개혁교회공동체는, 기독교 세계관에 일치하는 사고와 삶과 실천에 있어서 인본주의에 대처하면서 의미 있는 발전을 이루었다. 교육의 영역에서 이루어온 개혁교회 공동체의 특별한 헌신은 기독교교육이론과 기독교학교교육의 좋은 모델이 되어 왔다.

그러나 인본주의에 항거하는 기독교 교육은 좁은 문으로 들어가야 하는 일로서 십자가를 지는 것처럼 많은 희생을 감수해야 하는 어려운 과업이었으므로 지난 200여 년 동안 넓은 길의 대세에 비하면 소수파였다. 절대국가는 국가 통제적인 인본주의 교육을 위해 국가재정을 독점하고, 사립학교를 부분적으로 지원할 경우에도 인본주의적 기준을 조건으로 요구하는 압박 작전을 전개할 때가 많았기 때문이다.

기독교 세계관에 일치하는 교육, 더 나아가 기독교 세계관형성에 기여하는 학교교육을 위해서 신실한 그리스도인들은 기독교학교의 법적인 정당성 인정을 위해 많은 노력을 기울였고, 또 학교운영을 위한 부가적인 재정적인 헌신을 아끼지 않았다. 그럼에도 불구하고 엄청난 재정적인 투자를 필요로 하는 학교운영에서 재정적인 독립 없이 좋은 기독교학교를 운영한다는 것은 사실상 어려운 일이었다. 교육과 학문분야에서도 인본주의적 세계관을 전제하는 흐름이 주류였으므로 그 기준에 맞추어야 한다는 큰 부담을 감당하기 어려웠다. 그 결과 기독교대학교의 대표적인 모델이었던 네덜란드의 자유대학교도 그 정체성을 1세기 이상 존속시키기 어려웠다.

그럼에도 불구하고 그리스도의 만유의 주되심을 고백하는 그리스도인들을 통하여, 기독교 세계관에 근거한 기독교학교들과 기독교대학교들이 발전하고 있는 것은 하나님의 은혜이다. 뿐만 아니라 지난 세기 교육에 있어서 세계관과 가치에 대한 중립성이 허구로 밝혀지면서 인본주의 자체의 종교성이 발가벗겨지게 하신 것도 하나님의 은혜이다. 21세기를 맞아 기독교학교들은 더욱 다양한 도전에 직면하겠지만 기독교교육의 진리성은 더욱 드러날 수밖에 없을 것이다.

지난 세기동안 기독교 세계관이 교육의 기초이면서 교육이론과 활동 전체에 어떻게 일관성 있게 드러나야 하고, 또 교육이 기독교 세계관의 형성에 기여함으로써 예수 그리스도의 제자도를 책임 있게 수행할 수 있는 인간을 형성할 수 있을 것으로 기대되는 효과적인 모델들이 만들어졌고 그에 따른 실험들도 이루어져왔다. 이러한 실제적 경험과 노력은 인본주의교육을 개혁하는 교육으로서의 기독교교육의 이론과 실천에서 더욱 세심한 발전을 이루어야 하고, 학교교육에서 실험되어 발전시켜가는 과제수행으로 이어져야 한다.

한국에서 기독교 세계관의 이해는 한국 그리스도인들로 하여금 인본주의에 의해 눈 감겨져 있었던 교육 분야의 종교성을 볼 수 있는 새로운 안목을 주어왔다. 교육 분야에서 소명을 듣는 그리스도인 교사들과, 부모들과, 그리스도인 학생들에 의하여 한국에서도 교육의 통전적 개혁이 시작될 것이다.

그리고 그 개혁은 진리이신 그리스도로 인하여 결국 인본주의 세상을 향한 복음적 선포가 될 것이다.

참고문헌

강용원.『기독교교육학의 성격과 구조』(부산: 고신대학교부설기독교교육연구소, 1992).

김성수, 신영순, 전광식 편.『기독교대학과 학문자료집(1)』(부산: 고신대학교출판부, 1995).

조성국. 화란 개혁신학의 맥 이은 아프리카의 희망봉, 남아공화국 포쳅스트룸대학교,「빛과 소금」, 1996년 4월호.

조성국.『기독교인간학: 하나님의 형상인 전인적 인간』(부산: 고신대학교부설기독교교육연구소, 2000).

Dooyeweerd, H., In *the twilight of Western thought* (Nutly: The Craig Press, 1980).

Edlin, R. J., *The cause of Christian education*, 3rd ed. (Adelaide: Openbook Publishers, 1999),

Fowler, S., *Issues in the philosophy of education* (Potchefstroom: PU for CHE, 1980).

Fowler, S, and others, *Christian Schooling: Education for Freedom* (Potchefstroom: PU for CHE, 1990).

Hughes, R. T. & Adrian, W. B., *Models for Christian higher education* (Grand Rapids: Wm. B. Eerdman, 1997).

Joh, Song-Guk, *Human integration as a fundamental anthropological problem in Neo-Humanistic education*, Ph.D. thesis, (Potchefstroom University, 1997).

Knight, J. R.,『철학과 기독교교육』, 박영철 역 (대전: 침례신학대학출판부, 1980).

Reid, S. ed.,『칼빈이 서양에 끼친 영향』(서울: 크리스챤다이제스트, 1997).

Schoeman, P. G., *An introduction to a philosophy of education* (Durban: Butterworths, 1980).

Schoeman, P. G., *Historical and fundamental education* (Pretoria: De Jager-HAUM, 1985).

Steyn, J., *Die nie-logies-analitiese aspekte van menswees by enkele Neo-Humanisties opvoedkundige denkers*, M.Ed. dissertation, (PU for CHE, 1989).

Van Brummelen, H., 『교실에서 하나님과 동행하십니까: 기독교적 교수-학습방법』, 기학연 역 (서울: IVP, 1996).

Van der Walt, J. L., *Opvoedkunde as lewende wetenskap* (Durban: Butterworth, 1980).

Van der Walt, J. L. and others, *Die opvoedingsgebeur: 'n Skrifmatige perspektief* (Potchefstroom: IRS, 1985).

Vriend, J. and others, To prod the "slumbering giant": Crisis, *commitment and Christian education* (Toronto: Wedge Publishing Foundation, 1972).

Waterink, J., *Basic concepts in Christian pedagogy* (Ontario: Paideia Press, 1980).

9. 기독교교육철학의 연구방법론

학문연구가 일상경험에서 일반사람들이 문제를 관찰하고 해결하는 활동과 다른 것은 방법론을 적용한 관찰과 탐구활동이기 때문이다. 지난 세기동안 학문이 더욱 분화하고 다양한 연구방법들이 만들어지면서 학문적 연구방법론에 대한 논의도 많아졌다. 학문 활동을 위한 방법론이 인간의 감각작용을 통한 관찰방법을 우위에 두고, 인간정신의 논리적이고 분석적인 사고활동에 제한되면서, 하나님의 계시로서의 말씀과 신앙의 참조점은 학문 활동에서 점차 배제되어왔다. 그 결과 지식탐구에 있어서, 하나님의 말씀과 신앙을 중요한 인식론적 기초로 간주하는 학문은 신학에 국한되고, 신학 외의 학문에 대한 기독교적 접근은 크게 위축되었고, 그러한 종류의 학문적 입장과 인간의 합리적 정신과 객관성을 강조하는 일반학문의 간격은 이제 건너기 어려울 정도로 벌어진 것처럼 보인다.

그래서 교육현상에 대한 기독교적 연구는 오늘날 하나님의 말씀과 신앙이라는 요소가 핵심적 기준으로 작동하지 않는, 기독교 공동체의 학교와 정신에 대한 역사적, 사회학적 연구에 제한되고 있다. 교육철학의 연구에서도 일반적인 도덕성, 종교성과 정체성 등에 대한 논의를 통해 기독교적 접근을 시도하지만, 이러한 연구에서도 하나님의 말씀과 신앙이라는 요소는 더 이상 규범의 역할을 하지 못한다. 반면, 하나님의 말씀의 규범성을 주장하는 복음주의 연구자들은 교육현상을 연구하는 일반 교육사상가들의 연구결과들을 하나님의 말씀과 교리적 통찰을 근거로 비교하면서 마치 신학적 연구처럼 초월적 비판을 시도하는 경우가 많다. 그래서 복음주의적 입장에서의 기독교교육철학 연구방법은 초월적 비평방법을 의미하는 것처럼 간주되곤 한다.

그러나 초월적 비평만으로 기독교교육학 일반과 특히 기독교교육철학의 학문적 타당성을 증명하기란 쉽지 않다. 학문적 연구로서의 기준을 충족시키려면 교육현상의 구조를 학문적 방법으로 밝혀가는 적극적인 탐구가 필요하기 때문이다. 성경말씀을 제시하는 방법 이상의 교육연구는 학문의 출발점에서부터 학문철학의 문제를 다루고, 그 학문철학의 결과 형성된 방법론으로 교육현상의 법칙을 논의하는 방식이어야 한다. 이러한 조건에 대한 연구는 지난 세기 초부터 네덜란드계의 개혁주의 기독교대학교들과 그 기관에서 영향 받은 기독교학자들을 통하여 적극적으로 시도되어왔고, 교육철학 연구에서도 상당한 발전을 이루어 왔다. 그 학문공동체는 하나님의 말씀의 통찰에서 기독교 세계관을 검토하였고, 기독교학문철학의 정립을 시도하였고, 그 기초에서 개별학문의 방법론을 구성하였고, 그 방법론에 따라 교육현상에 대한 적극적인 탐구를 시도해왔다.

따라서 네덜란드계에서 발전시켜온 기독교교육철학 연구방법론에 대한 본 연구는, 이제까지 우리나라에서 시도되어 온 교회교육에 대한 신학적 연구방법과 더불어, 이제는 교육이론 자체와 교육의 전문기관인 학교에 대한 기독교적 관점에서의 교육학적 연구가 요청되는 시점에서, 적용 가능성이 있다고 본다. 더욱이 지난 세기말부터 신학계 대학교를 중심으로 (기독교)교육 연구를 위한 대학원 과정이 개설된 이후 이제는 박사과정까지 개설되어 연구자들을 교육하게 되었다는 점에서, 그리고 우리나라 학교교육에 대한 기독교계의 개혁적 요구와 기독교학교교육의 정체성 문제에 대한 논의가 활발하게 진행되는 시점에서 연구를 위한 방법론에 대한 연구는 절실한 시점이라고 할 수 있다.

이러한 필요성에 근거하여 필자는 이 장에서 네덜란드계 기독교교육철학의 대표적인 연구방법론을 문헌연구방법으로 논의하려 한다.[1] 본 논문에

---

1. 본 연구는 네덜란드계 기독교교육철학연구 문헌들과 관련학자들이 있는 연구중심대학에서 진행하는 것이 가장 효율적이다. 본 연구자는 포쳅스트롬대학교에서 1997년 기독교교육철학적

서 네덜란드계란 네덜란드와 더불어 남아프리카공화국의 네덜란드계, 미국과 카나다와 오스트레일리아의 네덜란드계를 뜻하며, 기독교교육철학이란 네덜란드 암스테르담 자유대학교에서 확립되어 발전한 도예베르트(H. Dooyeweerd)와 폴런호번(D. H. Th. Vollenhoven)의 기독교학문철학(wetsidee)과 그것을 교육연구에 적용한 교육철학자들, 그리고 동일한 학문적 토대를 공유한 남아프리카공화국 기독교고등교육을위한포쳅스트룸대학교의 스토커르(H. G. Stoker)를 비롯한 기독교철학자들과 기독교교육철학자 판델발트(J. L. Van der Walt)와 그들의 동료들, 오렌지자유주대학교의 기독교철학자 스트라우스(D. F. M. Strauss)와 기독교교육철학자 스쿠만(P. G. Schoeman)과 그의 동료들이 활발하게 논의하면서 하나의 학파로 발전시킨, 개혁주의 기독교교육철학을 의미한다. 연구중심대학교인 위의 세 대학교는 기독교교육철학 학파의 중심지이다.

1) 기독교교육철학의 연구방법론

(1) 문제 역사적 연구방법

문제 역사적 연구방법은 철학사조의 발전의 맥락에서 철학사상을 검토하고, 해당 철학이 세계에 대하여 던지는 근본적인 문제와 대답에 초점을 맞춤으로써 해당 철학적 개념에 통찰을 얻으려는 시도이다.[2] 이 방법은 20세기

연구방법론을 적용한 연구로 박사학위를 취득하였고, 본 연구를 위해 2007년 3-5월까지는 남아공화국 노스웨스트대학교(구, 포쳅스트룸대학교)에 머물면서 연구 활동을 진행하였고, 또 2007년 7월-2008년 2월까지는 네덜란드 자유대학교에 방문연구원으로 머물면서 연구 활동을 진행하였다.

2. B. J. Van der Walt, Historiography of Philosophy: the Consistent Problem-historical

초 네덜란드 자유대학교의 대표적인 철학자로서 개혁주의 기독교철학의 기초자 중 한 사람으로 인정받고 있는 폴런호번(D. H. Th. Vollenhoven)이 시도한, 철학적 문제에 대한 역사적 연구방법론으로서 네덜란드와 남아프리카공화국과 북미의 네덜란드계 기독교학자들에 의해 기독교철학분야와 기독교교육철학 분야에서 주로 적용되어 왔다.

폴런호번은 기독교학문이 가능하려면 우선 인식하는 주체가 중생한 그리스도인으로서 하나님을 사랑하고 자신의 학문 활동을 통하여 하나님을 섬기고 순종하려는 의지를 가진 사람이어야 하며, 탐구분야의 인식 대상은 창조세계가 타락한 이후 모든 것들이 비정상적이며 불분명하게 되었으므로 하나님의 말씀의 빛에 의해 조명될 때 적절하게 이해될 수 있고, 학문 활동도 인식 주체의 마음으로부터 시도되는 것이므로 종교적인 특성을 가진 것이며, 따라서 기독교적 학문 활동은 비기독교적인 학문 활동과 차이가 있다는 입장을 취한다.[3]

기독교철학의 학문 활동과제 중 하나인 일반 철학역사를 비평적으로 검토함에 있어 폴런호번은 철학 사상들을 지속적인 사상적 흐름(思潮, stream)과 반복되는 주제의 유형(類型, type)에 따라 분류하는 작업을 시도했다. 그가 연구 방법론에서 말한 '문제'라는 말은 사상적 흐름과 유형을 염두에 둔 표현이다. 폴런호번이 기독교학문으로서의 기독교철학이 철학 사상들의 흐름과 유형들을 분류함에 있어서 고려해야할 근본적 질문으로 제기한 것은 첫째, 하나님의 말씀이 해당 철학 사상에 정당한 위치를 차지하고 있는가?

Method, in B. J. Van der Walt, ed., *Heartbeat: Taking the Pulse of Our Christian Theological and Philosophical Heritage* (Potchefstroom: IRS, 1978), 27.

3. B. J. Van der Walt, Historiography of Philosophy: the Consistent Problem-historical Method, 7-8.

하는 것이고, 둘째, 하나님의 말씀이 해당 철학자들이 탐구했던 실재에 어떠한 빛을 밝혀주고 있는가? 하는 것이었다.[4]

첫 번째의 질문에 따라 폴런호번은 서양철학의 시대적 흐름을 크게 3가지로 유형화하였다. 역사적 순서에 따라 첫 번째의 유형은 전(前)종합적 사고의 시대(period of pre-synthetic thought)이고, 두 번째의 유형은 종합적 사고의 시대(period of synthesis)이며,[5] 세 번째의 유형은 반(反)종합적 사고의 시대(anti-synthetic period)이다.

그의 분류에 따르면 철학적 사고에 하나님의 말씀이 전혀 고려되지 못했던 고대 그리스, 헬레니즘 그리고 로마시대의 사상들은 전(前)종합적 사고형태로서 그 시기는 B.C. 700여년 경으로부터 A.D. 40여년 경까지였다. 교부철학과 중세철학은 이교적 철학과 기독교의 종합이었고 그 시기는 약 A.D. 40년에서 약 1600여년 경까지였다. 이 시기에 그리스-로마의 철학, 그리고 게르만 세계관과 기독교신앙의 종합이 시도되었다. 그리고 세 번째 시기는 기독교신앙으로부터 벗어난 근대철학과 현대철학의 반(反)종합적 사고형태이며 그 시기는 약 1600여년 경으로부터 현재에 이르는 시대이다. 반(反)종합적 사고의 시대에 일반 철학들은 하나님의 말씀으로부터 벗어나 거리를 두었고, 점차 성경 대신 학문(과학)에 합법적 위치를 부여하였다.[6]

이러한 철학역사의 흐름을 고려하여 현대의 기독교철학은 또 다시 근대

---

4. B. J. Van der Walt, Historiography of Philosophy: the Consistent Problem-historical Method, 8-9.
5. D. H. Th. Vollenhoven, Het Calvinisme en de Reformatie van de Wijsbegeerte (Amsterdam: H. J. Paris, 1933), 8. 폴런호번은 두 번째 시기를 세부적으로 둘로 나누어 종합의 시대(약 40-1250년)와 종합이 약화되는 시대(약1250-1564년)로 나누었다.
6. B. J. Van der Walt, Historiography of Philosophy: the Consistent Problem-historical Method, 9-10.

와 현대철학과 새로운 의미의 종합을 시도할 것이 아니라 이교적 사고를 버리는 철저한 기독교철학의 방향, 곧 하나님의 말씀의 정당한 위치를 철저하게 인정하는 철학적 사고로 나아가야 한다고 보았다. 그는 기독교신앙과 일반철학은 근본동인(groundmotive)이 서로 다르기 때문에 "양자 사이의 종합은 가능하지 않다"고 못 박았다.[7] 그는 성경적 근본동인에 근거한 기독교철학의 새로운 시도가 칼빈의 출발점에서 통찰을 얻어 1930년대에 비로소 그를 비롯한 개혁주의 기독교철학자들을 통해 본격적으로 시도되고 있다고 보았다.

두 번째의 질문에 따라 폴런호번은 하나님의 말씀이 실재에 대하여 밝혀 주시는 원리에 따라 실재에 대한 이론적 사고를 시도하고, 그 관점에서 철학 사상들을 평가할 수 있어야 한다고 보았다. 하나님의 말씀이 밝혀주는 원리란 하나님이 존재하시고, 그 분이 세계를 창조하셨고, 하나님은 창조세계에 법칙을 부여하셨다는 명제이다. 이 명제는 주권적인 하나님과, 창조세계를 유지시키는 법칙과, 그 법칙에 복속해야 하는 세계를 분명한 경계로 구별함과 동시에 그 상호관계를 정당하게 논의하려는 시도를 함의하고 있다. 폴런호번은 일반철학 사상들은 대부분의 경우 이 세 가지의 구별에서 신(神)과 세계를 동일시하거나 혼돈하고, 신을 세계화하거나 세계를 신격화하고, 또 법칙을 신격화하는 등의 오류를 범했다고 본다.[8]

폴런호번은 하나님의 말씀의 원리에 따라 이루어진 하나님과 세계와 법칙의 위치와 구별과 상호관계를 기준으로 일반철학의 사조(학파)를 분류하

---

7. D. H. Th. Vollenhoven, Het Calvinisme en de Reformatie van de Wijsbegeerte, 16.
8. B. J. Van der Walt, Historiography of Philosophy: the Consistent Problem-historical Method, 13.

여 유형화 하였다. 그는 하나님에 대한 이해에서 자연신론, 범신론, 유신론, 무신론 등을 분류하고, 그는 법칙에 대한 이해에 따라 주관주의, 객관주의, 실재주의, 선험적 이론 등의 다양한 사조를 분류하였고, 세계에 대한 이해에서 신화화와 비신화화, 우주기원론적 우주론과 순수한 우주론, 그리고 그 안에서 일원론과 이원론, 개인주의와 보편주의, 경험주의와 주지주의 등의 다양한 유형들을 분류해 내었다.[9]

이러한 분류는 일반철학 사상들의 위치와 주장들을 전체적 흐름과 상호관계 안에서 위치지우고 이해하는 일에 기여하였고, 특히 기독교적 관점에서 볼 때 어떠한 부분에서 오류와 과장된 이해가 이루어졌는지, 한계를 침범한 것과 환원된 것이 무엇인지 보여주는 일에 기여하였다. 그 결과 폴런호번이 시도한 문제 역사적 연구방법은 네덜란드와 남아프리카공화국과 카나다와 미국의 개혁주의 기독교철학자들과 기독교교육철학자들에 의해 철학관련 문제들에 대한 학문적 탐구의 유용한 방법으로 수용되었다. 물론 폴런호번의 저술들이 주로 네덜란드어로 쓰였고, 20세기에 줄곧 엄청난 영향력을 행사하면서 세속화를 확산시켰던 반기독교적 일반철학사조의 대세에 비하여 그의 영향력이 외부에 영향을 미칠 정도로 크지 못하였기 때문에 네덜란드계 밖의 일반 철학연구와 교육철학 연구에는 잘 알려지지 못했다.

비록 기독교(교육)철학 학파에서 문제 역사적 연구방법이라고 말할 때 폴런호번이 시도한 방법과 절차, 그가 시도한 분류를 그대로 따른다는 말을 뜻하지는 않지만, 폴런호번이 시도했던 관점을 적용하여 일반 철학사상을 전체의 철학 역사적 흐름 안에서 종합적으로 검토하고, 하나님의 말씀을 수용

---

9. B. J. Van der Walt, Historiography of Philosophy: the Consistent Problem-historical Method, 14-26.

혹은 배척하는, 곧 기독교와의 관계에 대한 유형에 비추어 그 근본 동인들을 검토하고, 더 나아가 하나님과 세상과 법칙 사이의 구별과 상호관계에 대한 하나님의 말씀의 원리를 기준으로, 과거와 현재에 이르는 사조들의 다양한 유형들과의 관계 안에서 해당 연구 문제를 검토하고 비평하는 방법을 의미한다.

(2) 선험적 비평의 연구방법

선험적 비평의 연구방법론은 20세기 초 네덜란드의 기독교철학자로서 기독교철학의 발전에 있어 독특하고 탁월한 발전적 업적을 이룬 학자로 인정받고 있는 헤르만 도예베르트(H. Dooyeweerd)의 일반철학에 대한 비평 방법을 응용하고 발전시킨 연구방법론이다. 도예베르트는 이론적 사유 곧 철학이 아르키메데스의 점이라고 간주된 인간의 마음으로부터 출발하는 종교적 활동이라고 규정하였다. 따라서 하나님과의 관계를 떠난 모든 세속 철학적 사유는 세계 내의 특정 양상을 절대화한 결과 이념이 되었으며, 그 결과 다른 양상들이 환원됨으로써 세계에 대한 그 이론들의 설명은 근본적으로 모순과 불균형과 오류를 피할 수 없게 되었다고 주장하였다. 그는 기독교철학은 성경적 통찰에 근거한 기초 원리들과 창조세계의 법(칙)이념(wetsidee, cosmonomic idea)에 따라 일반 철학이 내포하고 있는 선험적 문제점들을 밝히고, 더 나아가 왜곡된 오류를 배제하고 조정함으로써 정당한 이해로 바꾸는(개혁) 과제를 가지고 있다고 보았다.

이러한 시도를 체계적인 연구방법으로 정리한 다니엘 스트라우스(D. F. M. Strauss)는 이 연구방법을 내재적 비판, 선험적 비판, 그리고 초월적 비판의 3가지로 나누었고, 내재적 비판과 선험적 비판에 집중하여 설명하였다.[10] 그리고 요한네스 판델발트(J. H. Van der Walt)는 이 연구방법의 과정을 4단계로 나누어 선험적 비판의 단계, 초월적 비판의 단계, 내재적 비판의 단계, 그리고 탈이교적 비판의 단계로 나누어 전체를 설명하였다.[11] 판델발트의 설명이 선험적 비평의 연구방법을 전체적으로 다루고 또한 단계적인 과정을 설명하고 있으므로 그의 논의를 중심으로 두 학자의 논의를 정리해보면 다음과 같다.

(a) 선험적 비판의 단계

도예베르트는, 학문적 사고는 자충족한 것이 아니며 그 이론의 기초에 깔려있는 선험적 전제나 초이론적 전제에 절대적으로 의존되어 있다고 단정하였다. 그리고 이 이론적 사유의 전제들은 인간의 중심이면서 동시에 종교적 특성을 가진 마음으로부터 시작되는 것이어서 그 전제에서 출발하는 인간의 사유 활동은 종교적인 특성을 가질 수밖에 없다고 보았다. 그래서 창조세계의 특정 국면들을 추출하여 논리적으로 사고하는 활동인 학문 활동에서 하나님을 거부하는 종교적 특성을 가진 학문적 사고는 필연적으로 하나님 대신 자신들이 추출하여 논리적으로 사고하고 있는 그 특정 국면이나 원리를 절대화(신격화)하는 특정 이념으로 발전한다고 보았다. 합리주의, 역사주의, 물질주의, 도덕주의, 심리주의 등의 모든 이념들은 특정 학문들이 창조세계

---

10. D. F. M. Strauss, Immanente kritiek, transendentale kritiek, en transendente kritiek, in D. F. M. Strauss, J. H. Smit & P. G. Schoeman, *Kompendium vir Studente in die Wysbegeerte en die Wysgerige Pedagogiek*, Deel 1 (Durban: Butterworth, 1978), 1-10.
11. J. L. Van der Walt, Die Navorsingsmetode van die Fundamentele Opvoedkunde, *Koers*, 47(I), 1982, 40-43.

의 특정 국면(관점)을 절대화한 결과라고 보았다.

따라서 선험적 비판은 절대화된 이념의 형태로 발전된 철학의 그 선험적 전제를 주목한다. 그 선험적 전제는 선험적 기초이념(grondidee), 철학적 기초이념, 법이념 등으로도 칭해지고, 그 중심적인 근본동인(grondmotiewe)은 종교적인 근본동인으로 규정된다. 도예베르트를 비롯한 기독교철학자들은 서양철학의 발전에서 4가지의 두드러진 종교적 근본동인이 발견된다고 본다. 그 근본동인을 역사적 순서에 따라 배열하면, 그리스-로마의 형상:질료 근본동인, 기독교의 창조-타락-구속 근본동인, 로마가톨릭의 자연:은혜 근본동인, 그리고 현대인본주의의 자연(학문의 이상):자유(인간성의 이상) 근본동인이다. 기독교의 근본동인을 제외한 모든 근본동인은 둘 사이의 내면적 긴장을 안고 서로 상대에게 위협적인 변증법적 경향성을 가져 마음의 통합점이 진자(振子)처럼 양 축의 극단으로 오간다고 보았다.[12]

따라서 선험적 비평은 해당(교육)철학의 선험적인 종교적 근본동인의 실체를 드러내는 작업이다. 선험적 비평 방법을 사용하는 연구자는 이 비평적 단계를 통하여 자신이 연구하는 특정 (교육)철학자가 그의 이론체계를 구성함에 있어서 어떠한 종교적 근본동인에 사로잡혀 있는지 드러낼 수 있게 된다.

(b) 초월적 비판의 단계

기독교(교육)철학 연구자는 자신이 연구하는 사상의 종교적 근본동인을 드러내는 작업과 동시에 자신이 가진 선험적 근본동인을 적극적으로 드러내면서 상호 비교한다. 그래서 선험적 비평의 단계는 자연스럽게 연구자 자신의 관점에 따라 비교하고 비평하는 초월적 비평의 단계로 넘어간다. 주로 이

---

12. D. F. M. Strauss, Immanente kritiek, transendentale kritiek, en transendente kritiek, 6-7.

단계에서 기독교(교육)철학자는 자신이 견지하고 있는 성경적 전제의 관점에서 그 이론이 어떤 문제를 가지고 있는지 비평한다. 그러나 이 단계는 연구자와 비판받는 이론 자체가 서로 다른 선험적 근본동인을 가진 것이어서, 스트라우스의 지적처럼 성경적 근본동인을 거부하는 해당 이론가를 설득하기란 쉽지 않으며,[13] 요한네스 판델발트의 지적처럼 비평적인 연구자 자신도 설득력 있는 방식으로 자신의 입장을 말해야 되기 때문에 상당히 어려운 단계이다.[14]

그럼에도 불구하고 초월적 비평은 종교적 근본동인의 문제점을 인식하지 못하여 빚어진 일반 (교육)철학의 오류를 극복하고 있는, 문제에 대한 기독교적 설명을 적극적으로 드러낸다는 점에서 중요한 단계이다. 비평의 대상이 된 비기독교인 학자들조차도 다소 방법상 거부감이 있고 또 생소할지 몰라도 그들의 이론이 지닌 불균형과 왜곡현상을 제대로 볼 수 있는 기회를 가질 수 있다는 유익이 있다. 이 단계가 비록 비기독교인 학자들을 설득하는 일에 있어서는 한계가 있을지 몰라도 정반대로 기독교적 근본동인을 공유하고 있는 기독교인 동료와 학자들에게는 대단히 설득력 있는 비평의 단계가 된다.

(c) 내재적 비판의 단계

내재적 비판이란 그 문자적 의미처럼 연구대상인 (교육)철학사상 내부에서 시도하는 비평으로서 그 사고가 내적으로 논리적 일관성이 있고 타당성이 있는지를 검토하는 비평방법이다. 내재적 비판은 해당 사상가가 사용한

---

13. D. F. M. Strauss, Immanente kritiek, transendentale kritiek, en transendente kritiek, 10.
14. J. L. Van der Walt, Die Navorsingsmetode van die Fundamentele Opvoedkunde, 42.

용어와 논증을 세심하게 검토하면서 용어사용이 적절한지, 논의한 자료들이 정확하게 인용되고 정당하게 해석되었는지, 논증에 논리적인 일관성이 있는지, 비논리적인 진술은 없는지 검토한다.[15]

특히 논증에 있어서 특정 명제를 증명하기 위해 그 명제와 같은 뜻의 명제를 논거로 제시하는 순환 논법을 가진 것은 아닌지, 상호 모순된 논리를 부분적으로 함께 사용하고 있는 것은 아닌지, 그리고 서로 모순되거나 대립되는 두 명제가 동등한 타당성을 가지고 주장되는 이율배반의 잘못을 범하고 있는 것은 아닌지 검토한다. 그리고 그 (교육)사상가의 통찰과 사상이 현재 통용되는 실제와 일치하는지를 세심하게 검토한다. 더욱이 기독교(교육)철학자들은 내재적 비평을 통하여 해당 이론에서 해당 사상가가 창조세계의 다양성, 통전성, 그리고 만물의 기원을 어떻게 설정하고 있는지, 그리고 그 내면적 동인은 무엇인지도 검토한다.[16]

(d) 탈이교적 비판의 단계

탈이교적 비판의 단계는 선험적 비평 연구방법의 마지막 단계이다. 여기서 '탈이교(脫異敎)'라는 표현은 특정 이론이 지닌 비기독교적인 혹은 이단적인 오류와 문제점들을 벗겨내고 그것을 기독교적인 혹은 진리에 입각한 이론으로 만들어내는 단계를 함의하는 표현이다. 개혁주의 학자들의 일반적인 표현대로라면 '개혁'에 해당되는 표현이다.

이전 단계들을 통하여 자신의 종교적 근본동인에 비추어 해당 이론의 종교적 근본동인을 검토하고, 자신의 성경적 관점에서 해당 이론을 대립시켜

---

15. J. L. Van der Walt, Die Navorsingsmetode van die Fundamentele Opvoedkunde, 42.
16. D. F. M. Strauss, Immanente kritiek, transendentale kritiek, en transendente kritiek, 1-4.

비판하고, 해당 이론이 지닌 오류, 내적 비일관성, 그리고 논리적 모순을 드러낸 이후, 이 마지막 단계에서 연구자는 해당 이론이 드러낸 오류와 왜곡을 기독교적 관점에서 수정하고, 불완전한 명제와 주장을 기독교적 관점에서 보완하고, 또 적절한 통찰들은 적극적으로 수용하면서 연구자 자신의 교육이론 형성과 확장을 도모한다.

기독교학문철학은 일반 (교육)철학이론의 모든 것들을 흑백논리에 따라 배척하지 않는다. 일반 이론들이 비록 성경에 나타난 하나님의 말씀을 알지 못하거나 의도적으로 인정하지 않는다고 하더라도 그 학문 활동이 창조와 섭리에 나타난 법(칙)들을 다루고 있기 때문에 부분적으로 진리의 요소를 드러내고 있다고 보기 때문이다. 그래서 요한네스 판델발트의 표현처럼, 인간이 형성하는 어떤 이론도 완전할 수 없다는 말이 사실인 것과 같이 어떤 이론도 전체가 오류만으로 이루어진 것은 없다고 할 수 있다.[17]

따라서 연구 대상이 된 일반 이론이 보여준 선험적인 종교적 성향의 이교적 특성을 벗겨내고, 그로 말미암아 빚어진 오류와 왜곡과 과장과 절대화와 환원의 결과를 수정하고 보완하면서, 특히 해당 이론이 해당 국면에서 기능하는 법칙을 더 세심하게 그리고 적절하게 드러내었다면 그 해당 부분을 수용하여 기독교교육연구와 활동에 활용할 수 있어야 한다고 보았다.

(3) 구조 경험적 연구방법

구조 경험적 연구방법은 '선험적 경험적 연구방법'이라고 칭해지기도 하며, 도예베르트(H. Dooyeweerd)의 법이념 철학 학파에 속한 교육철학자들이 교육실재의 기초구조를 설명하고 하나님이 부여하신 구조적 조건을 밝히

---

17. J. L. Van der Walt, Die Navorsingsmetode van die Fundamentele Opvoedkunde, 43.

려는 의도에서 주로 사용하는 연구방법이다.[18] 이 연구방법을 논문을 통하여 최초로 논의한 학자는 남아프리카공화국 오렌지자유주대학교의 교육철학자 피터 스쿠만(Pieter. G. Schoeman)이다.[19] 그리고 이 구조 경험적 연구방법은 펜터(C. H. Venter)와 요한네스 판델발트에 의해 더욱 발전적으로 정리되고 명료화되었다.

이 연구 방법은 연구자가 가진 종교와 인생관 혹은 세계관이 그의 지식활동과 연구 활동에 아주 주요한 기능을 발휘한다는 가정에서 출발한다. 도예베르트의 법이념 철학 내용을 철저하게 적용하여 교육현상은 경험 가능한 현상이면서 하나님의 창조세계의 다양한 양상의 법칙들과의 상호관계성 안에 존재하는 것이고, 창조세계의 다른 현상들과 마찬가지로 하나님이 교육현상에도 고유한 법칙적 구조를 두셨고, 그 구조에 적합한 의의를 부여하셨다고 본다. 따라서 교육학자는 교육현상의 법칙적 구조를 분석하여 교육의 의의를 발견하여 드러내고, 그 법칙을 활용하여 정당한 교육을 구현해 내는 과제를 가지고 있다고 본다.

구조 경험적 연구방법에서 '구조'란 하나님이 부여하신 교육의 청사진, 곧 교육현상의 근본적인 존재적 구조를 뜻한다.[20] 이 구조에 대한 분석은 창조주 하나님과, 교육현상과, 하나님이 부여하신 법칙의 구별과 상호관계에 유의하여 진행된다. 이 방법을 사용하는 학자들은 도예베르트의 존재(양상)이론에 따라 교육현상의 선험적 구조를 드러내려 한다. 그래서 교육의 고유한

---

18. P. G. Schoeman, *Wysgerige Pedagogiek* (Pretoria: Sacum Beperk, 1988), 54.
19. P. G. Schoeman, Elementêre Grondbegrippe van die Pedagogiek, *Fokus* 6(3), 1978 Aug., 793-817.
20. J. L. Van der Walt, *Fundamentele Opvoedkunde en die Ontisiteit van Opvoeding* (Pretoria: RGN Uitgewers, 1992), 108.

국면이 무엇인지 분별해 내고, 또 그 국면이 다양한 다른 국면들과의 상호관계 안에서 가지는 의의를 분석하고 논의한다. 그리고 이러한 연구는 교육의 규범을 드러내는 활동이 되며, 결국 그 규범에 따라 처방하는 단계로 나아간다.[21] 그래서 구조 경험적 연구방법을 적용하는 기독교교육학자들은 연구자의 출발점 선정과 규범적 처방이 연구방법에 필연적으로 포함되는 부분이라는 사실을 강조한다.

구조 경험적 연구방법은 일상경험과 학문적 분석의 지식을 전혀 별개의 것 혹은 전혀 다른 것으로 보지 않는다. 교사나 부모와 같은 교육자가 교육의 현장에서 직관적이고 총체적으로 인식하는 교육에 대한 그 일상경험의 선험적 구조에 대하여 질문을 던지고 탐구하는 역할을 수행하는 것이 교육학자들의 학문적 활동이기 때문이다. 그래서 구조 경험적 연구방법에서 '경험'이라는 표현은 '관찰 가능한 사건으로서 존재하는 실재'[22]와 창조세계의 다양한 법칙구조들이 분별되지 않은 채 총체적으로 함께 경험되는 일상의 경험 의미를 모두 함의한다. 그래서 경험은 감각적으로 체험하고 관찰 가능한 경험적 자료뿐만 아니라 연구자가 활용할 수 있는 자료들의 다양성을 모두 함의하는 표현이다.[23] 교육 연구자는 교육에 대한 일상경험에서 출발하고, 그 현상의 근본적인 구조를 분석하여 지식을 발견하고, 다시 그 이론적 지식을 일상경험과 비교한다.

---

21. J. L. Van der Walt, *Fundamentele Opvoedkunde en die Ontsiteit van Opvoeding*, 105-106.
22. C. J. Venter, *Die Bepaling van Opvoedingsgrendtrekke deur middel van die Struktuur-empiriese Metode*, M.Ed. thesis, Potchefstroomse Universiteit vir Christelike Hoër Onderwys, 1983, 47.
23. J. L. Van der Walt, *Fundamentele Opvoedkunde en die Ontsiteit van Opvoeding*, 108.

펜터(C. H. Venter)와 요한네스 판델발트는 구조 경험적 연구방법의 과정에 주목하여 더욱 세부적으로 단계로 나누고 그 절차를 명료화하였다. 펜터는 구조 경험적 연구방법의 단계를 첫째로 예비적 단계(규정적 이념, 인생관과 종교적 전제에 대한 질문), 두 번째로 교육의 존재론적 지위에 대한 논의의 단계(교육의 종합적 지위, 교육현상에 대한 논리 분석적 분석), 세 번째로 상호주관적 통제와 체계화의 단계로 나누었다.[24] 요한네스 판델발트는 이 연구방법의 과정을 더욱 세분화하여 먼저 구조적 단계와 경험적 단계를 구분하고, 그 각각의 세부적 단계를 과정적인 순서에 따라 확장하여 정리하였다. 요한네스 판델발트가 확장하여 설명한 구조 경험적 연구방법을 요약적으로 정리하면 다음과 같다.[25]

(a) 구조(선험적 방향)와 관련된 단계

① 아르키메데스의 점 선택: 교육현상의 경험지평의 중심적 참조점인 아르키메데스의 점, 곧 출발점을 먼저 점검한다. 이 출발점은 인간의 마음, 영혼, 혹은 자아(자기)에서 발견되고 성격상 종교적이다. 따라서 기독교 교육철학자에게 있어서 그것은 중생한 마음이며, 그 마음은 만물이 하나님으로부터 나오고, 그 분으로 말미암고, 그 분에게로 돌아간다는 하나님 중심적 전제를 가지고 출발하게 한다.

② 논리적 분석적 기능의 내면적 균형상태의 조건 점검: 논리적 분석적 기능과 능력이 제대로 작동하고 있는지 의식하면서 실제로 구체적 문제에 주

---

24. C. J. Venter, *Die Bepaling van Opvoedingsgrendtrekke deur middel van die Struktuur-empiriese Metode*, 49-54.
25. J. L. Van der Walt, *Fundamentele Opvoedkunde en die Ontisiteit van Opvoeding*, 110-115.

의를 집중하는 것을 의미한다.

③ 일상 경험의 동반적 균형상태의 조건 점검: 학문적 작업 이전의, 일상 경험에 대한 구체적이고 감각적인 총체적 인식과 관찰의 단계이다. 일상경험의 지식이란 현상의 외적인 면모, 곧 모든 국면들이 개별적으로 구별되지 않은 채 뒤섞인 총체적 원(原)자료를 뜻한다.

④ 대상적 관계의 확립: 학문적 사고의 태도로 연구 현상을 논리적 분석적 탐구의 대상으로 세우는 일이다. 대상적 관계의 확립은 학문적 사고의 태도를 비학문적 사고의 태도와 분리시키고, 연구할 교육현상을 논리적 분석적 기능의 대상으로 세운다는 의미이다.

⑤ 분리적 균형상태의 설명: 교육현상의 다양한 국면들을 이론적으로 분리하여 해명하는 단계이다. 이 경우 논리 분석적인 방식으로 교육현상의 동반적 균형상태를 분리적 균형상태로 만든다.

⑥ 이론적 추출작업으로서의 판단중지: 현상학자들이 말하는 에포케와 의미가 다르다. 여기서 판단중지란 세계 내의 현세적 조건에서 여러 양상들이 총체적으로 작동하는 교육현상으로부터 분석적 방법으로 특정 양상을 추출해 내는 환원적 작업을 의미한다.

⑦ 직관의 종합적 기능: 이 단계는 단계라기보다는 인식론의 한 국면이라고 보는 것이 좋다. 논리 분석적 기능과 비논리 분석적 기능의 종합적 연관성은 전(前)학문적 작업에서 뿐만 아니라 분석적 기능의 심층에 있는 이론적 직관에서도 여전히 존재한다. 직관을 통해 연구자의 자아는 분석적 기능과 비분석적 대상을 서로 연결한다.

⑧ 경험지평 내에서의 인식대상으로서의 교육: 경험지평은 4가지 차원에 의해 결정된다. 그 네 가지는 초월적 지평(종교적 뿌리로서의 마음의 방향), 선험적 지평(만물은 우주적 시간에 예속됨), 양상적 지평(만물은 양상적 혹

은 구조적 법칙에 예속됨), 가소(可塑)적 지평(개별적 구조의 국면)이다. 이 네 가지의 지평에서 교육현상을 분석한다. 현상학자들과는 달리 구조 경험적 연구자들은, 이러한 카테고리의 역할을 하는 이러한 지평들은 하나님이 창조에서 부여하신 것으로서 발견된 것이며, 교육의 선험적 혹은 존재적 구조를 결정하는 일에 활용될 수 있는 것이라고 보았다.

⑨ 교육현상의 기능적 분석: 구체적인 교육현상의 법칙적 구조를 결정하는 일을 위해 앞서 분석한 바, 교육현상이 무엇인지 규명하는 일과 더불어, 그것이 어떻게 작동되는지 그 기능들도 설명되어야 한다. 이 작업을 위해 관련된 현상의 기초적 기능이 무엇인지, 그리고 목적적 기능이 무엇인지, 그리고 해당 기능이 가진 다른 기능들과의 연관성이 어떠한 것인지 밝혀야 한다.

(b) 경험적 분석의 방법

경험적 작업방법과 선험적 작업방법이 연관된 경우가 있기는 하지만 이 방법에 해당되는 것들을 열거해보면 다음과 같다.

① 교육현상에 주의를 집중한다. ② 성경의 빛으로 작업한다. ③ 구별될 수 있는 것이라면 구별시킨다. ④ 연구대상을 대상화시킨다. ⑤ 동질의 경험을 얻는다. ⑥ 교육현상을 분석한다. ⑦ 발견된 자료를 분류한다. ⑧ 자료를 질서 있게 배열한다. ⑨ 발견한 자료를 논리적으로 검토한다. ⑩ 발견된 자료를 반성하고 숙고한다. ⑪ 법칙, 의의, 총체적 의의, 실재와 교육실재의 최종적 기원과 같은 선험적(기초적) 문제에 대한 개념을 기술하고 평가한다.

2) 기독교교육철학의 연구방법 적용

기독교학문철학에 따른 문제 역사적 연구방법, 선험적 비평의 연구방법, 그리고 구조 경험적 연구방법은 네덜란드계 기독교교육철학 분야의 연구에 활발하게 적용되어왔다. 먼저 문제 역사적 연구방법은 기독교고등교육을 위한 포첩스트룸대학교(Potchefstroomse Universiteit vir Christelike Hoër Onderwys)[26]의 기독교교육철학과를 중심으로, 그리고 동일한 학파에 속한 남아프리카공화국 여러 대학교의 기독교교육철학자들에 의해 수행된 일반 교육사상의 비평적 논의에 많이 적용되어왔다. 1970년대 이래로 포첩스트룸대학교의 교육철학자 판베이크(J. H. Van Wyk), 스쿠터(B. C. Schutte), 판델발트(J. L. Van der Walt), 포스트마(W. Postma)와 그들의 제자들에 의해 지금까지 이 방법은 기독교교육철학의 유용한 연구방법으로 적용되고 있다. 이 연구에 의한 대표적인 연구서는 그들의 공동저서인 『교육이론의 흐름』 1-2권이다.[27] 이 저술에서 판베이크와 판델발트, 그리고 포스트마는 현대의 교육사조 및 세계종교들의 교육사상을 문제 역사적 연구방법으로 논의하고 비판하면서 정리하고 문제점들을 논의하였다.[28] 1960년대 이후 문제 역사적 연구방법을 사용하여 현대 및 후기현대 교육사상을 연구한 학자들 중에는 김성수, 조성국, 이현민 등 포첩스트룸에서 박사학위를 완성한 한국학자들도 있다.[29]

선험적 비평의 연구방법은 네덜란드계 기독교철학자들과 기독교교육철학자들의 교육사상 연구에 광범위하게 적용되었다. 특히 이 방법론을 구체

---

[26]. 이 대학교의 이름은 2004년 이후 North-West University Potchefstroom Campus로 개명되었다.
[27]. J. H. Van Wyk, *Strominge in die Opvoedingsteorie* (Durban: Butterworth, 1979). J. L. Van der Walt & W. Postma, *Strominge in die Opvoedingsteorie 2* (Hillcrest: Owen Burgess-Uitgewers, 1987).
[28]. S. Fowler, *Christian Educational Distinctives* (Potchefstroom: PU for CHE, 1987).
[29]. 김성수는 1984년 현대학교비판이론연구로, 조성국은 1997년 인간주의교육연구로, 그리고 이현민은 2007년 포스트모던교육사상연구로 박사학위를 받았다.

적으로 교육연구에서 활발하게 적용한 학자들 중에 위에서 언급한 기독교 고등교육을 위한 포쳅스트룸대학교의 기독교교육철학자들인 꾸지어(J. C. Coetzee), 판베이크(J. H. Van Wyk), 스쿠터(B. C. Schutte), 판델발트(J. L. Van der Walt), 포스트마(W. Postma), 교육문제를 논의한 기독교철학자 파울러(S. Fowler)와 베니 판델발트(B. J. Van der Walt)등이 있다. 특히 남아프리카공화국의 네덜란드계 대학교인 오렌지자유주대학교의 스트라우스(D. F. M. Strauss), 스미트(J. H. Smit), 스쿠만(P. G. Schoeman), 비사히(P. J. Visagie)는 그들의 저서인 『철학과 교육철학을 연구하는 학생들을 위한 개론』1-3권에서 일반 철학자와 교육철학자 그리고 심리학자들의 사상을 선험적 비평의 방법으로 분석하고 비평하였다.[30] 선험적 비평의 연구방법은 네덜란드 자유대학교의 철학자들과 기독교교육운동가들이 교육문제를 연구할 때 광범위하게 사용한 방법이다. 오늘날 네덜란드 교육철학자들의 경우 기독교적 연구방법론을 사용하는 학자들이 별로 없지만 인홀란드대학교(Inholland Hogeschool)의 팔렌깜프(M. Valenkamp)는 이 방법의 연구를 지속하고 있다. 그리고 자유대학교의 도예베르트 기독교철학의 영향을 받고 동일한 학문적 전통을 지속시키고 있는 미국과 캐나다의 기독교철학자들과 신학자들과 교육학자들이 교육연구에서 선험적 비평의 연구방법을 적용하고 있다. 북미의 기독교교육학자 중에는 야르스마(C. Jaarsma), 더 흐라프(A. H. De Graaff), 판다이크(J. Van Dyk)와 판브루멜런(H. Van Brummelen) 등이 이 연구방법을 사용하였다. 앞서 언급한 한국인 학자들도 여기에 포함된

---

30. D. F. M. Strauss, J. H. Smit & P. G. Schoeman, *Kompendium vir Studente in die Wysbegeerte en die Wysgerige Pedagogiek*, Deel 1-2 (Durban: Butterworth, 1978); D. F. M. Strauss, J. H. Smit & P. J. Visagie, *Kompendium vir Studente in die Wysbegeerte en die Wysgerige Pedagogiek*, Deel 3 (Durban: Butterworth, 1980).

다. 최근의 국제적인 연구로서 위에서 언급한 남아프리카공화국의 요한네스 판델발트와 오스트레일리아의 파울러, 그리고 네덜란드의 드무잉크(B. De Muyck)를 비롯한 기독교교육학자들이 시도한, 구성주의에 대한 선험적 비평의 연구는 선험적 비평의 탈이교적 비평이 돋보이는 저서이다.[31]

구조 경험적 연구방법론은 선험적 경험적 연구로도 칭해지면서 선험적 비평의 연구방법론과 상당히 유사하지만 도예베르트 기독교철학학파의 양상이론을 더 철저하게 적용시키려는 특징을 보인다. 오렌지자유주대학교의 기독교교육철학자 스쿠만(P. G. Schoeman)이 교육연구에서 이 방법을 철저하고 일관성 있게 적용하였다. 그는 기독교교육이론을 양상의 법칙구조에 따라 세심하게 분석해가면서 논의한 여러 저술들을 출판하였고,[32] 남아프리카공화국의 기독교교육철학자들에게 상당한 영향을 미쳤다. 요한네스 판델발트는 이 방법이 2차 세계대전 이후 남아프리카공화국의 교육철학 연구에 영향을 미친 3가지의 대표적인 연구방법 중 하나라고 보았다. 그 세 가지는 영국의 학문적 영향에서 온 개념 분석적 연구방법, 네덜란드의 영향에서 독자적으로 발전시킨 현상학적 연구방법, 그리고 남아프리카공화국의 대표적인 기독교교육철학 연구방법으로서의 구조 경험적 연구방법이다.[33] 이 때

---

31. B. De Muynck & H(J). L. Van der Walt ed., *The Call to Know the World: a View on Constructivism and Education* (Amsterdam: Buijten & Schipperheijn Motief, 2006). 구성주의를 선험적 비평의 방법으로 비판한 후 탈이교적 비평을 통하여 기독교교육의 청지기직 교육으로 활용하여 발전시키고 있다.
32. P. G. Schoeman, *Grondslae en Implikasies van 'n Christelike Opvoedingsfilosofie* (Bloemfontein: Sacum,1975); P. G. Schoeman, *Historical and Fundamental Education* (Pretoria: De Jager-HAUM, 1985); P. G. Schoeman, *Wysgerige Pedagogiek* (Pretoria: Sacum Beperk, 1988) 등.
33. J. L. Van der Walt, *Fundamentele Opvoedkunde en die Ontsiteit van Opvoeding*

구조 경험적 연구방법은 선험적 비평의 연구방법을 포함하는 것으로 간주할 수 있다. 네덜란드의 경우 1960년대 이후 현상학적 연구방법이 대세를 이룸으로써 기독교교육철학 연구에서 기독교학문철학의 방법론이 활발하게 적용되지 못했다. 그러나 최근에 이루어진 요켐선(T. W. Jochemsen)이 이 방법으로 네덜란드의 민주주의 교육이론과 양상이론의 법적 구조이론을 상호 비교하면서 민주주의교육의 문제점을 논의하였다.[34] 앞서 논의한 한국인 학자들도 이 방법론을 사용하였다.

그러나 학문의 종교적 특성에 대한 전제적 논의에서 출발하는 기독교(교육)철학의 연구방법은, 비록 지난 몇 십 년 동안의, 종교적, 세계관적, 인생관적 전제와 학문 간의 필연적인 관계성을 입증하는 일반 학문(과학)철학적 논의를 통하여 그 주장의 타당성이 상당부분 확인되었음에도 불구하고, 일반 교육철학의 논의에서 제대로 수용적인 것은 아니었다. 지난 세기 내내 학문세계에서는 근대와 현대의 인본주의 세계관이 대세를 이루어 왔고, 지난 세기 후반기 이후로부터 포스트모더니즘의 다원주의적 접근이 확대되어 현재는 대세를 이루고 있기 때문에, 하나님의 말씀에 근거한 기독교세계관의 보편적 진리주장이 학문세계 안에서 제대로 수용되기 어려웠고, 오히려 종종 기독교의 근본주의적 주장으로 매도되어 배제되기 쉬웠기 때문이다.

이러한 흐름 때문에 기독교교육철학의 연구방법들은 기독교세계관이 강한 영향력을 오랫동안 유지하였던 남아프리카공화국에서는 주류의 교육철

(Pretoria: RGN Uitgewers, 1992). 이 책은 위의 3가지 연구방법론을 비교하여 논의하는 연구서이다.

34. T. W. Jochemsen, *Circle or Cross?: a Confrontation between the Democratic and the Reformational View on Education*, Christian Studies and Society, Facultly of Philosophy, Vrije Universiteit Amsterdam, 2005.

학연구에 포함되어왔으나, 지난 세기 후반기 이후 네덜란드에서는 일반철학연구에서 점차 소외되었다. 그래서 네덜란드에서는 기독교교육철학자로도 칭해진 랑어펠트(M. Langeveld)의 현상학적 연구방법론이 주류를 이루었고, 그 영향은 오벌홀쩌(C. K. Oberholzer), 란트만(W. A. Landman) 등과 같은 남아프리카공화국의 네덜란드계 기독교교육철학자들에 의해 창의적으로 수용되었다. 네덜란드계에서 발전한 기독교학문철학에 생소했던 북미의 경우는 네덜란드계의 기독교학교와 기독교대학교에서 활발하게 논의되고 적용되었다.

남아프리카공화국 네덜란드계 기독교교육철학자들은 이제까지 논의한 기독교교육철학의 연구방법론을 다른 연구방법론들과 비교하여 방법론적 타당성을 입증하기 위해 노력하였다. 펜터(C. J. Venter)는 구조 경험적 연구방법론을 실용주의 연구방법론, 실증주의 연구방법론, 언어분석적 연구방법론, 자연주의 연구방법론과 비교하면서 방법론적 타당성과 탁월성을 증명하였고,[35] 요한네스 판델발트는 구조 경험적 연구방법론을 영국의 개념 분석적 연구방법론, 현상학적 연구방법론과 비교하면서 학문적 타당성을 증명하였다.[36]

이러한 노력과 더불어 요한네스 판델발트는 위에서 논의한 기독교교육철학의 3가지 연구방법론만을 배타적으로 적용하는 것이 아니라 그 방법론과 더불어 일반 교육철학연구에서 발전되어 잘 알려져 있는 다른 연구방법론을 기독교교육철학연구에 적합한 방법으로 바꾸어 적용하기도 한다. 그래서 그는 문헌연구방법, 교육현상에 대한 존재론적 분석으로서의 현상분석의 방법,

---

[35] C. J. Venter, *Die Bepaling van Opvoedingsgrendtrekke deur middel van die Struktuur-empiriese Metode*.

[36] J. L. Van der Walt, *Fundamentele Opvoedkunde en die Ontisiteit van Opvoeding* (Pretoria: RGN Uitgcwers, 1992).

철학적(원리적) 반성의 방법, 문제에 대한 다른 관점들과 대화함으로써 주관성을 극복하려는 상호주관적 대화(통제)의 방법을 제안하였다.[37] 그래서 그의 영향을 받은 기독교교육철학자들은 그가 제안한 연구방법들을 함께 적용하고 있다.

이러한 노력에도 불구하고 교육철학의 학문적 방법론은 학문에 대한 특정 세계관에서 발전하는 것이어서 학파마다 독특한 특성을 가질 수밖에 없다. 그리고 각각의 방법은 교육현상의 특정 국면에 대한 탐구에 있어서 나름대로의 장점과 효율성을 가지고 있다. 그래서 기독교교육 연구자들은 교육현상을 설명하기에 타당하고 유용한 방법이라면 모든 것들을 활용할 수 있다. 물론 그러한 수용은 어떠한 방법도 그 자체만으로 어떠한 연구에도 적용 가능하고 유용한 절대적 방법론은 없다는 정반대의 명제도 고려해야 한다.[38] 따라서 소위 방법론주의를 걷어낸다면 수정작업을 통하여 한계성 있게 기독교교육연구에서도 활용할 수 있으므로 기독교교육철학 연구자들은 개혁적 관점에서의 열린 태도를 갖는 것이 필요하다. 그리고 기독교교육철학 연구자들은 시대정신과 그에 따른 다양한 방법론들의 특성을 고려하면서, 그리고 일반교육철학자들이 사용하는 다른 방법론들과 비교하여 기독교교육철학의 방법론을 비교하면서 끊임없이 기독교교육철학의 방법론의 타당성과 효율성을 입증해가야 할 과제를 안고 있다.

위에서 언급한 많은 노력에도 불구하고 기독교교육철학의 연구방법론과 그 방법의 적용으로 얻게 된 지식이 일반 교육학자들과 교육가들에게 소통

---

37. J. L. Van der Walt, Die Navorsingsmetode van die Fundamentele Opvoedkunde, *Koers*, 47(I), 1982, 28-44.
38. J. L. Van der Walt, *Opvoedkunde as Lewende Wetenskap* (Durban: Butterworth, 1980), 80.

되는 데는 한계가 있다. 인본주의적 세계관에서 형성된 방법론을 적용하여 얻은 지식은 기독교세계관에 근거한 기독교공동체의 교육논의에서는 종종 이질감을 주고, 곧 바로 적용할 수 없는 한계를 느끼게 한다. 기독교세계관에 근거한 교육공동체는 기독교세계관에 근거한 기독교교육철학의 연구결과에서 교육현상과 규범에 대한 답을 얻고, 그 결과를 자연스럽게 활용할 수 있으므로, 기독교교육철학의 연구방법 적용에서 얻는 연구결과는 기독교교육공동체에 크게 기여한다. 따라서 기독교교육공동체는 기독교교육철학에 따른 연구방법과 그 방법을 적용한 연구 활동, 그리고 그 결과를 기대한다.

3) 나가면서

기독교교육현상에 대한 학문적 연구는 학문적 연구방법론을 통하여 적절하게 시도될 수 있다. 전통적인 일반적 연구방법 외에도 새로운 학문철학은 새로운 학문탐구 방법론을 제시해왔다. 기독교교육현상에 대한 연구에서도 신학과 기독교교육학 분야에서 일반적으로 적용되어온 문헌연구방법, 역사철학적 연구방법에 더하여 오늘날 심리학적 연구방법, 사회학적 연구방법이 많이 활용되고 있다. 교회교육현상에 대한 연구와 더불어, 특히 오늘날 일반교육이론과 학교교육을 기독교적 관점에서 연구하기에 적합한 기독교교육철학연구방법이 절실하게 요청되는 우리의 현시점에서, 이러한 요구를 일찍 경험하면서 학문적 연구방법론을 개발하고 발전시켜 연구해온 네덜란드계 기독교교육철학 연구방법론은 관심을 끌기에 충분하다.

문제 역사적 연구방법, 선험적 비평의 연구방법, 그리고 구조 경험적 연구방법은 기독교세계관에 일치하는 학문철학에서 발전시킨 기독교교육철학 연구방법들이다. 이 연구방법이 기독교세계관에 근거해 있으므로 연구자들의 시도와는 달리 일반교육에서 충분히 공유되기는 어렵다는 한계를 가지고 있지만, 기독교학문 및 교육공동체의 기대와 학문성의 기준을 충족시키려는 설득력 있는 시도임에는 분명하다. 이 연구방법을 적용한 입시교육연구, 학교교육연구, 한국적 세계관과 정치이데올로기와 교육연구 등은 교육연구에 새로운 통찰을 줄 것이다.

모든 분야의 문제에 적실한 유일한 방법론은 없다. 여기서 정리한 기독교교육철학의 방법론도 문제를 해결해가는 과정에서 수정해갈 여지가 있을 것이다. 그러나 중요한 것은 기독교교육철학은 기독교적 관점을 잘 반영하는 교육철학이어야 한다. 기독교교육철학의 연구방법이 다른 교육철학의 연구방법론과 비교될 수 있을 때 기독교교육철학의 독특성은 더 명료하게 드러날 수 있을 것이다. 기독교교육철학이 다루는 교육현상이 다른 교육철학이 다루는 교육현상과 크게 다르지 않기 때문에 기독교교육철학과 비교하면서 이루어지는 다른 교육철학의 방법론도 기독교교육발전에 유용한 부분을 많이 제공할 수 있을 것이다. 이러한 의미에서 기독교교육철학의 학문적 발전을 위해서라면, 기독교교육철학의 방법론 연구뿐만 아니라 기독교교육철학의 방법론과 다른 교육철학의 방법론을 비교하는 연구들도 필요할 것으로 판단된다.

참고문헌

Dooyeweerd, H., *A New Critique of Theoretical Thought 1-2* (Ontario: Paideia Press, 1984).

Joh, S. G., *Human Integration as a Fundamental Anthropological Problem in Neo-humanistic Education*, Ph.D. Thesis, Potchefstroomse Universiteit vir Christelike Hoër Onderwys, 1997.

De Muynck, B & Van der Walt, J. L., *The Call to Know the World: a View on*

Constructivism and Education (Amsterdam: Buijten & Schipperheijn Motief, 2006).

Fowler, S., *Christian Educational Distinctives* (Potchefstroom: PU for CHE, 1987).

Jochemsen, T. W., *Circle or Cross?: a Confrontation between the Democratic and the Reformational View on Education*, Christian Studies and Society, Facultly of Philosophy, Vrije Universiteit Amsterdam, 2005.

Schoeman, P. G., *Grondslae en Implikasies van 'n Christelike Opvoedingsfilosofie*, (Bloemfontein: Sacum,1975).

Schoeman, P. G., Elementêre Grondbegrippe van die Pedagogiek, *Fokus*, 6(3), 1978, 793-817, Aug.

Schoeman, P. G., *Introduction to a Philosophy of Education* (Durban: Butterworths, 1980).

Schoeman, P. G., *Historical and Fundamental Education* (Pretoria: De Jager-HAUM, 1985).

Schoeman, P. G., *Wysgerige Pedagogiek* (Pretoria: Sacum Beperk, 1988).

Stoker, H. G., *Beginsels en Methodes in die Wetenschap* (Potchefstroom: Pro Rege-Pers Beperk, 1961).

Strauss, D. F. M., Immanente kritiek, transendentale kritiek, en transendente kritiek, in D.F.M. Strauss, J. H. Smit & P. G. Schoeman, *Kompendium vir Studente in die Wysbegeerte en die Wysgerige Pedagogiek*, Deel 1-2 (Durban: Butterworth, 1978), 1-10.

Strauss, D. F. M., J. H. Smit & P. G. Schoeman, *Kompendium vir Studente in die Wysbegeerte en die Wysgerige Pedagogiek*, Deel 1-2 (Durban: Butterworth, 1978).

Strauss, D. F. M., J. H. Smit & P. J. Visagie, *Kompendium vir Studente in die Wysbegeerte en die Wysgerige Pedagogiek*, Deel 3 (Durban: Butterworth, 1980).

Van der Walt, B. J., Historiography of Philosophy: the Consistant Problem-historical Method, Van der Walt, B.J., ed., *Heartbeat: Taking the Pulse of Our Christian Theological and Philosophical Heritage* (Potchefstroom: IRS, 1978), 5-29.

Van der Walt, J. L., *Opvoedkunde as Lewende Wetenskap* (Durban: Butterworth, 1980).

Van der Walt, J. L., Die Navorsingsmetode van die Fundamentele Opvoedkunde, *Koers*, 47(I), 1982, 28-44.

Van der Walt, J. L. & Postma, W., *Strominge in die Opvoedingsteorie* 2 (Hillcrest: Owen Burgess-Uitgewers, 1987).

Van der Walt, J. L., *Fundamentele Opvoedkunde en die Ontisiteit van Opvoeding* (Pretoria: RGN Uitgewers, 1992).

Van Wyk, J. H., *Strominge in die Opvoedingsteorie* (Durban: Butterworth, 1979).

Venter, C. J., *Die Bepaling van Opvoedingsgrendtrekke deur middel van die Struktuur-empiriese Metode*, M.Ed. thesis, Potchefstroomse Universiteit vir Christelike Hoër Onderwys, 1983.

Vollenhoven, D. H. Th., *Het Calvinisme en de Reformatie van de Wijsbegeerte* (Amsterdam: H. J. Paris, 1933).

10. 기독교교육학의 연구과제

개혁주의 교육의 원리가 하나님의 말씀에 의존하고 있다는 점에서 변함없는 영원한 기초 위에 세워져 있다고 말할 수 있지만, 개혁신앙 공동체의 기독교교육을 역사적으로 검토해보면 특정 역사적 맥락과 특정 도전들은 하나님의 말씀으로부터 특정 교육원리를 발견하여 구체화하고 발전시키는 계기가 되었으므로, 기독교교육이란 구체적인 역사적 맥락 및 도전과 무관하지 않았다는 것을 알 수 있다.

개혁신앙 공동체는 독립적이고 안정적이고 정지된 것처럼 불변하는 독립사회에 존재해 온 것이 아니었다. 세속 정신의 영향을 받아 종교공동체 내에서 세속화가 진행됨으로써 참된 신앙의 정체성이 왜곡되는 위기에 직면하기도 했다. 국가가 개혁신앙 공동체 형성과 유지를 지원하는 경우도 있었지만, 반대로 국가 권력의 강제적인 혹은 회유적인 세속화 압박으로 기독교교육 정체성 유지의 어려움에 직면하기도 했다. 더욱이 글로벌화가 진행되는 오늘날, 개혁신앙 공동체의 유대는 그 어느 시대보다 약화되고 있고, 세속화의 영향은 더욱 거세다.

그 동안 개혁신앙 공동체는 우호적인 역사적 맥락에서는 개혁주의 기독교교육의 제도화를 위한 적극적인 연구와 작업을 수행하였고, 위협적인 역사적 도전에 대응하여서는 개혁주의 기독교교육 유지와 실천을 위한 연구와 투쟁을 시도하였다. 따라서 역사적 맥락과 도전이 기독교교육 연구의 과제가 되어 기독교교육을 발전시킨 계기가 되었던 셈이다.

복음을 수용한 지 겨우 한 세기를 조금 더 넘겼을 뿐이고, 그것도 유교적 전통사회의 거부, 일제강점기 일본군국주의의 억압, 전체주의적 군사정권의 비협조와 통제, 거센 세속주의의 압박 등을 겪으면서 빠르게 글로벌화하고 있는 한국사회에서, 그동안 개혁교회 공동체는 한파 속에 뿌리 내려 크게 성장한 후 이제는 정체 상태에 머물러 있다고 할 때 인간의 생애단계에 비하면

청년후기에 해당한다고 볼 수도 있다. 그러나 개혁교회 공동체의 기독교교육 인식, 실천, 연구 등의 완성도를 고려한다면, 그 보다 한 단계 아래인 후기 청소년기 정도로 간주해야 할 것 같다. 외형적 규모는 성인기에 이르렀으나 아직 기독교교육 역량은 충분치 못한 상태이고, 이전과 비교할 수 없는 양방향 도전, 곧 안으로는 저출산 현상에 따른 위축과, 밖으로부터는 세속화의 위협에 직면하여, 비관적인 미래예측을 앞에 두고 한국 개혁교회는 깊이 고민하고 있다.

이처럼 우리나라 개혁신앙 공동체의 기독교교육역사는 짧고, 충분한 역량을 갖추지 못한 상태에서 새로운 위기에 직면해 있다면, 그것은 전체 교회사에서 개혁신앙 공동체의 역사, 그리고 개혁신앙 공동체가 교육의 영역에서 이루어낸 다양한 노력과 결실을 검토함으로써, 비록 동일하지는 않겠지만 유사한 문제들로부터 유익한 통찰을 얻을 수 있고, 우리의 연구 과제를 명료화하는 데 도움을 얻을 수 있을 것이기 때문에 역사적 검토는 유익할 뿐 아니라 필수적이다.

따라서 이 글에서는 한국 개혁교회 기독교교육 연구의 현재 및 미래의 과제를 명료화하기 위해 앞서 세계 개혁신앙 공동체가 시도했던 과거 과제들을 먼저 다루는 방식으로 진행된다. 이 글에서 개혁주의 기독교교육은 종교개혁자 칼빈의 신학에 뿌리를 둔 구미 개혁교회와 장로교회, 특히 이 양 신앙공동체 내에서도 진보적인 입장이 아니라 보수적이고 복음주의적인 입장을 주장하는 개혁신앙공동체의 기독교교육을 뜻한다. 특히 개혁교회의 전통에 더 집중된 논의를 하려한다.

1) 개혁신앙 공동체의 기독교교육 연구: 과거와 현재

(1) 종교개혁이후: 거짓 종교와의 대결

개혁교회의 역사에서 기독교교육의 관심은 종교개혁자 칼빈에게서부터 시작되었다. 칼빈에게 있어 종교개혁은 선교나 전도를 통한 교세성장의 부흥이 아니라 교육을 통한 기존 종교의 개혁이었다. 칼빈의 주된 관심은 교회에 있었지만 그의 활동은 당시 사회에서 총체적인 것이어서 교회의 교사, 사회의 교사, 학교의 교사처럼 활동했다는 점에서 오늘날의 경우처럼, 세분화된 분야에만 관심을 가진, 그것도 학문적 활동에 주로 종사하는 신학자 개념과 달랐다.

그는 우선적으로 교회의 목사였다. 그에게 있어서 목사는 가톨릭의 경우처럼 사제가 아니었고, 다른 일반 종교집단 지도자의 경우처럼 신과 인간의 매개, 중재자도 아니었다. 이미 주어진 하나님의 말씀과 그 말씀을 체계화한 건전한 교리를 가르치는 교사로서의 목사였다. 그의 설교는 마치 가르치는 활동처럼 하나님의 말씀의 의미를 설명하는 방식이었다. 당시 교회는 사회와 분리되지 않았으므로 교회 목사였던 칼빈의 활동은 시의회의 활동, 시의 제도와 관련된 문제, 시민들의 활동에 자연스럽게 연결되었다. 칼빈이 작성한 교리문서들은 곧 시의 공적 인정을 받았다. 칼빈은 시의 활동에 직접 참여하는 경우가 많았고, 특히 시민들에게 사회의 교사로서 큰 영향력을 행사하였다. 칼빈이 세운 제네바 학교는 교회영역에 한정된 학교가 아니라 곧 제네바시의 학교였다. 그래서 그 학교는 교회의 지도자들과 사회의 지도자들을 모두 양성하였다. 칼빈은 교사로 그 학교에서 교사로 가르쳤다.

칼빈의 저서들은 기독교교육을 위해 그가 어떤 문제들을 고민했는지 잘 보여준다. 그에게 있어 연구의 목적과 과제는, 밖으로는 가톨릭의 거짓 가르침에 대한 반박과, 개혁자들의 참종교에 대한 변호였고, 안으로는 참종교의 체계적인 가르침 연구에 있었다. 신학 논문들과 사적인 서신들 외에, 그의 대부분의 저서들은 참종교의 체계화와 체계적인 가르침에 초점 맞추어졌다. 그가 성경의 대부분을 설교함으로써 남겨진 주석들은 성경의 주석서를 집필하려는 오늘날의 신학자들의 관심과 달리, 신앙공동체를 향한 성경의 전체적인 가르침을 자신의 설교의 과제로 삼았다는 것을 확인할 수 있게 한다.

여러 차례 증보된 기독교강요와, 그것을 단순한 방식으로 여러 차례 변화를 두면서 정리한 제네바교회의 교리문답서들은, 칼빈이 참된 종교의 체계적인 가르침에 연구 과제를 두었다는 것을 보여준다. 수차례 증보된 기독교강요는 교의학 저서도 되지만, 독자인 일반 그리스도인들, 사회지도자들과, 또 그들을 가르치는 목사들을 위한 가르침의 맥락을 염두에 두고 이룬 결과였다. 어린이와 청소년을 대상으로 참종교를 가르치기 위해 그는 교리문답서들을 만들었다. 교리문답서의 형식변화도 교육에 대한 연구의 결과였다. 그는 단순한 요약형식에서 문답의 형식, 그리고 알파벳학습의 형식으로도 교리문답서를 만들었다.

기독교교육을 위한 칼빈의 연구관심은 당시대에 요청된 참된 교리의 가르침이라는 과제에 맞추어져 있었으므로 성경과 교리의 교육에 집중되었다. 교회에서 성경의 설교, 아동과 청소년을 위한 교리학습이 이루어졌으므로 교회는 그에게 양육 내지 교육을 위한 학교였다. 가정교육에 있어서도 부모에게 요구된 교육의 주된 내용도 교리학습이었다. 학교에서도 성경과 교리의 교육은 주요한 교과목이었다. 비록 칼빈이 현대 교육학에 비추어 볼 때 부분적이라고 할 수 있는 교과 교육에 집중적인 관심을 보인 것이 사실이지만, 그럼에도 불구하고 그가 작성한 교리교육서들은 당시대적 발전정도를 염두에 둘 때 효과적인 교수학습방법에 대한 상당한 통찰을 드러내고 있다.

칼빈의 영향으로 개혁교회를 국가교회로 발전시켰던 네덜란드는 17세기에 제네바의 종교개혁을 이상으로 삼고 제2의 종교개혁운동(Nadere Reformatie)을 시도하였다. 이 종교개혁운동은 종교적 경건, 사회의 도덕적 생활개혁, 교리교육 및 교리체계화에 집중된 관심을 보였다. 칼빈의, 교육을 통한 개혁의 방법을 수용하여 칼빈의 제네바 교리문답과 유사한 내용과 방식으로 작성된 하이델베르크교리교육서를 공적 신조로 수용하였고, 교회와 학교에서 교리교육을 실천하도록 했다. 전체적으로 볼 때 17세기 네덜란드의 종교개혁운동은 교육보다는 경건과 도덕적 성품의 변화, 그리고 교리체계에 대한 신학적 관심이 더 두드러졌다.

이 시기의 네덜란드 개혁교회 공동체 지도자들은 기독교교육에 있어 가정교육을 주된 과제로 삼았다. 그래서 교회 지도자들은 가정교육을 강조했고, 가정교육에서 부모의 교육적 책임을 각성했으며, 부모는 자녀들이 경건하고 도덕적인 성품을 형성하도록 엄격하게 지도해야 한다고 주장하였다. 이러한 강조점의 배경에는, 교회 지도자들이 가정의 종교적이고 도덕적인 개혁이 곧 사회의 도덕적 개혁으로 이어질 것이라고 보았기 때문이다.[1] 칼빈의 제네바에서의 교육과 비교할 때 17세기 이후 네덜란드에서는 부모의 교육적 책임과 도덕성 교육을 기독교교육의 주된 과제로 간주했다는 점에서 발전적이었다.

---

1. B. Kruithof, *Zonde en deugd in domineesland: nederlandse protestanten en problemen van opvoeding zevetiende tot twintigste eeuw*. Dotoral dissertation (de Universiteit van Amsterdam, 1990), 40.

(2) 기독교학교운동: 근대국가주의와의 대결

18세기와 19세기의 개혁신앙 공동체는 그 이전의 개혁신앙에서 많이 벗어났다. 많은 교회지도자들이 계몽주의의 영향을 수용하여 인본주의의 기초적 신념인 인간 본성에 대한 긍정적인 이해를 수용하였고, 인간의 합리성과 도덕성에 많은 기대를 두는 진보적 신학을 따랐다. 개인과 사회의 개선을 위해서라면 경건과 회개보다 합리성을 증진시켜줄 교육과 도덕성 함양을 강조하는 것이 더 설득력 있는 방법으로 수용되었다. 그래서 교육을 통한 사회계몽 운동이 시도되었다.

기독교적 전통과 문화가 주도하던 당시 사회에서 지도적인 역할을 했던 진보적 교회지도자들은, 근대국가주의가 확립되는 과정에 참여하여 세속적 근대국가의 법제화, 국민 통합을 도모하기 위한 애국주의 사회교육에 기여하였다. 근대국가주의 법제화는 국가의 탈종교화, 곧 세속화를 추구하였으므로, 그 과정에서 종교의 영역은 교회와 개인에 제한되었다. 또 근대국가의 절실한 필요였던 국민통합을 위한 애국주의 사회교육과 공립학교 법제화과정에서 성경과 교리의 종교교육은 공인받은 교육과정에서 점차 배제되는 결과를 초래하였다.

이러한 역사적 배경과 사회적 도전에서, 개혁신앙을 지향했던 교회지도자들은 계몽주의에 대항하여서는 경건을 회복하기 위한 부흥운동을 시도하였고, 근대국가주의에 대항하여서는 국가주의교육에 예속되지 않는 기독교학교운동을 시도하였다.

부흥운동 지도자들은 계몽주의 정신이 아니라 16-17세기의 종교개혁정신을 모범으로 삼았고, 종교개혁자들처럼 교회에서의 복음적 설교, 다양한 모임에서의 성경교육, 가정에서의 예배생활과 부모의 자녀교육 방법을 통해 사회개혁을 시도했다. 죄에 대한 회개는 인간본성과 사회개혁의 기초적 요구였다.

  부흥운동의 영향을 받은 기독교지도자 중 역사학자였던 흐룬 판 프린스터러는 당시 대세를 이룬 시대정신이었던 계몽주의의 종교성을 드러내는 데 탁월한 기여를 했다. 그는 사회지도자들의 연구모임에서 연속적인 강의를 통해 계몽주의는 참된 신앙을 거부하는, 불신앙과 반역적 혁명의 종교라고 분석하였고, 그것은 건국선조들의 개혁신앙전통과는 대척적이라고 주장하였다. 그는 계몽주의 세계관의 분석과 비평의 연구를 자신의 주요 연구과제로 여겼고, 자신의 연구결과를 개혁신앙 공동체의 지도자들과 적극적으로 나누는 사회교육을 시도했다. 이 연구의 결과가 그의 책 『불신앙과 혁명』이다. 그의 연구결과는 종교부흥운동의 사회운동을 정당화했고, 이후의 개혁주의 사회개혁운동가들에게 큰 영향을 미쳤다.

  아브라함 카이퍼는 흐룬 판 프린스터러의 후계자로서 근대 계몽주의 및 국가주의에 대한 흐룬의 연구 및 개혁신앙에 따른 사회교육운동 모두를 계승하고 더욱 발전시켰다. 카이퍼는 신학자로서 신학문제에 대한 많은 저술을 남겼지만, 그의 생애의 주된 연구와 활동의 과제는 세속적 세계관과 사회의 변혁에 있었다. 카이퍼는 개혁신앙에 기초한 포괄적 세계관을 구체적인 사회문제에서 설명하고 적용해내는 실제적 연구를 시도했고, 그 실천적인 연구는 그의 언론활동 및 정치활동으로 발표되었다. 카이퍼에게 있어서 칼빈주의는 교회에 국한된, 혹은 신학에 국한된 것이 아니라, 개혁교회 공동체의 세계관, 곧 삶의 체계였다. 그는 죄가 개인의 내면에 제한된 문제가 아니라 세상 전체에 관련된 문제이며, 예수 그리스도의 구원도 개인의 영혼에 제한된 것이 아니라 전우주적인 구원에 관련되어 있다고 확신하였다. 그리고 성경적 원리에 따른 영역주권의 원리는 사회제도에 있어서도 필수적인 기초라고 보았다. 그의 연구결과들은 개혁주의 세계관의 주요한 기초가 되었다.

근대국가주의에 따른 공립학교 제도화에 대항하여 개혁신앙 공동체의 지도자들은 국가주의에 예속되지 않는 기독교학교 설립의 정당성과 합법화를 위해 집중적으로 연구하고 적극적인 사회운동을 시도하였다. 국가가 법제화를 통해 통제하는 공립학교만을 합법화하고, 공립학교교육을 통해 국민통합을 시도하려는 의도에서, 분열적인 기능을 하는 성경과 교리교육 대신, 애국심과 도덕성에 초점을 맞춘 교육과정으로 통제하는 것을 반대하면서, 부흥운동의 지도자들은 성경과 교리교육을 적극적으로 실행할 수 있는 기독교학교설립운동을 주도했다. 개혁신앙을 가진 사회(교육)지도자들은 성경과 교리를 가르칠 수 있는 기독교학교 설립과 운영의 합법적 정당성에 대하여 연구하였고, 특히 판 프린스터러는 학교교육 법제화 과정에 적극적으로 참여하여 의견을 개진하였고 부흥운동 지도자들과 더불어 사회운동을 시도했다.

판 프린스터러와 부흥운동 지도자들은 기독교교육이 제대로 이루어지지 않는 기독교공동체는 유지될 수 없다고 확신했다. 계몽주의 정신에 따른 근대국가주의 교육은 결국 새로운 세대를 사회의 시대정신 변화의 경우처럼 새로운 세대를 불신앙과 반역으로 이끌 것이라고 판단했다. 그들은 학교교육을 독점하려는 근대국가의 주장의 근거가 되는 근본적 기초에 대하여 대응할 수 있는, 개혁신앙의 관점에서의 논리를 연구했다.

개혁신앙 공동체의 지도자들은 교육의 권리는 국가가 독점적으로 주장할 수 있는 것이 아니라 하나님이 부모에게 부여한 책무이며, 종교란 하나님과의 언약관계라고 할 때, 부모는 자녀에 대한 기독교교육을 실행함으로써 하나님과 신실한 언약관계를 지속시켜야 할 책임이 있다는 사실을 당연시 했고, 근대국가가 국민들의 국가라면, 그러한 생각을 가진 국민들의 요구를 배제하는 일에 강제력을 동원하면 안 된다는 논리를 개진하였다.

판 프린스터러를 비롯한 개혁신앙공동체의 집단적 노력으로 19세기 중반

이후 성경과 교리를 가르칠 수 있는 기독교사립학교 설립과 운영의 합법성은 인정받았다. 그러나 공립학교와 동일한 수준의 지원을 기대할 수는 없었다. 그러나 판 프린스터러에 이어 카이퍼는 개혁신앙 공동체의 학교지도자들과 함께 조직적인 사회운동을 지속하면서 정부와 국민들을 설득하는 작업을 시도했다. 그는 정치가가 되어 의회활동을 통해 마침내 가톨릭과의 협력으로 사립학교의 교육의 자유 및 국가의 동등한 재정적 지원을 보장하는 법적 제도화를 이루어내었다. 고등교육의 영역에 있어서도 개혁신앙으로 차별화된 고등교육과 학문연구를 시도하는 기독교대학 설립을 이루어내었다. 카이퍼가 중심하여 1880년 설립한 암스테르담 자유대학교는 개혁신앙 공동체의 기독교대학의 상징이었다. 카이퍼는 수상이 된 후 1905년 고등교육 개혁안을 제출하여 통과시킴으로써 자유대학교를, 교육의 자유와 더불어 대학교육과 학문수준을 인정받는 일에 있어 국립대학교와 동등한 지위에 올렸다.

전체주의적인 근대민족국가는, 국가통제를 벗어나고 국민의 획일적인 통합을 약화시킬 수도 있는 예외적 교육, 차별적 교육을 인정하지 않으려는 경향성을 갖고 있으므로 기독교학교의 제도적 확립은 많은 연구와 연합적인 노력, 결코 중단하지 않는 끈기 있는 노력이 필요했다. 그래서 기독교학교운동은 완전히 결실하는 데 80년(1840-1920)이라는 긴 세월이 걸렸다. 그럼에도 불구하고 개혁교회 공동체가 19세기 이래로 이러한 역사적 맥락과 도전에 대응하여 연구해 온 기독교학교의 합법적 제도화는, 세속국가 안에서의 기독교사립학교 존립의 기초를 확립한 것이었다. 그 결과 개혁교회 공동체는 남아공화국, 미국, 캐나다, 호주 등지에서도 언약의 자녀들의 교육을 위한 기독교학교를 설립하여 운영하는 것을 주요한 신앙적 과제로 삼았고, 기독교 학교들을 발전시켜 올 수 있게 되었다.

(3) 기독교교육학의 이론화와 체계화: 과학화와의 대결

19세기 말부터 20세기 전반, 대학에서는 학문의 체계화와 분화, 그리고 과학화의 요구가 거세게 일어났다. 자유대학교는 초기에 신학부로 시작되었다. 카이퍼는 그 대학에서 신학을 가르쳤고 활발한 신학저술 작업을 시도했다. 동시에 그는 신학부 외에 교양학부에서 국문학, 사회문화, 예술 등도 가르쳤다. 그는 대학에서의 일반 학문 탐구 가능성의 신학적 기초가 된 '일반은총'을 깊이 연구했고, 이 개념은 기독교종합대학교의 신학적 기초가 되었다.

카이퍼의 후계자들은 자유대학교에서 개혁신앙의 기초 위에서 학문을 분화하고, 학문의 기초이론 연구와 개별 학문을 이론적으로 체계화하는 일을 연구과제로 삼았고, 그 초기단계 과제를 성공적으로 이루어내었다. 먼저 신학에서 카이퍼의 후계자였던 헤르만 바빙크는 개혁신학을 이론적으로 체계화하는 과제를 수행했다. 그는 『개혁교의학』을 통하여 개혁신학의 정체성을 명료화했고, 또 개혁신앙의 가르침을 집대성하였다. 그는 기독교학문이론의 과제를 수행하기 위해 개혁신학으로부터 기독교학문철학의 기초를 논의한 『기독교학문』과, 『교육학원리』, 『심리학원리』도 저술했다.

철학분야에서는 카이퍼의 비서였던 헤르만 도예베르트의 개혁 학문철학 체계화 작업이 성공적으로 진행되었다. 도예베르트는 카이퍼의 영역주권의 원리를 학문철학 체계에도 적용하였다. 그의 저서 『이론적 사유의 신비판』은 개혁주의 세계관을 이론화한 학문철학의 집대성이었다. 신학 외에서도, 기독교학문의 가능성과 방법론에 대한 이론적 기초 작업이 이루어졌다. 자유대학교의 철학자 폴런호번은 철학사 연구를 통해 개혁신앙과 학문과의 관계유형, 철학이론들의 오류 유형들을 체계화하는데 기여했다. 남아공화국 개혁주의 대학교인 포첼스트룸대학교의 스토커는 저서 『근원과 방향』, 『학문의 원리와 방법』 등을 통해 창조세계와 학문에 대한 기독교철학적 이론을 탐구했다.

교육학 분야에서는 얀 바터링크가 개혁교육학을 체계화하는 과제를 수행하였다. 실천신학자로서 자유대학교 교육학과 첫 번째 교수가 되었던 그는 개혁신앙 공동체의 기독교교육전문가로서, 개혁교육학의 체계화 작업과 더불어 기독교교육연합체의 지도자, 기독교교육잡지들의 편집자이면서 대표적인 강연자로 활발하게 활동했고, 어머니교육에 대한 유명한 조언자였다.

바터링크의 학문적 관심은 교육학, 심리학, 교리교육학, 교육방법, 신학, 문화 등 폭넓은 것이었으나, 그는 아동에 대한 심리학적 이해에 근거한 교육방법과 교육개혁 연구에 특히 관심을 가졌다.[2] 그는 심리공학연구소와 교육연구소를 설립하여 아동심리와 특수아동심리, 학습에 대한 연구를 시도했고, 아동과 청소년 심리에 대한 저술들을 남겼다. 또 하나님의 자녀인 개혁신앙 공동체 자녀들의 교육의 원리를 『교육에 있어서의 하나님의 법』, 『교육의 이론』으로 체계화하였다.

남아공화국 포첩스트룸대학교의 꾸찌어도 교육학과 첫 교수로서 개혁교육학의 이론적 체계화 작업 과제를 수행하였다. 그는 『고등교육의 원리와 방법』에서 기독교교육학의 학문적 기초를 연구하였고, 개혁신앙의 관점에서 교육학이론을 탐색한 『일반이론교육학개론』, 교육역사를 탐색한 『역사적 교육학개론』, 교육심리를 탐색한 『일반실험교육학개론』, 교육 실제를 탐색한 『일반실천교육학개론』을 저술함으로써 개혁교육학 분야 전체를 체계화하였다.

얀 바터링크와 꾸찌어는 둘 다 개혁신앙의 일반적 기초 위에서 현대교육학의 구조에 따라 개혁교육학을 체계화하는 과제를 수행하였으나, 20세기 후반, 기독교철학자 헤르만 도예베르트의 학문철학 내용과 방법론을 교육학

---

2. J. C. Sturm ed. *Leven en werk van prof. dr. Jan Waterink: een Nederlandse pedagoog, psycholoog, en thcoloog(1890-1966)* (Kampen: J. H. Kok, 1991), 7.

에 철저하게 적용하여 특히 교육철학을 체계화하려는 시도가 남아공화국 오렌지자유주대학교의 스쿠만에 의해 시도되었다. 스쿠만은 『기독교교육철학의 기초와 함의』, 『철학적 교육학』 등의 저서에서 도예베르트의 이론을 교육학에 철저하게 적용하였다.

포쳅스트룸대학교의 요한네스 판델발트는 초기에 도예베르트의 기독교철학을 적용한 교육철학체계를 연구했으나, 『교육학도를 위한 철학적 교육학』과 『성경적 관점에서의 교육현상』에서는 도예베르트의 기독교철학 체계를 느슨하게 적용하면서 스토커와 더불어 다른 기독교철학자들의 통찰들을 함께 적용하였다. 그러나 요한네스 판델발트는 개혁교육학 전반을 위한 체계화 과제보다, 『살아있는 학문으로서의 교육학』과 『철학적 교육학과 교육의 존재성』에서 개혁교육학의 학문성, 학문이론체계, 교육철학연구방법론 등 연구의 기초과제를 수행하였다.

북미에서는 20세기 중반이후 더 흐라프(1968)가 『교회의 교육적 사역』에서 도예베르트와 바터링크의 통찰을 교회교육에 적용하는 연구를 수행하였고, 올트하위스는 도예베르트의 통찰을 적용하여 교육학과 심리학의 인간문제를 기초적인 차원에서 연구했다. 북미 기독교교육학자들은 개혁신앙의 통찰로부터 주로 교육심리학 분야의 재해석 및 재구조화를 위한 연구 과제를 수행하였다. 코르넬리우스 야르스마(1961)는 『인간발달, 학습과 교수』에서 종교와 영을 적극적으로 고려한 퍼스날리티의 발달과 교수학습이론을 체계화하였다. 판브루멜런은 『교실에서의 하나님과 동행: 학습과 교수에 대한 기독교적 접근』과 『교육과정디딤돌』에서 도예베르트의 기독교철학의 양상이론의 통찰을 활용하여 교육과정 및 교수학습이론을 체계화하였다. 또 판다이크는 『가르침은 예술이다』에서 기독교철학의 통찰을 활용하여 수업방법을 체계화하는 연구를 시도했다.

(4) 세속교육이념에 대한 비판: 이데올로기와의 대결

20세기는 학문의 과학화와 함께, 사실은 학문이란 중립적일 수 없다는 자증현상으로 다양한 이념(철학)들이 교육과 사회에서 주도권을 쟁취하기 위해 각축을 벌였고, 그 이념의 주도권은 얼마 있지 않아 다른 것에 자리를 내주었다. 이러한 이념들은 그에 맞는 교육이론을 형성하였고, 학교교육에의 적용을 요구하였다. 이러한 교육계의 맥락을 고려할 때 기독교교육학 연구는 개혁교육학의 독립과 체계화로 충분하지 않았다.

기독교교육의 독특성은 철학에서 두드러지는 것이므로 기독교교육철학의 주요한 과제는 세속 사회를 주도하는 시대정신인 다양한 이념들과 그에 따른 교육사조들의 구조를 분석하고 비평적으로 탐색하는 일을 시도해야만 했다. 기독교교육이 일반교육계 안에서 주도권을 행사하기 어려운 현실을 고려할 때 이 과제수행은 더욱 절박한 것이었다.

20세기 후반에 이와 관련한 연구과제를 적극적으로 수행한 사람은 포첩스트룸대학교의 기독교교육학자들이었다. 판베이크, 판델발트, 포스트마는 긴 시간에 걸쳐 두 권으로 된 『교육이론의 흐름: 세계 중심적 교육과 교육이론연구』을 출간했다. 판베이크가 이상주의, 자연주의, 실용주의, 사회주의, 공산주의, 실존주의, 현상학, 신좌파 이념과 교육이론을 분석하였고, 이어서 판델발트와 포스트마가 신우파, 신인본주의, 대안학교운동, 흑인교육, 공산주의, 이슬람, 힌두교, 불교의 교육이론을 분석하였다. 이 작업은 판델발트의 주도로 이루어졌다. 판베이크의 연구도 판델발트가 원고를 편집하여 출간한 것이었다.

그 책 외에도 판델발트는 박사학위 제자들을 통해, 학교비판이론(김성수), 뉴에이지운동(스테인), 아프리카정치운동(필윤), 신인간주의(조성국), 포스트모더니즘(이현민)의 교육이론을 각각 분석하고 비판하는 연구를 결실시켰다. 그는 최근까지 소규모의 개혁주의 기독교교육학자들의 국제학술대회를 통해 포스트모더니즘, 구성주의, 영성교육을 토론하고 그 결과를 각각 책으로 출간하였다. 판델발트는 세속교육이념의 주요 스펙트럼 전체를 개혁주의 관점에서 분석하고 비판함으로써 그 공헌과 문제점을 평가하는 작업을 수행하였다. 호주와 남아공화국에서 활동하였던 파울러는 피아제의 구조주의, 포스트모더니즘 분석에서 좋은 연구를 했다.

북미에서도 개혁신앙 공동체의 기독교교육학자들이 세속교육이론에 대한 비판적 작업을 시도했으나 판델발트의 경우처럼 전체적이지는 않았고 부분적으로 심화시켰다. 월터스톨프는 『책임 있는 행동을 위한 교육』, 『생명을 위한 교육』, 『평화를 위한 교육』 등에서 선진국 자본주의의 착취구조를 분석하고 비판하면서 기독교교육이 하나님의 세계의 회복을 위해 정의, 생명, 평화를 구현하는 것을 목표해야 한다고 강조하였다. 최근에는 북미 기독교철학자들에 의해 포스트모더니즘에 대한 분석과 비판이 활발하게 이루어지면서 블롬버그, 그린 등과 같은 기독교교육학자들에 의해 포스트모더니즘이 주도하는 학교의 교육과정과 수업에서 기독교적 교육을 실행하는 방법에 대한 연구들이 활발하게 이루어지고 있다.

2) 한국교회의 기독교교육 연구: 한국전통, 세속화 및 국가주의와의 대결

한국의 개혁교회는 장로교회를 뜻하지만 한국 초기의 장로교회는 개혁신학의 특성을 가졌으나 복음주의적 근본주의 특성이 더 강했다. 장로교 선교가 이루어진 조선말기 이후 일제강점기동안 개혁신앙 공동체는 선교활동을 통한 교회뿌리 내리기 이후 잠시 성장했으나 긴 세월 박해로 인하여 생존 자체가 더 절박했다. 수 백 년 동안 굳어진 유교적 세계관의 조선왕실과, 이후 군국주의 식민지정부의 전체주의적 통제로, 제한된 범위에서, 선교사 주도의 미션스쿨을 통한 전도활동, 예배와 성경교육, 그리고 교회 내 주일학교를 통한 전도와 양육이 교회가 교육을 통해 할 수 있는 최선의 활동들이었다. 그나마 일제 말기부터 한국 장로교회는 신학적 입장 차이와 일제 식민지 정권의 박해로 복음주의적인 근본주의 특성과 신앙교육활동이 크게 위축되거나 배제되었다.

한국에서의 개혁신앙 공동체는 해방이후 장로교의 분열 결과 더욱 분명해졌다. 고신과 합동교단은 회복된 복음주의적 근본주의 신앙 위에, 박윤선 등 개혁신학자들을 통한 개혁신학교육이 이루어짐으로써, 적어도 신학적 입장에서 볼 때 개혁신학을 정체성으로 주장하는 교회가 되었다.

한국개혁교회는 교단주도의 주일학교교육을 기독교교육의 유일한 과제로 알았다. 그것은 불신앙적 사회의 전통, 일제강점기의 부정적 경험에서 온 국가에 대한 불신, 미션스쿨의 상실 등이 함께 작용했다. 주일학교 교육에서는 성경전반을 이야기화 하여 신앙부흥과 도덕교육을 시도하는 설교 같은 교과서의 개발이 연구의 핵심이었다. 교사교육은 연구의 과제라기보다 교육의 과제로 여겨졌고, 주일학교는 사실상 교회성장을 위한 방법으로 간주되었다.

개혁신앙 공동체 내에서 기독교교육 연구 활동은 1960년대 이후에 시작되었다고 할 수 있다. 김득용은 1960년대에 기독교교육을 철학, 목적, 교육과정으로 나누어 각각 연구한 결과를 학술지에 발표하였다. 1970년대 이후 총신대와 고신대에 기독교교육과가 신설됨으로써 김용섭, 김성수, 강용원, 정정숙, 정일웅, 한춘기, 김희자 등 기독교교육학 교수들에 의한 본격적인 연구 활동이 시작되었다. 1990년대 이후에는 기독교교육학자들의 수(임창호, 조성국, 한상진, 황성철, 정희영 등)가 더 늘어났고, 대학원 기능이 활성화되었다. 장로교교단의 보수적 분파 신학교(안양대, 백석대 등)들이 대학(대학원대학)으로 확장되면서 개혁주의 입장에서 연구하는 기독교교육학자들의 수 (이은규, 장화선, 신현광, 주정관, 이숙경, 오춘희 등)가 더 늘어났다. 2000년대 이후는 교육과 연구기능이 모두 한국에서도 가능한 단계에 이르렀다고 볼 수 있다.

이들 학자들이 연구에서 드러낸 과제는 다음과 같은 것들이었다.

첫째, 개혁신앙 공동체 내의 많은 기독교교육학자들은 개혁신앙의 기초인 칼빈의 신학과, 그에 기초한 교육 연구를 주요한 과제로 삼았다. 많은 기독교교육학자들이 신학대학원에서 개혁신학을 공부한 사람들이라는 점도 이에 영향을 주었다. 이는 개혁주의 지향의 대학과 교회들로부터 이러한 주제에 대하여 연구하도록 요청받고 있기도 했고, 기독교교육연구가 초기 단계였으며, 이미 소개된 복음주의적 접근의 기독교교육 전문도서들이 개혁주의적 입장에서 볼 때 만족스럽지 않았기 때문이기도 했다. 그래서 대부분의 학자들이 칼빈의 교육사상과 교회교육활동에 대한 개괄적인 연구를 수행했다. 그 외에 칼빈의 인간관(김용섭, 한상진, 장화선 등), 교리교육(정일웅, 조성국), 교육목회(황성철) 등에 대한 주제의 연구도 시도되었다.

둘째, 개혁주의 기독교교육학 연구의 초기 단계 특성상, 외국의 연구유산을 소개하는 연구 과제를 수행할 수밖에 없었다. 초기에는 한국 장로교회가 미국에서부터 전래되었고, 또 우리나라와 미국과의 특별한 관계조건 및 영어를 통해 서양의 자료를 얻는 한계로 인하여 영어로 된 기독교 교육 전문도서들이 소개될 수밖에 없었다. 그 결과 기독교교육학자들은 일반적으로 구하기 쉬웠던 복음주의 기독교교육학자들의 교회교육 이론과 방법에 관한 서적들을 먼저 소개하였고, 그 후 영어로 된 개혁교회 전통의 교육이론서적들을 번역하여 소개하였다.

개혁주의 교육이론을 소개하기 위해 김성수는 바터링크의 기독교교육원론(1978)을, 정정숙은 야르스마의 헤르만 바빙크의 기독교교육철학(1983)을, 정희영은 펜네마의 아동교육론(1987)을 번역했다. 유럽 개혁교회 공동체의 기독교교육이론은 1980년대 이후 포쳅스트룸대학교에서 연구했던 김용섭, 김성수, 조성국을 통해 직접 소개되었다. 1990년대에 김성수와 김희자는 미국과 캐나다의 기독교학교교육을 소개하는데 기여했다. 2000년대에 조성국과 한상진 등은 네덜란드계 학문이론과 기독교교육이론에 대한 연구를 시도했다. 북미와 호주의 기독교학교에 대한 연구는 2000년대에 오춘희, 박상진, 강영택 등과, 고신대학교 박사학위 취득자들에 의해 비교적 활발하게 이루어져 왔다. 그리고 정일웅과 장화선은 개혁주의 기독교교육이론의 확장을 위해 코메니우스의 교육을 연구했다.

셋째, 기독교교육학의 체계화 내지 전체적 교과서 개발을 위한 연구를 시도한 학자들이 많았다. 새로운 학과가 신설되었으나 전공교육과정에 필요한 한글 교과서들은 거의 개발되어 있지 않았기 때문이다. 이러한 교과서들은 교회교사들을 위한 교육에도 필요했다. 초기에는 미국 복음주의 기독교교육학자들의 전공 관련 교과서들을 번역하였고, 이후에는 기독교교육학개론서로부터 시작하여, 강의안을 확장하는 방법으로, 비록 분량은 크지 않았지만 점차 교육과정, 교육심리, 교육방법, 유아교육 등 전공분과 교과서들을 출간하였다. 이 과제에서 특히 정정숙은 많은 책을 번역했고 또 집필하였다.

2000년대에는 기독교교육학자들이 심화된 연구의 결과 기독교교육학의 체계화를 시도하는 기독교교육학개론으로부터, 여러 전공 관련 교과서에 이어 교회교육실천 방법론에 이르기까지(김희자, 강용원, 한춘기 등) 상당한 분량의 교과서들을 출간하였다. 비록 긴 시간이 필요했지만, 이제는 한글로 된 전공교과서들을 활용하여 학생들을 가르칠 수 있는 단계가 되었다.

넷째, 교회교육에 집중된 연구 활동이 주로 이루어졌다. 이는 신학대학에 속한 기독교교육과의 생래적인 특성 때문이기도 하고, 교회의 주일학교 및 목회에서의 절박한 요청에 대한 응답이기도 하며, 미국의 신학대학에서 기독교교육학이란 많은 경우 교회신앙교육을 의미했기 때문이기도 하다. 교회교육에 대한 연구는 한국교회가 요청하는 일차적인 연구과제였다. 특히 김득용, 한춘기, 강용원, 황성철 등은 주일학교교육, 교육목회, 설교와 예배 등과의 관계에서 교육의 기능에 대해 많이 연구했고, 정일웅은 교리교육전통을 깊이 연구하였으며, 김희자와 이은규는 교회청소년교육 연구에 관심을 보였다. 그리고 교회교육을 위한 실제적 연구로, 주일학교교육과정개발과 교과서개발은 기독교교육학자들의 주요한 과제였다. 일반적으로 기독교교육학자들이 교회교육에 대한 과제를 집중적으로 수행하였으므로 이 과제수행은 비교적 만족스러운 수준이었다고 할 수 있다.

다섯째, 한국교육에 대한 개혁주의적 관점에서의 연구 과제는 비교적 늦게 각성되었다. 한국 교회역사가들에 의해 일찍이 미션스쿨에 대한 연구들이 이루어져 왔으나 기독교교육학자들에 의한 연구 과제로는 비교적 늦었다. 한국교회교육의 역사에 대한 연구는 한춘기와 강용원이 책과 논문을 통해 심도 있게 실행하였다. 한국전통교육과 미션스쿨에 대한 연구를 김용섭이, 한국미션스쿨의 종교수업에 강용원이, 한국교회 교리교육에서 정일웅이 집중된 관심을 보였다. 한국여성교육은 정정숙에 의해 이루어졌다. 정보화사회 및 한국기독교학교 문제에 대하여는 김희자가, 현대한국사회의 세계관과 교육문제는 조성국이, 포스트모더니즘과 교육에 대하여는 한상진이, 그리고 통일교육과 관련하여 임창호가 연구에서 집중된 관심을 보였다.

3) 한국교회 기독교교육연구의 미래 과제

한국 개혁신앙 공동체의 규모와 역량은 다른 나라 개혁신앙 공동체의 일반적 상황에 비할 때 이제는 약하다고 말할 수 없고, 또 신학자와 기독교교육학자들의 수가 적다고 말하기도 어려운 정도에 이르렀으며, 신학대학 학생들과 기독교교육에 관심을 가진 사람들도 상당히 많다.

그러나 한국개혁교회의 수준과 기독교교육 연구과제의 달성 정도에는 여전히 아쉬운 점이 많다. 더불어 오늘날 한국교회는 현재의 기독교교육연구 역량과 지금까지의 업적도 무력화시킬 수 있는, 이전보다 더 강한 세속주의 시대정신들, 의도적인 반기독교적 정치사회운동, 교회 내에까지 영향을 미치고 있는 저출산의 결과 등 기독교 공동체를 붕괴시킬지도 모르는 강력한 도전에 직면해 있다.

따라서 여기서는 개혁주의 기독교교육의 기초에 비추어, 개혁신앙 공동체의 연구전통에 비추어, 변화하는 시대의 도전에 비추어, 그리고 미래를 위해 한국 기독교교육은 다음과 같은 연구 과제들을 수행해야 할 것으로 판단된다.

첫째, 개혁주의 교육전통에 대한 역사적, 이론적 연구가 좀 더 심화될 필요가 있다. 한국 개혁주의 기독교교육은 16세기 칼빈에 대한 연구에서 바로 건너 뛰어넘어 20세기 개혁주의 교육이론으로 넘어왔다. 이것은 그 동안 우리의 연구가 미국 장로교회의 영향 안에서 주로 이루어 졌기 때문이다. 네덜란드 개혁신앙 공동체가 17세기이후 20세기까지 교리교육, 기독교학교의 자유를 위한 투쟁, 그리고 교육의 이론적 체계화를 통해 남긴 유산들은 우리에게 교육에 대한 역사적 연구 과제로 남아 있다.

둘째, 개혁신앙 공동체는 역사적 순서에 있어 강조점이 교회, 가정, 학교로 이어지면서 이 모든 기관을 기독교교육의 장으로 활용해 왔다. 교회는 신앙의 확신에, 가정은 기독교적 성품과 삶의 스타일 형성에, 학교는 기독교 세계관에 근거한 사회와 세계에 대한 지식 및 능력구비에 초점을 맞추었다. 지금까지 우리의 경우는 독특한 역사적 맥락에서 교회에 집중된 연구가 시도되었다. 이는 선교가 진행되는 시대에 자연스러운 결과이다. 그러나 기독교가 정착되고 난 이후부터는 가정과 학교에서의 교육 연구가 필연적이다.

셋째, 기독교교육의 신학적 이론, 교육의 일반방법에 대한 연구들은 많이 이루어졌으나 기독교신앙 자체를 위한 교육, 곧 과목교육학적 연구는 충분하지 못했다. 기독교신앙의 교육적 이해, 기독교신앙의 교수학습 맥락의 내용구성 등에 대한 연구가 필요하다. 지금까지 교회에서 이루어지는 기독교교육의 효율성에 대한 의문이 종종 제기되어 왔다. 이런 맥락에서 교리교육에 대한 실제적인 연구가 더 요청된다.

넷째, 교회교육에 있어 교사교육에 대한 연구가 절실하게 요청된다. 한국교회는 그 동안 교육관과 선교관 등의 인프라를 마련했고, 교사의 수도 충분하며, 교육에 대한 재정 지원도 늘려가고 있다. 그럼에도 불구하고 크게 개선되지 않는 것은 교사의 신앙교육 전문역량이다. 최근에는 교사의 자원도 줄고 있고, 잦은 교체로 교사의 전문성도 부족하며, 교사의 헌신도도 퇴보하고 있다. 교사교육은 여전히 초보적인 수준과 전위적 방법 소개의 반복적 특강에 머물고 있다. 교사가 교회의 공적 가르침에 대한 심화된 지식, 기독교신앙 교수-학습에 있어서 전문성을 구비해야 교육의 효율성을 높일 수 있다.

다섯째, 가정교육에 대한 연구가 필요하다. 오늘날 기독교가정교육은 신학적, 역사적 접근을 고려하지 않은, 현대적 상담의 접근으로, 부모와 자녀의 관계 개선에 집중되어 있다. 가정교육은 결혼, 출산, 양육, 교육, 부모교육을 포괄하는 것이어야 하며, 기독교적 성품과 기독교적 삶의 스타일 형성과 관련된 것이어야 한다. 한국 기독교인들의 가정에 대한 인식, 가정교육에 대한 가치는 개혁신앙 모델이 아닌 경우가 많다. 가정과 가정교육에 대한 심화된 신학적, 기독교교육학적 연구들이 더 필요하다.

여섯째, 교육의 전문기관이 학교라고 할 때, 학교를 제외한 교육만을 논의하는 것은 언제나 불완전하다. 지금까지 우리나라 개혁신앙 공동체는 전체주의적 국가통제의 영향으로 기독교인들의 자녀들을 위한 기독교학교를 설립하여 운영하지 못했다. 사립학교교육의 자유에 대한 법적 정당성과 정부지원에 대한 연구, 미션스쿨들의 기독교교육에 대한 연구, 기독교대안학교들에 대한 연구가 더 심도 있게, 그리고 문제를 구체화하여 연구해야 한다.

일곱째, 기독교교육 연구를 교회의 기독교신앙교육, 기독교적 인간 형성에 한정하지 않고, 교육학에 대한 기독교적 접근의 연구가 깊이 진행되어야 할 필요가 있다. 지금까지 신학적 전통에서 기독교교육에 접근하기보다 교육학적 학문훈련 배경에서 접근하는 학자들이 이러한 노력을 많이 기울여 왔으나, 그들은 소수였고, 그들의 연구는 예비 교회사역자인 학생에게 별로 관심을 끌지 못했다. 그러나 이러한 연구는 학교교육에 참여하는 그리스도인들과 기독교학교 사역자들을 위한 필수적 과제이며, 기독교학교의 발전에 필수적이다.

여덟째, 기독교교육의 연구에 관심을 가진 사람들이 증가하면서 기독교교육학의 고전들에 대한 번역이 주요 과제로 대두되고 있다. 이미 많은 기독교교육학자들이 여러 국가에서 여러 언어로 문헌을 연구하고 번역하였다. 기독교교육학자들이 영어 외의 다른 언어의 주요 문헌들을 더 번역하여 출간한다면, 기독교교육에 대한 전공교육은 더욱 풍요해 질 것이다. 대학원 기독교교육연구자들조차 외국어 실력이 만족스럽지 못한 현재의 여건을 고려할 때 이 과제수행은 연구의 효율성을 위해 절실하다.

아홉째, 기독교교육현장의 문제를 철저하게 진단하고 개선할 수 있도록, 경험적인 연구방법을 활용한 연구가 많아져야 한다. 기독교교육연구가 대부분 역사철학적 방법으로 이루어짐으로써 과거가 아닌, 현재의 구체적 문제를 분석하고, 현실성 있는 대안들을 마련하는 데 효율적이지 못했다. 작금의 일반교육학 분야에서는 많은 연구들이 경험적 연구방법을 사용한다는 것과 비교된다. 양적 연구와 질적 연구방법을 개발하고, 효과적인 모델을 구성하고 평가하는 연구들이 필요하다.

열 번째, 한국교회에는 다양한 목회의 교육모델들이 쉽게 실험되어 왔다. 초신자교육, 제자훈련, 직분자교육 등은 교육활동이면서도 목회자들에 의해 주로 교회성장을 위한 목적과 방법으로 시행됨으로써, 교육이 도구화되거나 또 무분별하게 백화점 전시물처럼 프로그램들을 수용하고 대체함으로써 목회의 탈신학성, 비일관성, 비효율성이 초래되고 있다. 목회의 다양한 교육적 프로그램들에 대한 기독교교육학적 분석의 연구는 개혁교회의 건강과 성숙 도모에 필요한 과제이다.

열한 번째, 기독교교육의 본질적 과제는 개혁신앙 공동체의 지속적인 생존과 발전에 있다. 교육은 개인과 집단의 미래를 위한 작업이기 때문이다. 아무리 높은 학문적 탁월성에 도달한다고 하더라도 개혁신앙 공동체가 없는 개혁주의 기독교교육학은 별로 의미가 없다. 20세기 후반 이후 유럽의 개혁교회가 교육 및 연구의 상당한 수준에도 불구하고 개혁교회 의 심각한 위축과 세대단절 위기에 직면해 있다는 현실은 한국 개혁교회에게 반면교사가 된다. 이러한 서구의 위기가 우리의 위기가 되지 않도록 신앙 공동체의 유지와 발전을 위한 연구는 기독교교육 연구의 주요한 미래 과제라고 할 수 있다.

4) 나가면서

개혁신앙 공동체는 개혁신앙과 세계관에 따른 교육을 연구하고, 실천하고, 반성하면서 끊임없이 개혁해 왔다. 반성되지 않은 전통에 집착한 화석 같은 세계관, 급격하게 변화해 온 인본주의 세계관, 전체주의적 국가주의, 근대의 자연주의와 실용주의, 혼합적이고 다원적인 세계관은 언제나 개혁신앙과 세계관에 도전하였고 기독교교육의 유지와 발전을 위협해왔다. 개혁신앙 공동체의 기독교교육가들은 일찍이 이러한 도전에서 종교적 반립을 직감하면서 세속주의적 도전세력들과 신앙적, 그리고 세계관적인 영적 투쟁을 벌여오며 기독교교육연구를 수행하였다. 역설적이지만 이러한 도전이 기독교교육의 연구를 자극하여 개혁교육학의 체계화와 이론화에 기여하였다.

한국 개혁신앙 공동체는 서구의 경우와 달리, 여전히 선교적 맥락이어서 항상 약자로서 사회적 압박에 응전할 수밖에 없었으므로 비교적 안전했던 교회교육 밖에서는 큰 성과를 거두지 못했다. 그러나 기독교가 비중 있는 종교가 된 현재 시점, 선교활동이 위축되는 현재 시점에서, 신앙 공동체 자체를 위한 학교와 가정의 교육은 더 중요한 과제가 되고 있다. 교육의 사회적 맥락이 강조되면 될수록 기독교교육학은 더욱 체계화, 이론화를 이루어내어야 한다. 왜냐하면 현대의 사회적 맥락에서는 학문적 방법으로 설득할 수 있어야 하기 때문이다.

그 동안 기독교교육학자들은 열악한 조건에서도 상당한 기여를 해 왔다. 그 연구의 유산 위에서 기독교교육학 연구자들과 개혁신앙 공동체는 미래의 발전된 기독교교육학을 위해 역사적 기초적 연구를 통한 심화된 이론연구의 과제, 그리고 가정과 학교교육 연구의 과제, 그리고 다원화 사회의 도전에 비추어 기본적인 확신에 이르는 효과적인 기독교신앙교육의 과제를 수행해야 한다고 본다.

참고문헌

오인탁. 『한국기독교교육학 문헌목록: 1945-2005』 (서울: 기독한교, 2008).
조성국. 현장 지향적 기독교교육 연구를 위한 기초이론 분야의 과제. 「기독교교육논총」 14. (2007), 19-46.

조성국. 네덜란드계 기독교교육철학에서 일반교육이론을 연구하는 방법.「복음과 교육」 4, (2008), 320-255.

Bavinck, H. *Christelijke wetenschap* (Kampen: J. H. Kok, 1904).

Bavinck, H. *Paedagogische beginselen* (Kampen: J. H. Kok, 1917).

Bavinck, H. *Beginselen der psychologie* (Kampen: J. H. Kok, 1923).

Blomberg, D. (2007). *Wisdom and curriculum: Christian schooling after postmodernity* (Sioux Center, IA: Dordt College Press, 2007).

Coetzee, J. Chr. *Inleiding tot algemene empiriese opvoedkunde* (Stellenbosch: Pro Ecclesia, 1942).

Coetzee, J. Chr. *Inleiding tot algemene teoritiese opvoedkunde* (Stellenbosch: Pro Ecclesia, 1944).

Coetzee, J. Chr. *Inleiding tot algemene praktiese opvoedkunde* (Stellenbosch: Pro Ecclesia, 1946).

Coetzee, J. Chr. *Inleiding tot die historiese opvoedkunde.* Johannesburg: Voorwaarts, 1958).

Coetzee, J. Chr. & Van Rooy, D. J. eds. *Beginsels en metodes van die hoër onderwys* (Pretoria: J. L. Van Schaik, 1949).

De Graaff, A. *The educational ministry of the church: a perspective* (Nutley: The Craig Press, 1968).

Green, A. E. *Reclaiming the future of Christian education: a transforming vision.* 『기독교세계관으로 가르치기』. 현은자 외 역 (서울: CUP, 2009).

Jaarsma, C. *Human development, learning and teaching* (Grand Rapids: Eerdmans, 1961).

Kruithof, B. *Zonde en deugd in domineesland: nederlandse protestanten en problemen van opvoeding zevetiende tot twintigste eeuw.* Dotoral dissertation, (de Universiteit van Amsterdam, 1990).

Kuyper, A. *Het calvinisme* (Amsterdam: Hoveker & Wormser, 1898).

Schoeman, P. G. *Grondslae en implicasies van 'n Christelike opvoedings filosofie* (Bloemfontein: Sacum Beperk, 1975).

Schoeman, P. G. *Wysgerige pedagogiek* (Pretoria: Sacum Beperk, 1988).

Sturm, J. C. (1988). *Een goede gereformeerde opvoeding: over neo-calvinistische moraalpedagogiek (1880-1950), met speciale aandacht voor de nieuw-gereformeerde jeugdorganisaties.* (Kampen: Kok, 1988).

Sturm, J. C. ed. *Leven en werk van prof. dr. Jan Waterink: een Nederlandse pedagoog, psycholoog, en theoloog(1890-1966)* (Kampen: J. H. Kok, 1991).

Van der Walt, J. H. & Postma, W. *Strominge in die opvoedingsteorie 2* (Kaapstad: Owen Burgess-Uitgewers, 1989).

Van der Walt, J. L. *Opvoedkunde as lewende wetenskap: inleiding tot die wetenskapsleer van die opvoedkunde* (Durban-Pretoria: Butterworth, 1980).

Van der Walt, J. L. *Fundamentele Opvoedkunde en die Ontisiteit van Opvoeding* (Pretoria: RGN Uitgewers, 1992).

Van Prinsterer, G. *Ongeloof en revolutie: een reeks van historische voorlezingen*, (bewerked en aangevuld door P. A. Diepenhorst) (Kampen: J. H. Kok, 1922).

Van Wyk, J. H. *Strominge in die opvoedingsteorie* (Durban: Butterworth, 1979).

Waterink, J. *Theorie der opvoeding* (Kampen: J. H. Kok, 1958).

Waterink, J. *De wet van God in de opvoeding* (Kampen: J. H. Kok, 1963).

Wolterstorff, N. *Educating for responsible action* (Grand Rapids: CSI Publications, 1980).

Wolterstorff, N. *Educating for life: reflections on Christian teaching and learning* (Grand Rapids: Baker Academic, 2002).

Wolterstorff, N. *Educating for Shalom: essays on Christian higher education* (Grand Rapids: Wm. B. Eerdmans, 2004).

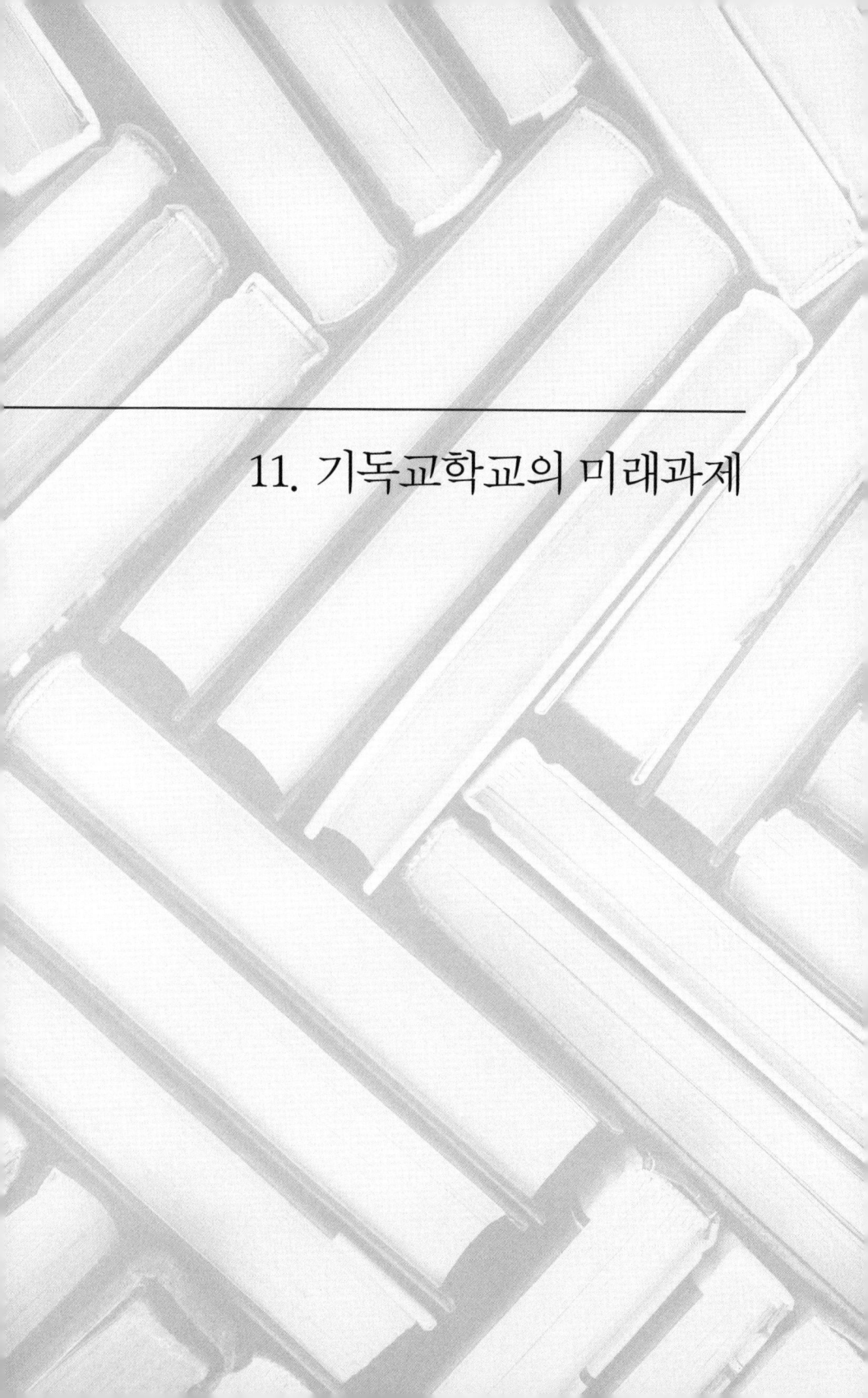

11. 기독교학교의 미래과제

역사적으로 볼 때 기독교교육은 가정과 교회와 학교 모두를 기독교교육의 장으로 간주해왔다. 그럼에도 불구하고 위의 세 교육기관에 대한 관심의 초점은 근대 이후 관점에 따라 달랐다. 기독교교육학이 기독교신앙교육 중심으로 재구성될 때에는 교회에 더 관심을 가졌고, 인간교육과 사회교육 중심으로 구성될 때에는 가정과 학교에 더 관심을 가졌다. 기독교교육학의 관심사에서도 종교교육학이 인간교육과 학교에 더 관심을 가졌다면, 복음주의와 신정통주의 기독교교육학은 기독교신앙과 교회에 더 관심을 가졌다. 일반적으로 기독교교육학이 신학의 분과학문으로 간주될 때에는 기독교신앙과 교회교육에 더 관심을 가지고, 기독교교육학이 기독교공동체의 교육학으로 간주될 때에는 가정교육과 학교교육에 더 관심을 가진다.

우리나라 기독교교육은 교회의 주일학교교육과 더불어, 사회에서는 효율적인 선교와, 한국사회의 기독교인 지도자 양성을 위한 미션스쿨로 출발했다. 그러나 일제강점기 식민정부와 해방이후의 세속국가가 오랫동안 학교교육에 대한 배타적인 중앙통제력을 행사함으로써 미션스쿨에 대한 교회의 기여는 지속적으로 제한적이어서 교육과정에는 거의 배제당하고, 단지 선교활동을 위한 일부 시간확보라는 제한된 기회에 만족해야 했다.

이러한 배경에서 기독교교육학에서도 기독교신앙에 초점을 둔 복음주의자들은 교회 주일학교교육과 학원선교활동에 초점을 두었고, 현대 학문, 인간과 사회에 관심을 가졌던 신학적 진보주의자들과 기독교인 교육학자들은, 해방이후 학교교육에 관심을 두고 한국사회의 근대화, 민족주의 및 민주주의에 초점을 맞추었다. 결과적으로 복음주의자들에게 기독교학교교육은 한동안 각성되지 못하였고, 진보주의자들은 학교교육에 관심을 가졌으나 기독교학교의 독특성보다 인간교육을 제대로 실천하는가에 주된 관심을 보였다. 이러한 이유로 해방이후 거의 20세기 말까지, 기독교학교교육에 대한 우리나라 기독교교육학자들의 관심은 원론적 수준에 머물렀다. 비록 기독교교육학자들이 미션스쿨들의 연합체인 기독교학교연맹 활동과 기독교학교구성원 교육에 참여하기는 했으나 연구에서 집중적인 관심을 보이지는 않았다.

그러나 한국교회가 우리사회에서 실제로 상당한 영향력을 행사할 수 있게 된 20세기말부터, 진보주의자들은 비인간적인 공교육현실을 비판하면서 대안학교를 실험하고 연구하기 시작했고, 복음주의자들은 비인간적인 공교육 현실과 더불어 특히 정부에 의한 학교에서의 기독교신앙교육기회 박탈을 비판하면서 기독교대안학교와 홈스쿨링을 실험하고 연구하기 시작했다. 특히 복음주의자들 중 칼빈 전통의 개혁주의자들은 기독교학교의 기초로 '기독교세계관'을 언급하기 시작했고, 자신들의 학교를 공교육기관인 기독교사립(종립)학교(미션스쿨)와 구별하여 '기독교학교'로 지칭하였다. 그리고 교사 및 기독교사립학교 지도자들 중에도 기독교세계관에 기초한 기독교학교 모델에 특별한 관심을 가지고 실험하고 연구하는 전문가들이 크게 증가했다.

지난 20여 년 동안 기독교교육자들에 의해, 혹은 교회들에 의해 다양한 종류의 기독교대안학교들이 설립됨으로써 가히 기독교학교운동이라고 표현할 수 있을 정도의 특별한 교육현상을 보였다. 기독교교육학자들 중에도 기독교학교에 집중적인 관심을 갖고 기독교학교운동을 지도하며, 기독교학교 교육자들을 양성하고, 기독교학교교육의 교육과정과 교육방법 등 전문적 필요에 부응하면서 연구에 참여해 온 사람들도 있다.

이 장에서 필자는 다양한 기독교(사립 혹은 대안)학교들 중에서, '기독교세계관에 기초한 기독교학교' 운동에 초점을 맞추어 그 운동을 평가하고, 그 기독교학교들을 위한 미래의 과제를 제안해보려 한다.

1) 기독교세계관 교육운동

'세계관'이라는 용어는 일찍이 근대 낭만주의 문학과 철학에서 처음 사용되었다. 이 용어는 처음에는 물리적 세계에 대한 객관적 직관을 뜻했으나, 점차 세계와 삶에 대한 주관적이고 포괄적인 직관을 뜻하는 개념이 되었고, 19세기에는 성향, 인생관, 철학, 종합적 신념, 관점, 사고방식 등의 의미로 사용되었으며, 20세기에는 의미와 가치가 부여된 사회이념에도 적용되었다. 세계관에 깊은 관심을 가졌던 딜타이에게서 세계관은 철학과 거의 동의어였다.[1]

한편 '기독교세계관'이라는 특별한 표현은 19세기초반 네덜란드의 역사학자 흐룬 판 프린스터러(Groen van Prinsterer)가 근대인본주의 시대정신의 종교성을 분석하고, 네덜란드 사회에서 근대인본주의 시대정신에 대항하여 칼빈의 개혁신학에 기초한 근대의 기독교세계관(사회 및 문화)운동을 주창하면서 사용하기 시작하였다. 그 이후 아브라함 카이퍼(Abraham Kuyer), 헤르만 바빙크(Herman Bavinck), 헤르만 도예베르트(Herman Dooyeweerd) 등으로 이어지면서 19세기 후반부터 20세기에 신칼빈주의자로 칭해진 신학자와 철학자와 교육학자들에 의해 교육과 학문, 사회와 문화에서의 기독교적 개혁운동으로 확장되었다.

신칼빈주의 신학은 근대정신과 자유주의신학에 대응한 유럽의 근대 개신교 정통신학이면서도, 자유주의신학에 대한 유럽 신정통주의의 대응과는 또 다른 접근의 유럽 칼빈주의자들의 대응이었다. 신정통주의가 신학의 영역에서, 특히 신학의 학문철학에 있어 근대정신과 자유주의신학의 전제인 자연주의에 반격했다면, 신칼빈주의는 학문과 문화 철학에 있어 근대정신과 자

---

1. 전광식, 『학문의 숲길을 걷는 기쁨: 세계관, 철학, 학문에 관한 여덟 가지 글모음』 (서울: CUP, 1998), 12-15.

유주의신학의 전제인 인본적, 세계 중심적 세계관의 종교성에 반격했다.

신칼빈주의는 기독교세계관의 기초에서 근대국가주의를 비판하고 기독교사회운동을 시도하였고, 학문에서의 종교적 반역성을 비판하면서 기독교교육과 기독교학문운동을 주도하였다. 신칼빈주의자들은 네덜란드 암스테르담 자유대학교, 남아공화국의 포첍스트룸대학교, 미국의 칼빈대학교와 돌트대학교, 캐나다의 기독교학문연구소를 통해 기독교세계관 교육과 사회 운동을 촉진시키려 했다.

신칼빈주의자들은, '스스로 부여한 가치와 결합된, 인생과 세계에 관한 사고방식'(Wolterstorff), '이 세계의 근본구성에 대하여 우리가 견지하고 있는 일련의 전제들'(Sire), '인식의 틀' 혹은 '보는 방식'(Walsh & Middleton), '사물들에 대한 한 인간의 기본적 신념들의 포괄적인 틀'(Wolters), '인간행동의 기초가 되며, 구체적인 행동을 형성하고, 동기부여하며, 방향과 의미를 부여하는, 실재에 관한 통전적이고 해석적인 일련의 고백적 관점들'(Van der Walt) 등으로 정의된 '세계관'이, 정작 근대정신과 학문과 문화에서도 고백적 기초이어서 성격상 결코 객관적일 수 없고 오히려 종교적이지만 근대주의자들에게 제대로 반성되지 않았다는 점을 지적하였다.[2] 그리고 이미 인본적이며 세계 중심적인 세계관의 편견에서 출발한 근대정신이 기독교세계관의 불완전성을 비판하는 것은 정당하지 않고, 오히려 기독교세계관은 실재를 더 적절하게 해명하는 기독교공동체의 세계관으로서 근대정신에 대립하는 세계관이라는 점을 강조하였다.

기독교세계관 운동은 네덜란드뿐만 아니라 20세기 초에는 남아프리카공

---

2. 조성국. "기독교 세계관 교육". 침례교신학연구소편. 『기독교교육과 한국문화: 문화를 알면 교육이 보인다』(대전: 침례신학대학교 출판부, 2003b), 123.

화국, 미국, 캐나다 등에 산재한 네덜란드계 개혁교회 공동체에서 공유되었고, 20세기후반에는 개혁신학을 공유한 장로교회를 비롯하여 개혁신학에 관심을 가진 복음주의자들에게 공유되었다. 우리나라에 기독교세계관 운동은 일찍이 네덜란드 개혁신학을 접한 장로교 고신과 합동 교단의 신학자들, 예컨대 박윤선, 이근삼, 정성구 등에 의해 소개되었다. 이들은 칼빈주의, 기독교문화관, 신칼빈주의 등의 이름으로 기독교세계관운동을 고신대학과 총신대학의 신학교육에서 소개했다. 신학대학 밖에서는 네덜란드에서 철학을 공부했던 손봉호가 1970년대 이래로 기독교세계관 운동의 교육자이면서 촉매자가 되어왔고, 이후에는 강영안, 신국원, 김성수, 전광식 등이 기여했으며, 1980년대 이후 과학 분야에서는 양승훈의 기여가 컸다.

    1980년대에 기독교세계관교육은 운동의 단계로 올랐다. 1981년 결성된 기독교학문연구회(기독교학문연구소)가 1988년 '기독교세계관세미나'를 개최하였고, 1981년 한국과학원에서 설립된 기독교학술교육동역회(기독교대학설립동역회)가 1991년 '기독교세계관 학교'를 개강했으며, 기독교대학교로는 고신대학교가 1991년 '기독교세계관연구'라는 과목을 개설하였다. 대학생선교단체인 IVP는 1980년대 중반이래로 기독교세계관 관련 도서들을 번역 출간함으로써 대학생선교단체들의 기독교세계관 강좌를 위한 교과서들을 제공했다. 1987년에는 시민운동단체인 기독교윤리실천운동이 설립되어 기독교 세계관에 기초한 사회적 실천을 도모하였다.

    1980년대 중반 이후로 기독교세계관교육은 대학교 선교동아리들의 인기있는 교육내용이었다. 그리고 기독교세계관 공부는 인문, 사회, 자연과학을 공부하는 대학생들과 기독교인 학자들에게 관심을 끌었다. 기독교세계관에 근거한 제 학문의 연구를 위해 기독교학문연구회는 1996년부터 학술지 '신앙과 학문'을, 기독교대학설립동역회는 1988년부터 '통합연구'를 발간하였으며, 이 두 기관은 2009년 기독교세계관학술동역회로 통합되어 학술지 '신앙과 학문'을, 그리고 2011년부터 월간으로 Worldview지를 발간하고 있다.

1990년대에는 기존의 신학대학들 중 많은 학교들이 종합대학교로 규모를 확장하였고, 또 몇몇 대학교들이 기독교대학교를 표방하면서 신설되었다. 이러한 학교에서 기독교세계관교육은 기독교신앙의 내용인 성경과 교리교육 외에, 기독교적 학문과 사회 이해의 기초가 된다고 보았으므로 주요한 기초 필수의 교양과목으로 자리 잡았다. 1993년 개교한 백석대학교와 1995년 개교한 한동대학교는 기독교대학교의 기초로서 기독교세계관을 강조했다. 기독교대학설립동역회는 1998년 VIEW와 기독교세계관의 석사과정을 개설하였고, 1999년에는 캐나다 뱅쿠버에 기독교세계관연구소(VIEW)를 설치하여 석사과정을 운영하였다.

고등교육에서 기독교세계관에 따른 교육과 연구 지원교육으로는 2001년 이래로 미국의 기독교개혁교회 교단운영 기독교대학교인 칼빈대학교의 교수개발프로그램인 Kuyper Seminar를 우리나라에 도입하여 칼빈대학교 교수들이 고신대학교와 한동대학교와 백석대학교와 함께 공동으로 진행하는 국제기독교대학학술대회(ICHES)가 주목할 만하다.

그럼에도 불구하고 2000년대 이후 기독교세계관 교육운동은 기독교대학교나 기독교학자들, 그리고 기독교학교를 제외하고는 한국교회와 대학생 선교동아리들의 교육에서 동력이 약화되었다. 그 원인에 대하여, 기독교세계관 문헌들이 어려우며, 기독교세계관교육이 지성적인 엘리트 교육이었고, 연구모임이 폐쇄적이었다는 비판과 함께, 기독교세계관의 독창성 자체에 대한 의문이 제기되기도 했다.[3] 한국사회의 변화에 따라 대학의 기독동아리들이

---

3. 포럼 토론대담. "기독교 세계관 아직도 유효한가?". 「복음과 상황」, 2003, 7-8월호.

현저하게 약화되었고, 기독교인 청년들이 지성적인 교육보다 정적인 영성 표현인 찬양과 대중문화활동에 더 관심을 가지면서 대중적인 기독교세계관 교육은 약화되었다.

현대 한국기독교 교육기관에서 기독교세계관 교육이 운동으로 확산되었던 이유를 반성해보면, 1980년대의 격동적인 한국사회 민주화운동 과정에서 교회로부터 사회문제에 대한 복음주의 기독교적 답변을 얻을 수 없었던 기독지성인들의 답답함과, 과학 분야에서는 일방적인 진화론적 패러다임 강요에 따른 기독교인 과학도들의 신앙과의 갈등의 배경에서 기독교세계관이 답변을 제공해줄 수 있다고 간주되었기 때문이고, 신학대학교들의 종합대학화와 기독교대학교들의 신설, 복음주의 대학선교단체들의 제자훈련 프로그램의 필요에 부응하여 크게 확산되었다고 할 수 있다.[4]

2) 기독교학교운동

기독교세계관 운동은 필연적으로 기독교학교운동으로 발전한다. 기독교세계관의 형성은 교육을 통해 이루어지기 때문이다. 기독교신앙이 교회교육으로 확립된다면, 사회와 세계에 대한 인식체계인 기독교세계관은 사회와 세계와 직업을 가르치는 학교교육을 통해 형성되고 확립되기 때문이다. 근대국가는 근대민주정신과 민족국가이념을 적극적으로 형성하여 확립시키려고 국민교육을 실행하였다.

네덜란드의 사례에서 볼 때 기독교세계관 운동은 먼저, 근대국가가 근대이념에 기초한 교육법 제정으로 종교교육을 근대이념교육으로 대체한, 소위 중립적인 교육내용만을 공인하려하자 바로 그 초등학교 교육제도 안에

---

4. 조성국. "기독교 세계관 교육", 119-120.

서 기독교인 자녀들을 향한 기독교세계관 형성교육을 인정하는 기독교학교 교육의 권리를 쟁취하려는 사회적, 법적 투쟁으로 표현되었다. 기독교세계관 운동가들은 기독교학교의 설립의 자유, 기독교학교교육의 교육과정에 대한 인정, 기독교학교를 위한 국가의 동등한 재정지원을 위해 80년을 투쟁하여 1920년 마침내 교육의 자유를 얻었다.

공립학교제도 확립과정에서 이전부터 실행해 온 종교교육이 배제되거나 부수적인 것이 되는 것을 우려했던 기독교공동체는, 사립학교설립을 통해 기독교교육을 실행하려 했고, 그 사립학교교육도 법적 인정을 받아야 한다고 주장했던 것이다. 기독교세계관을 형성할 수 있는 기독교사립학교의 설립과 운영은 개혁교회 공동체의 필수적 과제로 간주되었다. 기독교공동체의 유지와 발전은 해당 공동체 구성원을 위한 적극적인 기독교세계관교육의 조건에서 가능한 일이며, 이것은 일차적으로는 부모를 향한 종교적 언약의 책무로 간주되었다.

우리나라에서 기독교세계관에 기초한 기독교학교운동은 교사선교회에서 먼저 촉발되었다. 1974년 강보형 목사의 지도아래 기독교인 교사들이 기독학생동문회를 결성하였고 1988년 그 모임을 '교사선교회(TEM)'로 개명하였다. 강보형 목사는 아브라함 카이퍼의 영역주권사상에 기초한 기독교학교운동의 비전을 표방하였고, 기독교인 교사 선교와 교육, 교육대학 및 사범대학 학생들의 학원선교를 지도했다. 교사선교회는 전국적인 운동을 위해 지부들을 개척하여 전국적인 교사단체로 확장되었고, 사명선언문에 기독교세계관은 주요한 부분으로 공언되었으며, 이풍우, 홍세기, 박현수가 주요한 지도자들이었다.[5] 홍세기와 박현수는 고신대학교 대학원 박사과정에서 기독교학교

---

5. www.tem21.kr

를 연구하였다. 교사선교회는 2012년 충남 금산에 기독교학교인 별무리학교를 설립하였고, 박현수가 교장으로 일하게 되었다. 홍세기는 한동글로벌학교 교장, 이후에 마닐라 한국아카데미 교장직을 수행하면서 기독교학교를 확립하는데 기여하였다.

교사선교단체 '하나님의 교사들(GT)'은 1989년 경남 진주에서 '후세대선교회'라는 명칭으로 결성되었으며, 경상남도지역 기독교인 교사, 교육대학 및 사범대학 학생들에게 교사직을 통한 헌신과 제자화, 그리고 기독교세계관에 근거한 학교교육을 교육하는 교사선교단체로 발전했다. 1993년 홍세기가 1대 대표간사로, 이후 정임준, 정영찬이 대표로 일하였다. 정영찬은 목사가 된 후 경남 지수에 교사교육을 위한 공동체교회인 후세대교회를 설립하였고, 교사들의 공동체 마을을 만들었다.[6] 정영찬은 고신대학교 대학원에서 기독교학교연구로 박사학위를 취득했다.

기독교세계관운동의 일환으로 결성된 기독교윤리실천운동은 1992년 그 분과로 '기윤실교사모임'을 결성했다. 기독교세계관운동의 대부인 손봉호의 지도로 권장희, 송인수, 정병오, 김현섭 등이 헌신적으로 일했다. 기윤실교사모임의 송인수와 정병오는 1995년 교사모임 연합체인 '좋은 교사'를 결성하는데 기여했다. '좋은 교사'는 현재 교사선교회, 교직자선교회, 기독교사동역회, 기독교사회, 기윤실교사모임, 루디아어린이선교회 교사모임, 성서교육회, 성서유니온 선교회교사모임, 좋은 교사를 꿈꾸는 사람들, 청소년 제자선교회, 한국교사학생선교회, CCC-TIM 교사모임, 하나님의 교사들로 구성된 13개 기독교사단체의 연합기구이다.[7] 각 기독교사단체들이 교사의 제자화

---

6. www.Godteachers.net
7. www.goodteacher.org

및 학교의 복음화를 위해 결성된 경우가 많은 반면, '좋은 교사'는 기독교적 가치의 참교육을 위해 정부에 정책을 제안하고, 구체적인 참교육실천운동을 시도한다는 점에서 공교육에 있어서의 기독교세계관운동이라고 할 수 있다.

현재 우리나라에 있는 기독교대안학교들의 수는 추정할 수 있을 뿐이지만, 김태영의 2012년 도표에 따르면 약 92개에 이르며,[8] 1990년대 이래로 현재까지 지속적으로 설립되고 있고, 특히 2004-2006년까지는 42개나 신설되었다. 정영찬의 분류에 따르면 이 학교들은 인가받은 학교보다 비인가 형태가 훨씬 많고, 지역에 있어서 경기도와 충청도에 많이 소재하며, 설립주체에 있어서는 개인과 교회, 그리고 특정 단체가 고르게 분포되어 있다.[9]

기독교대안학교들 중 1958년에 설립된 풀무농업고등기술학교를 비롯하여 기독교정신에 기초한 학교들이 많이 있고, 그 학교들이 기초하고 교육을 통해 적극적으로 형성하려는 세계관이 여러 형태의 기독교세계관이기도 하지만, 여기서는 기독교세계관 운동과 연결되어 설립 운영되는 기독교학교의 몇 몇 사례만 간략하게 열거해보려 한다. 기독교세계관에 기초한 기독교학교의 모범사례로 GT 교사선교회 대표이기도 한 정영찬이 정리한 바 있는 두레학교, 샘물학교, 한동글로벌학교, 독수리기독학교, 지구촌고등학교에[10] 별무리 학교를 더하여 간단히 살펴보자.

김진홍 목사와 정기원이 오랜 준비과정을 거친 후 2005년 개교한 두레학교는 오스트레일리아와 캐나다 기독교학교들의 탐방과 학습, 기독교학교교

---

8. 김태영. 『현대 한국 기독교학교 정체성의 역사적 고찰』. 미출판박사학위논문 (고신대학교 대학원, 2012), 155.
9. 정영찬. 『한국의 기독교 대안학교 교육에 대한 개혁주의적 고찰』. 미출판박사학위논문. (고신대학교 대학원, 2007), 99-104.
10. 정영찬. 『한국의 기독교 대안학교 교육에 대한 개혁주의적 고찰』.

육연구소와의 협력관계에서 기독교세계관에 기초한 학교교육 모델에 관심을 가져왔다. 기독교세계관의 '기독성' 외에 탁월성, 연속성, 집중성, 통합성, 실제성, 자율성, 다양성, 전문성, 친밀성 등 포괄적인 특성을 교육철학으로 제시하고 있다.[11]

샘물학교는 손봉호의 기독교세계관 운동의 영향을 받았던 박은조와 교인들이 준비과정을 거쳐 2006년 개교한, 장로교신앙고백에 기초한 교회 기독교학교로서, 기독교세계관 학습, 국제기독교학교연맹(CSI)과 회원학교들의 기독교학교 모델연구, 개혁주의 기독교교육학자들의 저술들에 대한 연구, 네덜란드 개혁기독학교의 기초에서(임경근, 2009), 그리고 기독교학교교육연구소와의 협력관계에서 기독교세계관에 기초한 기독교학교의 비전을 구현하려 노력하고 있다. 현재는 새로운 담임목사인 최문식 이사장과 오랫동안 기독교학교에 헌신한 유영업 교장이 교육행정가로 일한다.[12]

독수리기독학교는 2002년 단혜향이 준비과정을 밟은 이후 설립하였고, 미국기독교학교 교과서(알파와 오메가)를 채택하고, 국제기독교학교연합회(CSI) 회원학교로 승인받아, 개혁주의신학과 기독교세계관에 기초한 기독교 대안학교로 확립되었다.[13] 1990년대 초부터 기독교세계관 교육운동에 참여해왔고 고신대학교 총장 전광식이 이사장으로 일해 왔다. 독수리기독학교는 자체 교육연구소를 운영하고 있는데, 아세아연합신학대학교의 교육대학원에서 많은 기독교인 교사들에게 기독교세계관에 근거한 기독교학교교육을 지도하였던 오춘희가 소장으로 활동하고 있다.

---

11. www.dooraeschool.org
12. www.smschool.or.kr
13. eagleschool.com

한동글로벌학교는 2001년 한동대학교 내 교직원들의 자녀들과 선교사들의 자녀들을 위한 기독교대안학교로 개교하였다. 한동대학교의 이념과 더불어, MK학교 전문가인 백인숙, 그리고 교사선교회 지도자였던 홍세기가 초기의 교장으로 일하면서 선교사자녀학교의 특성, 기독교세계관에 기초한 기독교학교교육, 그리고 국제학교로서의 필요에 맞추어 운영해 왔다. 교육과정은 미국 기독교학교와 국제기독교학교연맹(ACSI)의 체제를 준용하고, 교육방법은 자기주도, 기독교세계관, 창의성, 협동학습의 방법을 따른다. 2011년 대안학교의 인가를 받았다.[14]

지구촌고등학교는 신기영이 준비과정을 거쳐 2002년 개교한, 이사벨중고등학교를 운영하는 복음학원에 속한, 인가 받은 기독교대안학교이다. 이 학교는 선교사 자녀들을 비롯하여 재외동포 청소년, 기독교인 청소년 및 탈북민을 위한 기독교학교이면서, 자체적으로 '기독교교사세움터'를 만들어 기독교세계관에 기초한 학교교육을 위해 교사교육 및 예비교사교육을 알차게 시도하고 있는 학교이다. 신기영과 함께 오랫동안 동역해 온 부인 이지수가 올해 교장으로 취임했다.[15]

그 외에 최근 설립된 별무리학교도 언급할 만하다. 교사선교회가 2001년부터 준비하여 2012년에 개교한 별무리학교는 초등, 중등통합의 기숙형 기독교대안학교이다. 국가교육과정과 기독교세계관에 따른 교육을 시도하며, 캐나다 기독교학교연맹의 통합적 방법으로 교육과정을 구성한다고 밝히고 있다.[16] 교육연구소장에는 홍세기가 일하고 있다.

---

14. his.handong.edu
15. www.glovillhigh.hs.kr
16. www.bmrschool.net

이상에서 살펴본 바와 같이 기독교세계관에 기초한 기독교학교들은 미국, 캐나다, 오스트레일리아에 소재한 기독교학교들을 벤치마킹하면서, 종종 국제기독교학교연맹의 교과서들을 활용하고, 북미 혹은 오스트레일리아 기독교학교 교육학자들의 책들을 토론하면서 한국 상황에서 기독교교육, 참교육, 국제교육, 대안교육을 실험하고 있다. 대부분 자체의 교육연구소 내지 교사교육프로그램을 운영하고 있다.

3) 기독교학교교육 연구

기독교세계관에 기초한 학교교육에 대한 최초의 문헌 소개는 1978년 이후이다. 고신대학교의 김성린과 김성수가 네덜란드 기독교학교 교육학자인 얀 바터링크(1978)의 『기독교교육원론』을, 총신대학교의 정정숙이 미국의 네덜란드계 기독교학교 교육학자 야르스마(1983)가 쓴, 네덜란드 기독교학교교육사상가 『헤르만 바빙크의 기독교교육철학』을, 신청기가 노르만 더 용(1985)의 『진리에 기초를 둔 교육』을, 박영철이 조지 나이트(1987)의 『철학과 기독교교육』을 번역 출간하면서 기초적인 교과서가 되었다.

김용섭(1980)이 남아공의 네덜란드계 기독교대학인 포쳅스트룸대학교에서 기독교세계관에 기초한 기독교교육철학과 한국의 초기기독교학교를 비교한 논문으로, 특히 김성수(1984)가 기독교세계관에 기초한 기독교학교의 관점에서 현대학교를 연구한 논문으로 박사학위를 취득하고 귀국한 이후 신학대학 기독교교육과에서도 기존이 교회교육만 아니라 기독교학교교육과 연구의 필요성이 각성되었다.

1980년대 후반부터 1990년대에는 기독교세계관 교육운동이 확산되면서 북미 기독교세계관 서적들이 번역 출간되었고, 교육의 영역에서 기독교세계관 운동에 참여한 사람들이 기독교학교로 관심을 확장하면서 2000년대에는 기독교학교교육에 관한 문헌들이 활발하게 번역, 출간되었다. 기독교학교교육론에서는 알버트 그린(2000, 2003), 리처드 에들린(2004), 존 볼트(2006) 등의 책들이, 그리고 기독교학교의 교수학습방법과 교육과정에 관련하여 반 브루멜런(1996, 2006), 반 다이크(2003, 2007), 팔머(2006), 오버만과 존슨(2007) 등의 책들이 번역되어 기독교사모임에서 활발하게 토론되었다. 한국 학자들에 의한 개론서로는 박상진(2006, 2010)의 책이 교과서가 되었고, 임경근(2009)의 책은 대중적인 입문서였다.

2000년대에 기독교학교교육에 대한 교육은 고신대학교, 총신대학교, 장로회신학대학교, 아세아연합신학대학교, 한동대학교, 백석대학교 등 기독교대학교의 학부 및 교육대학원, 그리고 대학원을 등으로 크게 확산되었다. 기독교세계관에 기초한 기독교학교는 일차적으로 기독교인 교사들과 기독교학교 설립에 관심을 가진 사람들의 관심사였으므로 신학과 교회목회가 주도하는 신학대학의 대학원에서는 미온적이었고, 별도로 교사들을 위한 교육대학원이 개설되면서 활발해졌다. 고신대학교, 아세아연합신학대학교, 한동대학교 교육대학원에 교사선교회 교사들이 많이 진학하여 공부하였다.

박사과정에서는 신학의 기초에서 훈련된 기독교교육학도만 아니라 학교 교사들의 연구가 활발했다. 특히 목회학석사학위의 요구 없이, 혹은 신학전공 이수와 별개로 진학할 수 있었던 기독교(신학)대학교 대학원에 교사선교회 교사들이 진학하여 연구했다. 2000년대 이후 우리나라 대학원 박사논문의 몇몇 사례들을 보면, 기독교교육사상(신영순, 2004; 소진희, 2006; 정병완, 2008), 기독교(대안)학교의 유형, 사례, 정체성(정영찬, 2007; 김태영, 2012 등), 창의성 학습모형(박은숙, 2005), 수업모형(김윤권, 2008), 교육과정(Le Thanh, 2003; 고형섭, 2011), 한국교육과정비판(이돈실, 2010) 등의 주제논문들이 발표되었다.

기독교교육학자들의 기독교학교에 대한 연구는 기독교교육학회가 아니라 기독교세계관 운동을 주도했던 기독교세계관학술동역회(기독교학문연구회)의 학술지 「신앙과 학문」에서 가장 활발하게 이루어졌다. 1997년 이래로 현재까지 33편 정도가 기독교학교를 주제로 발표되었다. 관련 논문을 기고한 주요 학자들은 현은자, 김선요, 정희영, 유재봉, 강영택, 박상진, 김정효 등으로 일반대학에 소속된 기독교인 교육학자들이 많다. 기고자들은 북미기독교학교, 교육철학, 한국교육문제, 기독교(대안)학교의 현황과 유형과 역사, 학교교과교육, 교사교육, 교육과정, 교육성과 등에 대한 주제로 철학적 접근의 연구, 그리고 심리, 사회학적 접근의 연구논문들을 발표했다.

기독교학술동역회의 학술지 「통합연구」는 기독교세계관에 기초한 기독교대학에 관심이 많았으므로 대학에 대한 논문들은 많이 실렸으나, 통상적으로 유초등 및 중등의 기독교학교와 관련된 논문은 많지 않았다. 1989년이래로 2002년까지 6편의 논문이 발표되었는데, 주요 발표자는 김찬태, 박진경, 정정숙, 송기창, 신기영이며, 참교육, 종교활동, 교육과정에서 신앙과 지식의 통합, 도덕교육의 주제를 다루었다.

한국기독교교육학회의 학술지 「기독교교육논총」에서는 논문제목을 검토할 때 2007년부터 2013년까지 기독교학교를 주제로 발표된 논문이 17편 정도 된다. 주요 발표자들은 송순재, 박상진, 조성국, 강영택, 김정효, 장화선, 박경순, 황병준, 이은실 등이며, 특히 기독교세계관에 기초한 기독교학교에 대하여는 박상진, 조성국, 강영택, 김정효, 장화선이 기독교학교의 역사, 정체성, 교육과정, 교회와의 관계, 종교교육, 교육성과 등의 주제들로 논문을 발표하였다.

한국기독교교육정보학회의 학술지 「기독교교육정보」에서 기독교학교 주제의 논문은 2003년 이래로 2013년까지 14편정도 발표되었다. 발표자는 김희자, 오춘희, 강영택, 현은자, 임태규, 송수지, 이정미, 이종우, 조은희, 장유정, 최영찬 등이며, 기독교학교의 가능성, 미국의 기독교학교, 홈스쿨링, 교육과정, 신학적 기초, 기독교적 공동체모형, 수업, 정체성, 교사교육실태 등의 주제이며, 대부분 철학적 연구이지만 몇 편은 조사연구였다.

복음주의기독교교육학회의 학술지 「복음과 교육」에서 2004년부터 2013년까지 기독교세계관에 기초한 기독교학교관련 논문들은 8편정도 확인된다. 발표자는 조성국, 한상진, 류기철, 곽광, 장화선, 고형섭, 이돈실, 최진경이며, 논문들은 기독교세계관에 기초한 교육철학과 신학, 교육과정, 발전방안, 필요성, 한국교육의 세계관 등에 대한 주제로 연구되었다.

그 외에도 총신대학교의 「기독교교육연구」와 「총신대논총」에서 김희자는 기독교학교의 본질과 목적, 교수-학습모델, 성경적 모형을 논의하며 제안했고, 장로회신학대학교의 「장신논단」에서 박상진은 기독교대안학교의 유형, 영역별 교육성과를 분석하였다. 「신학지평」에서 장화선은 칼빈주의 기독교학교를 논했다.

기독교학교 교육 및 연구의 붐 조성에 있어 박상진의 기독교학교교육연구소 역할은 주지할만하다. 2006년 개소한 기독교학교교육연구소는 기독교학교교육의 실제적인 문제에 대한 정기적인 세미나, 전국적인 학술대회, 기독교사컨퍼런스와 기독학부모교실 운영, 관련 문헌 출간과 소식지 발간을 통해 기독교학교교육에 대한 교육과 연구를 주도하고 있고, 국내 기독교학교 및 국내외의 기독교학교연합단체, 그리고 기독교교사단체와의 네크워크를 통해 유기적인 협력과 연합 사업을 촉진하고 있다. 학술대회의 주요 연구논문들은 위에 열거된 학술지들을 통해 발표되어 왔다.

동남권에서 기독교학교교육을 연구하는 기독교교육학자들이 2010년 결성한 개혁교육연구회는, 매월 정기적인 토론모임을 거쳐 2012년부터 학술지

「개혁교육」을 발간하고 있다. 해당 학술지를 통해 조성국, 이현민, 정영찬, 이돈실, 김윤권, 소진희, 김태영, 김승민 등이 논문을 발표해 왔고, 주요주제는 기독교학교의 역사와 특징, 정체성, 한국교육문제, 교과수업, 교사의 지도성, 교육평가, 국가와 교육 등이었다.

4) 기독교학교의 미래 과제

근대 기독교학교운동의 역사에 비추어 볼 때, 기독교학교는 공통적으로 기독교학교교육을 위한 온전한 자유와 합법성을 쟁취해야 한다는 근원적인 과제를 가지고 있다. 더불어 한국 사회의 특별한 조건 및 미래 환경에서 요구받는 특별한 과제를 가지고 있다. 이제까지 논의 한 내용과 근원적인, 그리고 특별한 과제에 비추어 우리나라 기독교학교의 미래과제를 좀 더 구체적으로 제안해보면 다음과 같다.

첫째, 기독교공동체는 현대 민주국가 안에서 기독교학교교육의 온전한 자유를 인정받아야 하며, 그 성취의 과제를 안고 있다. 기독교학교교육의 자유란, 기독교학교 설립과 선택의 자유, 기독교적 교육이념추구의 자유, 기독교 세계관에 기초한 교육과정 편성과 운영의 자유, 기독교학교교육에 적합한 교사 임용의 자유 등을 뜻한다.

근대국가는 스스로 공인한 특정 정치이념 구현과 국민 통제의 관료적 행정 편의를 위해 법의 통제를 통하여 획일적인 교육제도를 유지하려 했다. 학교교육에서 가정과 교회와 지역 공동체의 가치와 세계관, 실제적인 필요는 배제되었고, 그 대신 학교교육을 국가주의 및 세력집단의 이념을 선전하고 형성하는 도구, 국가의 필요를 위해 국민을 동원하는 도구로 삼았으므로 실제로는 표방했던 민주주의에도 역행하였다. 민주주의는 다수로 포장된 권력집단의 자유 확대를 위해 소수 혹은 작은 집단의 억압을 정당화하는 국가이념이 아니다. 민주국가란 개인과 소수집단의 자유를 억압하는, 국가독재를 정당화하는 국가를 의미하지 않는다. 국가가 삶의 모든 영역에, 그리고 그 영역들의 모든 문제에 개입하여 포괄적으로 통제하는 국가는 국가절대주의 이다.

네덜란드의 근대 기독교학교운동 지도자들은 기독교학교의 자유를 위해 근대국가의 국가절대주의에 저항하면서 가정, 교회, 국가, 학교 등 각 영역의 고유한 권리와 의의와 한계를 규정하는 영역주권이론을 정교화 하였고,[17] 그 원리에 따라 기독교학교의 권리와 자유를 사회운동과 의회 참여활동으로 설득하였다.

제2차 세계대전이후 민주주의의 발전에 기인하여 개인의 인권과 자유는 지속적으로 확장되어 왔다. 이전처럼 국가는 한 단위로 간주된 국민을 주도하고 통제하던 방식에서 벗어나 이제는 개인과 약자조차도 보호하고 지원하는 방식으로 발전하고 있다. 이의 연장선에서 소수 집단과 지역 공동체의 권리와 자유도 지속적으로 인정받아오고 있다. 문화적 다원주의도 인정하는 방향으로 나아가고 있다.

이러한 원칙은 학교교육제도에도 적용되어야 한다. 국가가 획일적으로 학교교육 전반을 통제하는 데서 벗어나, 소규모 공동체의 가치와 세계관에 기초한 학교 설립과 운영의 자유를 보장해주어야 하고, 부모가 그들의 세계관에 따른 자녀 교육을 위해 학교를 선택할 수 있는 자유를 공교육제도 안에서도 충분히 인정해주어야 한다. 이러한 자유의 보장 위에서 기독교학교는 제

---

17. J. D. Dengerink, *Critisch-historisch onderzoek naar de sociologische ontwikkeling van het beginsel der 'souvereiniteit in eigen kring' in de 19e en 20e eeuw* (Kampen: J. H. Kok, 1948).

대로 실현될 수 있다. 따라서 기독교학교의 미래를 위해 사회 안에서 교육의 자유 확장을 위한 노력이 필요하다.

둘째, 기독교학교교육은 온전한 합법성을 누려야 하며, 그 성취의 과제를 가지고 있다. 기독교학교교육의 합법성이란 기독교학교가 공립학교와 동등한 지위를 보장받는 것, 기독교학교교육과정도 공립학교교육과정과 동등한 학력인증을 받는 것, 기독교학교도 공립학교와 동등한 재정지원을 받는 것을 뜻한다.

근대 국가의 교육법은 국가가 지정한 교육만 공인함으로써 다른 교육을 인정받지 못한 교육으로 만들어 배제하였고, 교육법이 한정하는 학교만을 재정 지원하여 육성함으로써 다른 학교를 약화 내지 도태시켰다. 그 결과 국민 중 일부는 국가를 구성하는 국민이며 동시에 세금을 납부하면서도 원하지 않는 학교교육을 수용해야 했고, 원하는 학교교육을 실행하는 경우 추가적인 큰 비용을 지불해야 했다. 근대 기독교학교역사에서 기독교학교를 위한 사회적 운동이 필요했던 것은 기독교학교교육도 공인받아야 했고, 기독교학교도 재정지원을 통해 일정 수준을 유지할 수 있어야 했기 때문이다.

학교교육의 자유는 개인의 인권문제처럼, 법적인 배제, 재정지원으로부터의 배제에서는 제대로 누려질 수 없다. 반대로 법적인 차별의 금지, 자유를 보장하기 위한 법적 지원이 이루어져야 누릴 수 있는 것이다. 이러한 법적 인정과 지원에 대하여, 기독교인 부모들과 자녀들도 민주사회의 구성원인 시민들이므로 요구할 수 있는 권리가 있는 것이다. 국가는 최소한의 기준에 부합하는 경우 그러한 교육을 인정해주어야 하고 또 재정지원을 해 주어야 한다. 이 근거가 민주국가에서 당연한 것임에도 불구하고 국가절대주의 성격의 근대국가에서 수용되기는 쉽지 않았다. 그래서 네덜란드에서도 기독교학교운동 80년 만에 쟁취한 것이며,[18] 다른 나라들의 경우는 사립학교교육도 공교육으로 인정하여 수용하면서도 재정지원에 있어서는 차별하였다.

우리나라 기독교학교들도 1990년대 중반이후 대안학교로서 학력인정과 재정지원을 받을 수 있는 가능성이 열렸다. 최근에는 여러 기독교대안학교들이 설립인가를 얻어 학력을 인정받고 일부는 재정지원도 받게 되었다. 그럼에도 불구하고 많은 기독교대안학교들은 정부의 기독교교육과정에 대한 제한과 학교운영에 대한 전반적인 감독을 우려하여 대안학교 인가신청을 주저하고 있다. 그 경우 국내에서는 검정고시를, 국제적으로는 외국학교로부터의 인정을 획득함으로써 학력인정문제를 해결하고, 재정문제는 학교운영자와 교사들의 헌신으로 영세성을 감내하거나, 학부모의 높은 재정 부담을 통해 해결하고 있다. 그러나 학력인정과 재정지원 모두 만족스럽지 못하다.

국가가 대안학교 교육과정에 대한 최소한의 기준만으로 학력을 인정하고, 재정집행에 대한 일반적 감사만으로 공교육 사립학교 수준의 재정지원을 해줄 때 기독교학교는 대안적 기능을 제대로 수행할 수 있을 것이다.

교육의 자유와 합법성 문제는 근대국가의 교육법 때문에 발생한 것이므로 민주국가의 기초에 근거해서도 기독교학교가 차별받지 않고 운영될 있는 수준에 이르도록, 사회적이고 법적인 연구 및 운동이 필요하다. 기독교학교 혹은 대안학교, 홈스쿨링 등의 협회가 구성되어 공동으로 대처하는 것은 사회적 공동대응의 한 방법이다. 기독교 교사단체인 '좋은 교사'의 참교육 운동도 정부에 의견을 개진하고 집단의견을 제안하는 정치적이며 사회적인 운동이다.

---

18. 조성국. 네덜란드 기독교학교운동의 역사가 한국 기독교학교의 과제에 주는 함의. 「기독교교육논총」 20, (2009), 21-52.

더 나아가, 그 동안 기독교교육학자들의 기독교학교에 대한 연구들이 대부분 철학, 역사, 교육학의 연구에 집중되었고, 사회학 내지 정치학, 법학에서의 연구가 현저하게 부족한 것은 앞으로 보완되어야 할 과제이다. 기독교교육 연구에 있어 소위 신학 혹은 철학과 역사적인 접근, 심리학적인 접근은 많았으나, 사회학적인 접근이 상대적으로 적었고, 그에 해당되는 연구를 주도하는 학자들이 적었다. 기독교학교의 자유와 합법성의 문제는 결국 사회적이며 법적인 활동으로 풀어내어야 한다. 이를 위해 범 기독교계의 대응이 요청된다.

셋째, 한국사회에서 예측되는 미래 환경 변화를 고려할 때 기독교학교의 수적 증가보다 기독교학교의 확립과 신뢰성을 높여가야 할 과제를 안고 있다. 우리 사회의 미래 인구구성 변화 중 저출산 문제는 이미 학교교육 전반에 큰 영향을 주고 있으며, 그 영향은 기독교학교라고 하여 예외영역일 수 없을 것이다. 특히 재정지원보장을 확보하지 못한 채 현재도 영세성을 감내하고 있는 기독교대안학교들에게 발전적 미래의 꿈은 믿음의 기초에 있을 뿐이다. 그리고 세속화의 영향이 더해져서 초래된 교회의 전반적인 위축현상도 기독교학교에 부정적인 영향을 줄 수밖에 없다.

기독교학교는 기독교공동체가 건강하고 헌신적이며, 학생들을 충분히 보낼 수 있을 때 성공할 수 있는, 기독교공동체의 수준 높은 사역이다. 총회와 노회(지방회)와 같은 교회조직과 이미 교인들의 지역 분포에서 노회규모와 같은 대형교회들이 마땅히 가져야 할 기독교학교에 대한 소명감은 아직도 충분히 각성되지 않았다. 역설적인 것은 우리나라가 선교지였을 때의 경험, 그리고 최근 20여 년간 불태웠던 해외선교활동에서는 기독교학교가 주요사역이었음에도 불구하고 교회들이 국내에서 좋은 기독교학교를 설립하고 지원하는 데는 여전히 미온적이다. 많은 기독교대안학교들이 중소형 규모 교회와 더불어 실험되고 있는 것은 영세성의 주요한 이유가 되기도 한다.

이상적인 기독교학교는 부모들의 연대에 의한 것이어야 원리에 맞고 민주사회에도 적합한 형태가 되는 것이지만, 기독교공동체를 대표하는 교회는 기독교학교의 설립과 지원에 있어, 지원자들의 격려에 있어 가장 든든한 후원자이어야 한다. 그나마 저출산과 세속화의 영향으로 미래세대가 현저하게 위축되면서 대형교회 지도자들이 기독교학교를 생각하기 시작한 것은 다행이다.

20세기 후반 네덜란드의 현실에서 볼 때, 기독교학교의 자유와 합법성을 충분히 확보했다고 하더라도 기독교공동체인 교회가 위축되어 기독교인 자녀들의 수가 현저하게 줄어들고, 그 자리를 비신앙인과 타종교인들의 자녀들이 점유하고, 그들이 다수가 된다면 온전한 기독교학교교육을 실행하기 어려워진다는 것이다. 이러한 현실을 염두에 둔다면, 개척교회처럼 영세한 기독교학교의 급속한 수적 증가 정책보다, 기독교공동체의 지원을 확보한 기독교학교들을 제대로 확립함으로써 모델적인 기독교학교를 운영하는 것이 앞서야 한다.

더불어 우리나라 기독교계는 기독교전래 초기부터 세워진 미션스쿨과 해방이후 설립된 기독교사립학교들을 많이 확보하고 있다는 장점이 있다. 기독교학교가 교인들의 자녀들을 위한 학교라면, 기존의 미션스쿨과 기독교사립학교는 선교를 위한 학교이다. 이 두 가지 종류의 학교들 중 기독교학교가 이상적이지만, 그렇다고 하여 학원선교를 위한 기독교사립학교들이 모두 기독교학교화 해야 한다고 할 수는 없다. 교육의 자유가 이미 공교육 안에 참여해 있는 기독교사립학교에도 확대됨으로써 학생의 학교선택권, 기독교세계관에 기초한 교육과정 개설도 가능해져야 한다. 더불어 학교교육을 통한 선교의 기회도 열어두려고 노력해야 한다. 왜냐하면 세속화와 다원주의가 지배하는 미래사회에서 아동과 청소년을 위한 전도의 기회는 더 이상 교회사역으로 충분하지 않기 때문이다.

기독교학교와 미션스쿨로서의 기독교사립학교가 정통성의 긴장관계에 있을 필요가 없다. 그 대신 기독교학교와 미션스쿨은 유기적인 협력관계를 유지하면서 서로를 풍요하게 해야 한다. 이사벨중고등학교와 함께 지구촌고등학교를 운영하거나, 한동대학교와 더불어 한동글로벌학교를 운영하는 경우처럼 기독교 학교법인이 함께 운영하는 경우도 기독교학교의 신뢰성을 제고하는 데 있어 좋은 모델로 보인다.

넷째, 기독교학교교육의 정체성과 수월성을 도모하기 위해 꼭 필요한 미래과제는 기독교학교교육을 위한 교육대학원대학교의 설립과 운영에 있다. 현재 기독교사립의 종합대학교들이 교육대학원을 운영하고 있지만 기독교인이면서 기독교적 교육에 대한 관심을 가진 교수들이 많이 않아 기독교학교만을 위한 교육과 연구가 제대로 이루어지고 있지 않다. 신학계대학교들이 교육대학원을 운영하는 경우도 있지만 전공이 제한되어 있어 교과교육을 위한 교육과 연구가 제대로 이루어지고 있지 않다. 더욱이 기독교계는 초등교육을 위한 교육대학원을 가지고 있지 않다.

기독교학교는 기독교학교의 교육과정을 개발하고, 교수학습과정에서 개별교과와 더불어 기독교세계관을 형성하면서 가르칠 수 있는 교사가 있어야 기독교학교교육의 목적을 달성할 수 있다. 네덜란드에는 기독교학교들을 위한 독립적인 교육대학 및 사범대학이 있고, 미국의 기독교대학들도 신학과 다음으로 교원양성과정인 교육 및 사범대학을 운영해왔다.

우리는 기독교학교교육을 위한 교원양성 및 실천적 연구 기관을 가지고 있지 못하여 기독교학교와 교사선교단체들이 단기간의 교사 연수, 교과연구회 등을 통해 기독교세계관 학습, 외국의 기독교학교교과서 토론, 기독교학교교육관련 도서의 토론회를 운영하고 있는 실정이다. 몇 몇 기독교학교들은 상시적인 교육과 연구의 필요를 위해 자체 교육연구소를 운영하거나, 기독교학교교육연구소와 협력하여 교사교육 콘퍼런스에 참여하게 하는 방법으로 기초적인 교육을 실행하고 있다.

우리나라의 현실을 고려할 때 가장 좋은 것은 기독교학교를 위한 초등 및 중등교원양성 및 재교육을 위한 교육대학원대학교를 설립하여 운영하는 것이다. 이미 교육대학과 사범대학을 졸업하여 배출된 우수자원은 넘치는 상황이므로 기독교학교를 위한 교원을 학부수준에서 본격적으로 양성하기보다 이미 교원자격증을 가진 기독교인들을 교육대학원 단계에서 재교육하고 기독교학교교육을 위한 실천적 연구를 할 수 있게 하는 방안이 정부로부터 학교설립허락을 얻어내기에도 더 현실적인 방안이 될 것이다.

독립적인 교육대학원대학교는 규모가 크지 않아도 된다. 더불어 방송통신대학교의 대학원처럼 인터넷기반의 사이버과정도 함께 운영할 수 있다면 더 좋을 것이다. 전국에 산재한 기독교학교 교사들이 기독교학교에서의 실천적인 교육 능력을 제고할 수 있도록, 특히 초등과 중등의 과목교육까지 구체적인 도움을 얻을 수 있게 하는 교육대학원대학교가 절실하다. 필자는 이미 기독교세계관에 기초한 기독교학교의 비전에 따라 박사학위를 취득한 교사자원들이 상당수 있으므로 이 사업은 구체적으로 실행할 만하다고 본다.

5) 나가면서

기독교전래이래로 선교사들이 설립한 미션스쿨들과, 해방이후 학원선교의 비전을 가진 그리스도인들이 설립한 기독교사립학교들이 우리나라 기독교공동체의 발전과 한국사회에 기여한 바 크지만, 한국사회와 교육의 병리현상에 대한 깊은 실망에서 1990년대 후반 이후 기독교세계관에 기초한 참교육을 열망하는 새로운 유형의 기독교학교가 설립되어 기독교대안학교의 한 모델이 되었다.

지난 20여 년 동안 교사선교단체들의 선교활동, 기독교세계관 운동, 기독교대안학교를 실험한 모험적인 그리스도인들, 기독교학교교육연구소, 기독교세계관운동에 참여한 교육학자들, 또 기독교교육학자의 연구 등이 기독교학교의 확립에 기여한 바 크다. 그럼에도 불구하고 기독교학교는 여전히 대안적 실험학교 수준이며, 특히 재정에서 영세성을 감내할 수밖에 없는 학교들이 대부분이다.

따라서 기독교학교의 미래과제를 제안하면 다음과 같다. 첫째, 기독교학교교육을 위한 자유와 기독교학교교육의 합법성의 온전한 획득이 필요하며, 이를 위해 기독교학교를 위한 교육사회학적(정치학적) 연구, 기독교교육기관 연합운동, 범 기독교계의 지원활동이 더 활발하게 일어나야 한다. 둘째, 기독교학교의 확립을 위해 기독교공동체의 각성과 협력이 이루어져야 하고, 기존의 기독교사립학교와의 유기적인 협력이 필요하다. 셋째, 기독교학교교육의 정체성과 수월성을 도모하기 위해 기독교학교교사들을 교육하고 기독교학교교육의 실천을 연구하는 교육대학원대학교의 설립이 필요하다.

참고문헌

고형섭.『기독교대안학교와 일반대안학교의 교육과정비교연구』. 미출판박사학위논문. (안양대학교 대학원, 2011).

기독교교육협의회 편.「기독교학교교육: 지성과 영성을 통합하는 기독교교육」제5집. (서울: 한국장로교출판사, 2004).

김윤권.『개혁주의 기독교수업모형분석』미출판박사학위논문 (고신대학교 대학원, 2008).

김태영. 『현대 한국 기독교학교 정체성의 역사적 고찰』. 미출판박사학위논문. (고신대학교 대학원, 2012).

박상진. 『기독교학교교육론』 (서울: 예영커뮤니케이션, 2006).

박상진 외. 『학교교육에 대한 기독교적 이해』 (서울: 교육과학사, 2010).

박은숙. 『협력 창의성 계발을 위한 학습모형 개발 연구』. 미출판박사학위논문. (고신대학교 대학원, 2005).

소진희. 『파울로 프레이리와 니콜라스 월터스톨프의 정의교육사상 비교연구』 (고신대학교 대학원, 2006).

신영순. 『니콜라스 월터스톨프의 기독교교육사상 연구』 미출판박사학위논문 (고신대학교 대학원, 2004).

이돈실. 『한국 초중등 교육과정에 나타난 세계관에 관한 연구』. 미출판박사학위논문 (고신대학교 대학원, 2010).

임경근. 『기독교학교이야기』 (서울: SFC, 2009).

전광식. 『학문의 숲길을 걷는 기쁨: 세계관, 철학, 학문에 관한 여덟 가지 글모음』 (서울: CUP, 1998).

정병완. 『기독교대안학교의 교육원리와 그 실천방안: 하나님의 교육(Educatio Dei)을 중심으로』. 미출판박사학위논문. (총신대학교 대학원, 2008).

정영찬. 『한국의 기독교 대안학교 교육에 대한 개혁주의적 고찰』. 미출판박사학위논문. (고신대학교 대학원, 2007).

조성국. 『기독교세계관과 기독교학교교육』 (부산: 고신대학교부설 기독교교육연구소, 2003a).

조성국. "기독교 세계관 교육". 침례교신학연구소편. 『기독교교육과 한국문화: 문화를 알면 교육이 보인다』 (대전: 침례신학대학교 출판부, 2003b), 111-152.

조성국. 네덜란드 기독교학교운동의 역사가 한국 기독교학교의 과제에 주는 함의. 「기독교교육논총」 20, (2009), 21-52.

최선애. 『기독교학교의 이론적 기초에 관한 연구』. 미출판석사학위논문. (고신대학교 대학원, 1993).

포럼 토론대담. "기독교 세계관 아직도 유효한가?". 「복음과 상황」, 2003, 7-8월호.

Bolt, J. 『이야기가 있는 학교』. 이정순 역 (서울: IVP, 2006).

Dengerink, J. D. *Critisch-historisch onderzoek naar de sociologische ontwikkeling van het beginsel der 'souvereiniteit in eigen kring' in de 19e en 20e eeuw* (Kampen: J. H. Kok, 1948).

Edlin, R. J. 『기독교교육의 기초』. 기학연교육분과 역 (서울: 그리심, 2004).

Green Jr., A. E. 『기독교세계관으로 가르치기』. 현은자 외 역 (서울: CUP, 2000).

Green Jr., A. E. 『기독교 세계관으로 살아가기』. 안경상 역 (서울: CUP, 2003).

Jaarsma, C. 『헤르만 바빙크의 기독교교육철학』. 정정숙 역 (서울: 총신대학교출판부, 1983).

Kim, S. S. *Modern school: its crisis and its future*. Unpublished Ed.D. Thesis. (Potchefstroom University for Christian Higher Education, 1984).

Kim, Y. S. *Contours of a Scriptural approach to education in the Republicof Korea. Unpublished doctoral thesis* (Potchefstroom University for Christian Le Thanh, L. T. *A balanced curriculum from the perspective of the Cosmonomic Idea*. Unpublished doctoral thesis. (Kosin University, 2003).

Overman, C. & Johnson, D. 『진리와 하나 된 교육』. 한국기독교대안학교 연맹 역(서울: 예영커뮤니케이션, 2007).

Palmer, P. J. 『가르침과 배움의 영성』 (서울: IVP, 2006).

Ryu, J. S. *A philosophical basis for the new Christian school movement in Korea (South)*. Unpublished doctoral thesis. North-west Univerity Potchefstroom, (2007).

Van Brummelen, H. 『교실에서 하나님과 동행하십니까?: 기독교적 교수-학습방법』. 기학연 역 (서울: IVP, 1996).

Van Brummelen, H. 『기독교적 교육과정 디딤돌』. 이부형 역 (서울: IVP, 2006).

Van Dyk, J. 『가르침은 예술이다』. 김성수 역 (서울: IVP, 2003).

Van Dyk, J. 『지혜의 시작-기독교학교의 성격과 역할』. 황병규 역 (서울: 꿈을 이루는 사람들, 2007).

Waterink, J. 『기독교교육원론』. 김성린 김성수 역 (서울: 소망사, 1978).

인터넷 홈페이지 자료

eagleschool.com
his.handong.edu
www.bmschool.net
www.dooraeschool.org
www.glovillhigh.hs.kr
www.Godteacherss.net
www.goodteacher.org
www.smschool.or.kr
www.tem21.kr